指挥控制信息精准服务

陈洪辉　陈　涛　罗爱民　金　欣
马建威　蔡　飞　凌艳香

著

国防工业出版社

·北京·

内 容 简 介

本书从指控信息服务的角度出发，提出了指控信息精准服务的概念、内涵和基本原理，并在此理论框架指导下，详细阐述了指控信息精准服务中所涉及的需求分析、价值链、按需搜索、特征捕获、链路预测、信息推荐和信息利用等关键技术，并论述了指控信息精准服务质量评估方法。

本书可为从事信息化武器装备和指挥信息系统研究与建设的管理人员、工程技术人员、科研人员及大专院校师生提供参考。

图书在版编目（CIP）数据

指挥控制信息精准服务/陈洪辉等著. —北京：国防工业出版社，2015.6

ISBN 978-7-118-10186-7

Ⅰ. ①指… Ⅱ. ①陈… Ⅲ. ①指挥控制－情报服务－研究 Ⅳ. ①E211

中国版本图书馆 CIP 数据核字（2015）第 119087 号

※

国防工业出版社 出版发行

（北京市海淀区紫竹院南路 23 号 邮政编码 100048）

北京嘉恒彩色印刷有限责任公司

新华书店经售

*

开本 710×1000 1/16 印张 19¼ 字数 361 千字

2015 年 6 月第 1 版第 1 次印刷 印数 1—2000 册 定价 79.00 元

（本书如有印装错误，我社负责调换）

国防书店：（010）88540777   发行邮购：（010）88540776

发行传真：（010）88540755   发行业务：（010）88540717

前言

在信息化条件下的现代战争中，指挥信息系统是实现信息优势、决策优势以及作战行动优势的物质基础与前提条件。指挥控制信息是指挥信息系统中的核心要素，高效、精确利用指挥控制信息成为提升基于信息系统的体系作战能力的关键。

指挥控制信息复杂多样、来源众多、数量巨大，战争对指控信息的需求瞬息万变，如何准确解析作战行动对指控信息的需求，如何有效测度指控信息的价值并把握指控信息价值演化的过程，如何按需搜索所需的指控信息，如何把握指控信息及其用户的特征，如何有效预测信息精准利用的链路，如何有效为合适的用户推荐合适的指控信息，如何有效提高信息利用的质量，以及如何有效评估指控信息精准服务的质量，都是我们在研究、设计和生产指挥控制系统中需要面对和解决的问题。

本书主要内容分为 9 章。第 1 章介绍有关信息精准服务的基本概念和内涵，并描述指控信息精准服务的概念、基本模式、体系架构、部署架构以及几种常见的方法，并提出信息精准服务的关键技术。第 2 章主要描述面向指控信息服务的需求模型。介绍指控信息需求模型，模型驱动的指控信息需求生成方法，以及基于规则的指控信息需求生成方法。第 3 章主要介绍指控信息价值链，包括信息价值的产生与价值链的发展，指控信息价值的测度和关联关系模型，指控信息价值演化的影响因素、演化过程和价值链的形成方法。第 4 章介绍指控信息的按需搜索方法，包括信息搜索服务的需求分析，指控信息搜索服务的关键技术，以及基于规则、主成分分析、逻辑回归和主动学习的指控信息按需搜索方法。第 5 章介绍指控信息特征捕获方法，包括信息特征捕获的概念与框架，文本、图像、视频和音频信息特征捕获的方法，指控信息用户特征的捕获方法，并给出应用案例。第 6 章介绍信息链路预测技术，包括个性化指控信息精准利用中的要素描述方法，基于相似性、图核思想和多种链路属性下的链路预测技术，并提出链路预测在个性化指控信息精准利用中的应用方法。第 7 章介绍指控信息推荐方法，重点介绍基于混合推荐算法和隐马尔可夫模型的指控信息推荐方法，以及基于时间动态建模的信息推荐方法。第 8 章介绍指控信息利用方法，重点提出一种流程预约系统结构和方法，并基于流程预约方式提出一种军

指挥控制信息精准服务

事信息精准利用方法。第 9 章介绍指控信息精准服务的质量评估方法，包括信息精准服务质量评估指标体系，以及信息精准服务质量评估模型。

　　本书第 1 章由陈涛撰写，第 2 章由金欣撰写，第 3 章由皇甫先鹏撰写，第 4 章由蔡飞撰写，第 5 章、第 7 章、第 8 章由马建威撰写，第 6 章由凌艳香撰写，第 9 章由罗爱民撰写。陈洪辉负责全书的内容组织与统稿。

　　本书研究成果得到了军队重大安全基础研究项目、总装备部军事电子预研项目及国防科技重点实验室预研基金项目的支持。编写工作得到信息系统工程重点实验室的大力支持，罗雪山教授、刘俊先教授、黄光奇副教授、毛少杰研究员、王珩研究员对本书的撰写提供了指导意见。

　　对指挥控制信息精准服务方法的研究是一项探索性工作，本书的一些观点是作者的学术研究成果，难免会有错误和不妥之处，希望读者批评指正。

作　者

2015 年 6 月

CONTENTS

目录

指挥控制信息精准服务

第1章 绪 论

在信息技术和战争实践的推动下，信息化战争正在逐步取代机械化战争，联合作战已成为战争的主要作战样式。信息化时代的联合作战的典型方式是网络中心战（Network Centric Warfare，NCW）。网络中心战是指充分利用信息优势，通过将传感器、指挥员和射手网络化，共享态势感知、提高指挥速率、加快作战节奏、增大杀伤力、增强生存能力、实现一定程度的自同步，从而提高战斗力。网络中心战是用于描述信息时代组织和战斗方式的最佳术语，是"对平台中心战的根本性转型"。从本质上看，网络中心战可有效地将作战空间内各种知识化实体链接起来，从而将信息优势转化为战斗力。

随着各种网络中心战相关技术手段的不断发展，网络环境中的指控信息种类越来越多，数量越来越庞大，内容复杂多样、良莠不齐。在这样复杂环境下信息空间呈现诸多不确定性：没有指挥员所需要的信息；不知道该从哪里找信息；获得的信息太多太滥，不知道哪些是最需要的；不知道信息内容是否完整；不知道对抗环境下信息是否可信等。为避免上述问题，使用户获得信息的质量和效用最大化，切实将信息优势转化为决策优势并形成战斗力，必须对指控信息进行过滤、抽取，并在合适的时间提供给正确的用户，从而实现指挥控制信息（简称指控信息）的精准利用。本书将上述过程命名为"指控信息精准服务"，并对相关关键技术展开讨论。

本章从一个设想的作战场景入手，引出指控信息精准服务问题。随后从基本定义入手，介绍信息与指控信息、信息精准服务和指控信息精准服务的概念内涵，并分析指控信息精准服务的基本原理。最后，对指控信息精准服务的若干关键技术进行简要介绍。

1.1 问题的引出

传统的机械化战争中，指挥员获取信息主要靠上级下达或自行侦察两类途径，信息的组织管理方式是静态预设的，比较单一。这种方式显然无法满足现代战场快速协同、灵活应变等要求。如何形成高效合理的信息共享和利用能力，实现信息精准服务，提高信息的利用价值，支撑各级指挥员及时准确地决策，是当前军事信息系统建设中面临的一项重大基础性问题。

下面首先看两个设想中的信息精准服务场景：

×年×月×日，某国出动水面舰艇编队和海军陆战部队，强行占据我国某岛屿。为维护国家领土完整，我军决定成立联合指挥部，集结陆、海、空三军力量，对该岛屿周围敌方部队进行联合火力打击，夺回岛屿控制权。

场景 1：方案制定阶段

为使战役顺利进行，我军联合指挥部首长召集相关指挥员和参谋人员，共同制定联合作战方案。军事信息基础设施为制定作战方案提供了强有力的信息支持。各类分布广泛、规模庞大、内容复杂的信息资源经过特征提取等操作，得到有序的组织。指挥员和参谋人员根据任务需要，对海量信息进行搜索，高效获得利用价值较大、质量较高的敌方作战部队信息，并对相关信息进行分析，形成情况判断结论，为联合作战指挥员定下决心、筹划防空作战行动提供依据。同时，根据当前面临的形势任务，军事信息系统也主动将敌方部队的相关情况、背景资料、战术战法等信息推荐给指挥员和参谋人员，为制定作战方案提供参考。

场景 2：方案实施阶段

党中央、中央军委下达命令后，联合指挥部开始对作战区域敌方部队实施联合火力打击。联合指挥部决心集中使用空中作战集团、常规导弹作战集团、信息作战集群和特种作战集群的部分兵力，首先使用信息作战力量和必要的特种作战兵力对敌方的防空预警系统、通信系统和导航系统实施软硬一体的信息攻击。待基本掌握战场制空权和制电磁权后，出动海上突击力量，在预警机、掩护飞机和电子战飞机支援下，实施火力突击，摧毁其水面舰艇编队和岛上防御设施，并切断敌本土与岛屿间的联系，拦截敌方的支援部队，为夺占岛屿控制权创造条件。我某水面舰艇指挥员根据受领的任务，在军事信息系统中预先订制了敌方潜在增援部队的相关信息。系统能根据战场实时态势，将敌方增援部队的编成、位置、动向等实时信息主动推送给该指挥员，并同时提供敌装备基础信息、敌指挥体制、敌指挥员作战偏好等相关背景信息，供我舰指挥员参考。系统还能预测可能的交战海域，主动向指挥员提供响应的海况信息。即使我方其他舰艇和协同作战的飞机上的指挥员没有订制相关内容，军事信息系统也能通过分析指挥员间的通信交互关系和指挥关系，主动发现指挥员的信息需求，并推送相关信息。

从上述场景可以看出，对信息的利用涵盖了 OODA 模型①的后三个步骤，可以说在指挥控制的各个阶段都起着至关重要的作用。信息精准服务的实质是：

①OODA（Observe-Orient-Decide-Act）：探测—判断—决策—执行，是由美军空军少校 Boyd 在 20 世纪 50 年代中期提出的军事指挥控制决策模型。该模型也是迄今为止最具有代表性的指挥控制模型。

在军事信息基础设施的共享环境基础上，针对作战任务的需求，结合信息的价值演化规律与影响机制，从大量分布、异构信息中自主地提取、过滤、挖掘出符合用户需求的高质量信息，确定合适的信息服务模式，以实现任务信息服务的质量和效用最大化，高效支持各类作战任务的完成。

1.2 信息与指控信息

1.2.1 信息的定义

在人类社会的早期，人们对信息的认识比较肤浅和模糊，对信息的含义没有明确的定义。20世纪特别是中期以后，科学技术的发展，尤其是信息科学技术的发展，对人类社会产生了深刻的影响，迫使人们开始探讨信息的准确含义。迄今为止，据不完全统计，有关信息的定义有100多种，它们都从不同的侧面、不同的层次揭示了信息的特征与性质，但同时也都有各自的局限性。下面列举一些具有代表性的关于信息的定义。

1. 哈特莱给出的信息定义

1928年，哈特莱（L. V. R. Hartley）在《贝尔系统技术杂志》上发表了一篇题为"信息传输"的论文。在这篇论文中，他把信息理解为选择通信符号的方式，且用选择的自由度来计算这种信息的大小。哈特莱认为，任何通信系统的发信端总有一个字母表（或符号表），发信者所发出的信息就是其在通信符号表中选择符号的具体方式。假设这个符号表一共有 S 个不同的符号，发送信息选定的符号序列包含 N 个符号，则从这个符号表中共有 SN 种不同的选择方式，因而可以形成 SN 个长度为 N 的序列。因此，可以把发信者产生信息的过程看成从 SN 个不同的序列中选定一个特定序列的过程，或者说是排除其他序列的过程。

哈特莱的这种理解能够在一定程度上解释通信工程中的一些信息问题，但也存在一些严重的局限性。其主要表现在两个方面：一方面，定义的信息不涉及内容和价值，只考虑选择的方式，也没有考虑信息的统计性质；另一方面，将信息理解为选择方式，就必须有一个选择的主题作为限制条件。这些缺点使其适用范围受到很大限制。

2. 香农给出的信息定义

1948年，美国数学家香农（C. E. Shannon）在《贝尔系统技术杂志》上发表了一篇题为"通信的数学理论"的论文，在对信息的认识方面取得了重大突破，堪称信息论的创始人。这篇论文以概率论为基础，深刻阐述了通信工程的一系列基本理论问题，给出了计算信源信息量与信道容量的方法和一般公式，得到了著名的编码三大定理，为现代通信技术的发展奠定了理论基础。

香农发现，通信系统所处理的信息在本质上都是随机的，可以用统计方法进行处理。香农在进行信息的定量计算时，明确地把信息量定义为随机不定性程度的减少。这就表明了他对信息的理解：信息是用来减少随机不定性的。

虽然香农的信息概念比以往的认识有了巨大的进步，但仍存在局限性。这一概念同样没有包含信息的内容和价值，只考虑了随机型的不定性，没有从根本上回答"信息是什么"的问题。

3. 维纳给出的信息定义

1948 年，就在香农创立信息论的同时，维纳（N. Wiener）出版了专著《控制论：动物和机器中的通信与控制问题》，创建了控制论。后来人们常将信息论、控制论和系统论合称为"三论"，或统称为"系统科学"或"信息科学"。

维纳从控制论的角度出发，认为"信息是人们在适应外部世界，并且这种适应反作用于外部世界的过程中，同外部世界进行互相交换的内容的名称"。维纳关于信息的定义包含了信息的内容与价值，从动态角度揭示了信息的功能与范围，但也有局限性。由于人们在与外部世界的相互作用过程中，同时存在物质与能量的交换，维纳关于信息的定义没有将信息与物质、能量区别开来。

4. 朗高给出的信息定义

1975 年，意大利学者朗高（G. Longo）在《信息论：新的趋势与未决问题》一书的序言中认为"信息是反映事物的形式、关系和差别的东西，它包含在事物的差异之中，而不在事物本身"。当然，"有差异就是信息"的观点是正确的；但是反过来说"没有差异就没有信息"就不够确切。所以，"信息就是差异"的定义也有其局限性。

5. 钟义信给出的信息定义

1988 年，我国信息论专家钟义信在《信息科学原理》一书中把信息定义为事物运动的状态和状态变化的方式。并通过引入约束条件推导了信息的概念体系，对信息进行了完整和准确的描述。信息的这个定义具有最大的普遍性，不仅涵盖所有其他的信息定义，而且通过引入约束条件还能转化为所有其他的信息定义。

综上所述，目前对于信息概念的描述很多、很繁杂，尚没有统一的定义，仍然是仁者见仁智者见智。总之，"信息是事物运动的状态与状态变化的方式"，这个定义具有普遍性，不仅能涵盖所有其他的信息定义，而且可以通过引入约束条件转换为所有其他的信息定义。目前，在科技领域关于信息的通用定义是：以适合于通信、存储或处理的形式来表示的知识或消息。本书采纳这种定义，并在此基础上给出了指控信息的概念。

1.2.2　指控信息概念

前面提到的各种关于信息的定义都是针对通常意义下的信息，没有与具体的应用背景相结合。为信息赋予明确的背景特性，界定信息的概念，是在具体背景下研究如何更好地利用信息的基础。为适应信息化时代下各种作战任务的动态需求，解决栅格网环境下新一代军事信息系统中各种信息有效利用的问题，本书提出了指控信息的概念，并给出了如下的定义。

指控信息是指为了保证作战任务顺利执行，栅格网环境下新一代军事信息系统所需要使用的各种与指挥控制活动相关的信息，即在作战任务实现的过程中，新一代军事信息系统各种信息活动所使用的，能为指挥控制活动提供有效支持的信息都属于指控信息。

由以上定义可知，指控信息本质上也是一类信息，只不过是添加了特殊约束的信息。这类信息从用途上看必须是与具体的作战任务相关的，能为新一代军事信息系统所使用的，在实现作战任务过程能为各种指挥控制活动提供信息支撑，是添加了"指挥控制"这一约束条件后形成的信息子集。可以说，判断某一信息是否为指控信息最重要的标准，就是看该信息的内容是否与具体的指挥控制活动相关（能否为指挥控制提供帮助），若相关就是指控信息，否则就不是指控信息。

因此，相比于一般信息，指控信息除有一般信息所具备的基本属性外，还存在如下一些特别之处：

（1）涵盖范围小。指控信息是与具体指挥控制活动相关的信息，是一类特殊的信息。因此，所有的指控信息都是信息，但并非所有的信息都是指控信息。指控信息是信息的一个子集，与一般的信息相比，指控信息所涵盖的范围更小，只有满足特定条件的信息才是指控信息。

（2）存在时间空间约束。受作战任务的执行过程约束，指挥控制活动通常都存在时间与空间方面的限制，即指挥控制活动必须在一定的时间与空间范围内。因此，与指挥控制活动相关的指控信息也同样于时间与空间方面存在限制，只有和指挥控制活动处于同一时间与空间的信息才是指控信息。

（3）判定方法复杂。判定一条记录或一条消息是否为信息的方法较为简单，但判断一个信息是否为指控信息则较为复杂。在判定信息是否为指控信息的过程中，不能仅依靠信息的语法解释，而应更多地从语义和语用层面来理解信息的内涵，并据此来判断该信息是否与指挥控制活动相关（因为信息的效用多体现在语义与语用层面）。指控信息是否与具体的指挥控制活动相关只能通过信息的效用来判定。

（4）动态性强。在现代战争中，由于战场环境的复杂性，作战任务将会随着时间的推移而不断地发生改变，指挥控制的敏捷性、多变性也比较突出。与此相对应，某一信息是否与作战任务相关，是否能为指挥控制活动提供支持，也是在动态变化的。某条信息在上一时间段可能还不是指控信息，但随着形势的改变，在下一时间段该信息可能就成为指控信息。因此，指控信息涵盖的范围也不是一成不变的，而是处于动态变化的。

1.2.3 指控信息概念模型

概念模型是连接高层抽象模型与低层具体模型的桥梁和纽带。对于指控信息的研究过程而言，上层概念模型在其领域内是高度抽象和概括的，它们不涉及过多的细节，独立于具体的信息系统，这对基于栅格网的指控信息共享机制研究、基于栅格网的指控信息利用方法研究以及基于栅格网的任务信息度量方法研究等具有指导意义。为详细描述指控信息概念的内涵与外延以及指控信息的相关属性，这里从指控信息支撑的作战任务、指控信息的信息来源、表现形式、内容组成、作用领域和服务对象等方面构建了如图 1.1 所示的指控信息概念模型。

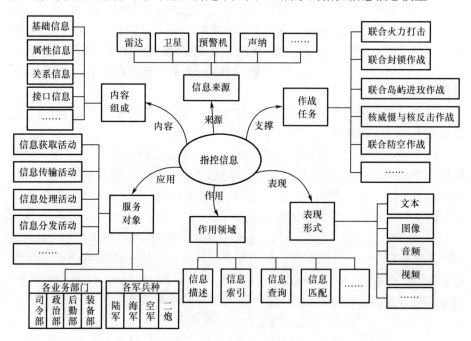

图 1.1　指控信息的概念模型

由图 1.1 可知，指控信息可以为联合火力打击、联合封锁作战、联合岛屿进攻、核威慑与核反击及联合防空作战等各种作战任务的顺利完成提供有力支持；任一传感器节点，如雷达、卫星、预警机以及声纳等，只要联入栅格网，都可以作为指控信息的信息来源；指控信息的表现形式可以是文本、图像、音频及视频等多种方式；指控信息的内容组成包括基础信息、属性信息、关系信息以及接口信息等；基于指控信息，可开展信息描述、信息索引、信息查询及信息匹配等多种信息活动；指控信息的服务对象包括信息获取活动、信息传输活动、信息处理活动、信息分发活动等，以及各业务部门和各军兵种，可以为这些部门和活动的顺利实施提供支持。

下面，结合指控信息概念模型，着重从指控信息的内容组成、性质、分类及特征四个方面进行详细介绍。

1.2.3.1　指控信息的内容组成

指控信息是执行作战任务的各个指挥控制活动所使用到信息的综合，因此从组成和内容上看，要体现三方面的内容（图 1.2）：一是基础信息，包括信息标识、信息名称、信息来源及信息内容特征等内容；二是属性参数信息，包括信息位置、信息时间、信息大小、信息格式等内容；三是接口信息，包括直接访问、服务调用及数据访问等内容。

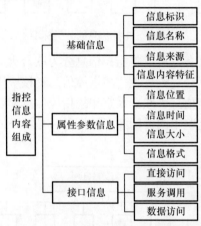

图 1.2　指控信息的内容组成

因此，指控信息从内容组成上可用如下的三元组来描述：

指控信息可以形式化描述为 Task_into={ InforBase, InforAttributes, Infor-Access }。其中：InforBase 表示信息的基础信息；InforAttributes 表示信息的属性参数信息；InforAccess 表示接口信息。

基础信息InforBase 可描述为{ InforID, InforName, InforSource, InforContent }，分别表示信息标识、信息名称、信息来源以及信息内容特征。

属性参数信息 InforAttributes 可描述为{ InforLocation, InforTime, Infor-Volume, InforFormat }，分别表示信息位置、信息时间、信息容量大小和信息格式。

访问接口信息 InforAccess 可描述为{ DirectAccess, ServiceScheduling, Data-Visit }，分别表示直接访问、服务调用和数据访问。

1.2.3.2　指控信息的分类

指控信息所涵盖的内容非常多，在指挥控制活动中使用过的信息都可认为是指控信息。为了有效地对指控信息进行描述，有必要对指控信息进行分类，分别展开研究。由于目的和出发点不同，信息的分类也不同。对于指控信息来说，可以从应对的使命任务、信息处理流程、信息所属平台、信息功能以及支持的业务功能等不同的角度来进行区分，如图 1.3 所示。

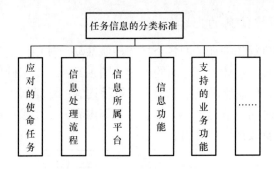

图 1.3　指控信息的分类标准

依据应对的使命任务，可以将指控信息分为联合火力打击指控信息、联合封锁作战指控信息、联合岛屿进攻作战指控信息、核威慑与核反击作战指控信息、联合防空作战指控信息、联合太空作战指控信息和联合信息作战指控信息等，如图 1.4 所示。这些不同类别的指控信息，是与不同的作战样式与作战任务相关联的。

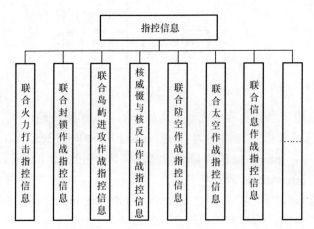

图 1.4　依据应对的使命任务对指控信息的分类

依据指控信息的处理流程，可将指控信息分为情报获取阶段的指控信息、态势融合阶段的指控信息、作战计划阶段的指控信息和执行反馈阶段的指控信息，如图 1.5 所示。围绕指控信息的产生直至信息的消亡，该分类从信息生命周期的角度对指控信息进行划分。

依照指控信息所属平台，可以将其分为陆基平台指控信息、海基平台指控信息和天基平台指控信息。

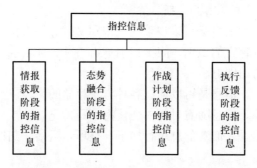

图 1.5　依据信息处理流程对指控信息的分类

　　从指控信息的功能出发，可以将其分为描述信息、索引信息、查询信息、提取信息、匹配信息等不同类型信息活动提供支持的信息，如图 1.6 所示。

　　从支持的业务功能上看，可以将指控信息分为参谋业务信息、政治工作信息、后勤保障信息和武器装备信息，如图 1.7 所示。

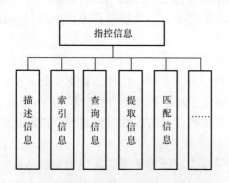

图 1.6　依据信息功能对指控信息的分类

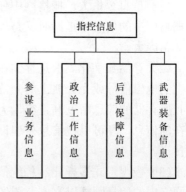

图 1.7　依据信息支持的业务功能对指控信息的分类

　　另外，指控信息还有其他的分类原则和方法，例如：按照传感器来源形式，可分为雷达情报信息、预警机情报信息、单兵传感器节点信息等；按照指控信息载体，可分为纸质、硬盘、移动媒介等；按照指控信息表现形式，可分为文本、声音和图像等。研究指控信息分类的目的：准确把握指控信息的本质和特点，以便更好利用指控信息。通过这些不同类型的指控信息的研究，既可以为进一步弄清指控信息的结构组成提供帮助，也可以为指控信息精准利用的各项关键技术研究提供支撑。

1.2.3.3　指控信息的性质

　　指控信息一方面是信息，另一方面是在栅格网上与指挥控制活动相关的信息。因此，指控信息的性质可以从三个方面进行分析。

1）一般信息普遍具备的性质

（1）可识别性。信息是可以识别的，识别又可分为直接识别和间接识别，直接识别是指通过感官的识别，间接识别是指通过各种测试手段的识别。不同的信息源有不同的识别方法。

（2）可存储性。信息是可以通过各种方法存储的。

（3）可扩充性。信息随着时间的变化将不断扩充。

（4）可压缩性。人们对信息进行加工、整理、概括、归纳就可使之精练，从而浓缩。

（5）可传递性。信息的可传递性是信息的本质等征。

（6）可转换性。信息是可以由一种形态转换成另一种形态。

（7）特定范围有效性。信息在特定的范围内是有效的，否则是无效的。信息有许多特性，这是信息区别于物质和能量的特性。

2）栅格网中信息的专有属性

（1）信息数量大。栅格网中任一网络节点都是潜在的指控信息产生者，而其栅格网中的信息节点同时又是处于不断扩展的，因此栅格网中指控信息的数目非常庞大。

（2）存储数字化。信息存储在栅格网中后，将由纸张上的文字变为磁性介质上的电磁信号或光介质上的光信息，使信息的存储、传递、查询更加方便，而且所存储的信息密度高、容量大，可以无损耗地被重复使用。以数字化形式存在的信息，既可以被信息处理设备高速处理，又可以通过信息网络进行远距离传送。

（3）表现形式多样化。传统信息多是以文字或数字形式表现出来的信息。而网络中的信息则能以文本、图像、音频、视频、软件、数据库等多种不同的表现形式存在，可为用户提供更加丰富的信息形式。

（4）变化频率快。在网络环境下，其相关的各种信息属性，包括信息地址、信息链接、信息内容等经常处于变动之中，而非网络信息一般变化较慢。

（5）传播方式动态性。随着光纤技术、交换技术的发展和网络的迅速普及，使通信速度迅速提高而通信费用显著下降。通过计算机网络快速、便捷的通信能力，使得各类信息用户能够获得超地域的相互沟通能力，极大地扩展了连接的范围，同时使得网络信息的传播具有动态性和实时性等特点。

（6）信息来源复杂化。由于网络共享性与开放性，使得人们可以通过网络索取和存放信息，由于没有质量控制和管理机制，这些信息没有经过严格编辑和整理，良莠不齐，各种不良和无用的信息大量充斥在网络上，形成了一个纷繁复杂的信息世界，给用户选择、利用网络信息带来了障碍。

3）体现指挥控制特点的相关性质

（1）可分解性。作战任务在执行的过程中，为了保证任务的顺利实施，可以将抽象的任务分解为具体的子任务，相应的与该任务相关的指挥控制活动就可以进一步分解为与具体子任务相关的指挥控制活动，与指挥控制活动相关的指控信息也是如此。因此，指控信息具有可分解性。

（2）可组合性。在作战任务执行过程中，可以利用的指控信息有很多，这些指控信息有可能具有同样的应用需求，例如，对于目标探测任务来说，从雷达、卫星、预警机等不同探测节点都可以获取相关的目标信息，这些信息也都是指控信息，并且这些不同的指控信息还可有效组合，从而生成更加准确、更有效的信息，供指挥控制活动所用。

（3）时效性。在现代战争环境下，作战目标和战场态势的更新的速率非常快，所以指挥控制活动也会随着战场环境的快速改变而发生变化，与之相关的指控信息也会发生改变。因此，指控信息具有非常强的时效性。

上面主要从通用信息的属性、网络信息的属性以及与指挥控制活动相关的属性三个方面分析了指控信息的主要性质。掌握指控信息的上述性质：一方面有助于加深对指控信息概念的进一步理解；另一方面有助于用户更有效地掌握和利用指控信息。一旦指控信息被有效而正确地利用后，就可在同样的条件下为指挥控制活动高效执行提供更有力的支持。

1.2.3.4　指控信息的特征

为了能有效对指控信息的共享与汇集机制进行研究，必须先对指控信息的特点进行深入分析。指控信息作为分布于栅格网上的信息，处理具有栅格网环境下信息固有的多源、分布、异构等特性外，还具有时效性、价值度等特性。弄清这些特性，将有助于对指控信息的价值以及汇聚规律的分析。

（1）多源性。由于栅格网环境的支撑作用，获取指控信息的来源并不是唯一的，可能存在多种来源渠道。根据具体指挥控制活动的需求，可以分别从多个不同的信息节点获取多种不同层面的、不同类型的指控信息。而且对于信息探测设备来说，其获取信息的方法也各不相同。

（2）分布性。指控信息来源于地理上分散布置的探测设备，并且通过网络的传输作用部署于栅格网中的任一信息节点上。因此，指控信息的分布并不是集中式的，而是广泛分布且可以重复使用的。但信息的载体有可能在多次使用中被磨损而逐渐失效，但信息本身并不会因此而消失，它可以被大量复制、长期保存、重复使用。

（3）异构性。指控信息本身只是一些抽象符号，如果不借助于媒介载体，人们对于指控信息是看不见、摸不着的。但不同的传输介质和信息载体，其表现形式也不同，因此，不同的指控信息内在结构和外在表现都可能存在差异。一方面，指控信息的传递必须借助于语言、文字、图像、胶片、磁盘、声波、电波、光波等物质形式的承载媒介表现出来，才能被用户接受，并按照既定目标进行处理和存储；另一方面，指控信息借助媒介的传递不受时间和空间限制，这意味着用户在使用指控信息时，能够突破时间和空间的界限，对不同地域、不同时间、不同格式的指控信息统一进行筛选，增加利用指控信息的可能性。

（4）时效性。信息是对事物存在方式和运动状态的反映，如果不能反映事物最新的变化状态，其效用就会降低。对于指控信息来说，也是如此。刚产生的指控信息，其反映的内容越贴近指挥控制活动的需求，信息的价值越大；时间越长，该信息反映的内容与指挥控制活动需求的差异越大，信息的价值会随之减小，一旦人们了解指控信息的内容，信息的价值也就消失了。指控信息的使用价值还取决于使用者的需求及其对信息的理解、认识和利用的能力。

（5）价值度。指控信息对指挥控制活动的执行都会有一定的支撑作用，但不同的指控信息对指挥控制活动完成的贡献度是不同的，即指控信息的价值是不同的。而指控信息的价值可以从对指控信息的需求和需求被满足的程度、指控信息交互能力和关联程度及指控信息有效程度和可用能力等方面来评价，同时指控信息的价值可以为后续的信息描述、索引、查询、匹配以及提取等活动提供支持。

1.3　信息精准服务的概念与内涵

1.3.1　信息服务的概念

理解信息精准服务的概念，首先要了解什么是信息服务。

广义的"信息服务"是指除软、硬件产品的销售外，围绕信息系统软、硬件产品的推广应用所进行的各项服务过程。它主要包括网络信息服务和专业计算机服务两大部分。网络信息服务现在主要是指通过互联网提供的信息服务，包括互联网接入服务（ISP）、互联网内容提供服务（ICP，包括互联网信息搜索、整理加工等）、网络应用服务等。专业计算机服务包括系统集成、咨询、培训、维护和设施管理等服务。

狭义的"信息服务"是互联网内容服务的一种，指利用计算机和通信网络等现代科学技术对信息进行生产、收集、处理、加工、存储、传输、检索和利用，并以信息产品的形式提供服务。

我们所说的信息精准服务，涵盖的只是狭义的"信息服务"的范畴。

信息服务是对信息进行从无序到有序的序化过程，即在各自治信息源基础上形成信息资源统一理解，并在信息资源统一理解的基础上建立统一信息视图，完成信息资源的组织与索引，然后充分利用信息资源与用户需求间的关系，形成以用户关注信息点为核心的信息资源集合，并送达给用户，满足用户的信息需求。

1.3.2 信息精准服务的概念

信息精准服务是指在区分不同服务对象的基础上，依托现代信息技术手段，针对服务对象当前的任务需求，提供精准的个性化信息服务。其最终目的是：在正确的时间将正确的信息传送给正确的服务对象，解决随着用户所面临的信息量越大、种类越多，完成任务所需信息的质量和效用却在下降，用户获得所需信息的难度不断加大的问题。

服务对象也称作用户，是指需要精准服务支持的系统或人。在指控系统背景下，信息精准服务的服务对象包括指挥员、指控系统席位和战斗人员。

任务需求是指服务对象在当前环境下为完成正在承担的任务所产生的对信息服务的需求。在指控系统背景下，任务需求是指为了执行相应的作战任务，服务对象所需要使用的各种相关信息，即在任务实现的过程中，指控系统中各种信息活动所使用的、能为任务完成提供有效支持的信息。

个性化信息服务是指在信息服务的过程中能有效区分不同服务对象，根据任务需求缩小服务对象的关注范围，使其能专注于当前任务需求相关的信息。

1.3.3 信息精准服务的内涵

随着信息技术的不断发展，目前在众多应用领域存在信息种类繁多、数量巨大、物理位置分散、内容复杂多样、良莠不齐等特点，信息空间存在诸多不确定性。这就导致人们往往不知道是否有所需的信息、所需的信息在哪里、哪些信息是最需要的、获得的信息内容是否完整可信等，这些问题对信息服务提出了挑战。

信息精准服务试图为上述问题提供一套解决方案。它根据服务对象的需求，从纷繁复杂的信息海洋中发现、过滤、挖掘出对用户有用的信息，通过整合确保信息的完整、一致和准确，并快速、合理、高效地将信息传送到需要的服务对象。为达到上述目的，信息精准服务必须做到以下几点：

（1）高效整编，组织管理多源信息。提供信息服务的基本前提是提取网络中存在的信息，并将其加工成可作为产品提供的服务素材。主要是以一定的策略在网络中搜集、发现信息，对信息进行理解、提取、组织，进行格式化处理，形成信息摘要，并将其置于事先确定的分类框架中，便于用户浏览和检索。由于信息分布广泛、数量庞大，信息格式、信息结构、信息源的可靠性、信息的可信程度等也存在较大差异，因此需要信息精准服务具有高性能的软、硬件设备和高效率的技术手段支持，对信息进行组织管理，实现高效整编，从而支持及时、准确地向用户提供服务。

（2）精确识别，区分服务对象特征。识别出不同的服务对象是实现精准服务的核心。识别结果的准确性、时效性直接关系到精准信息服务的性能和服务对象的满意程度。只有当服务对象的兴趣、访问模式等特征可以被精确区分时，才能实现对服务对象不同类别（或角色）的准确划分，从而分析得到不同类别服务对象的偏好，解决用户细分问题，使积极主动的个性化信息服务成为可能，为实现理想的精准信息服务提供基础。

（3）精准预判，掌握服务对象需求。服务对象的信息需求可分为显式需求和隐式需求两种。显式需求是指服务对象主动提供的需求，如检索关键词、信息的格式、订阅请求等。隐式需求是指服务对象没有明确提出，但可通过服务对象正在承担的任务背景、服务对象所处的空间位置、服务对象的操作行为和社会关系等推断出来的信息需求。精准预判服务对象的隐式需求，识别服务对象所处的场景，从而缩小服务对象的关注范围，使其能专注于当前任务相关的信息，并采用主动推送的方式提供相关信息，是信息精准服务应当具备的优点和特点。

（4）灵活应用，支持多种服务模式。不同的服务对象采取不同的需求描述方式，也会有不同的使用习惯。例如，有的服务对象更倾向于自主查询信息，有的服务对象则更倾向于接收信息服务主动推送来的信息等。信息精准服务应当具有高度的灵活性，提供多种服务模式供用户选择。基本的服务模式有信息搜索模式、信息推荐模式和信息订阅模式三种。每种模式又可细分，例如信息搜索模式又分为相似度排序模式、用户相关反馈模式、伪反馈模式等。

1.4 指控信息精准服务的概念和基本原理

1.4.1 指控信息精准服务的概念

指控信息精准服务与一般意义上的信息精准服务相比有其特殊性：①在执行作战任务的过程中必将呈现对抗性的环境，这种情况下的指控信息是否可信；②指控信息的产生速度快，大量分布、异构的任务信息随着时间推进不断加入和更新，可能呈现出爆发的趋势，如何根据作战任务及时地从分布的各信息节点中将任务信息抽取出来，从纷繁复杂的信息海洋中发现、过滤、挖掘出与指挥控制活动相关的有用信息；③用户面对的信息量更大、种类更多，而完成指挥控制活动所需信息的质量和效用却在下降，用户获得所需信息的难度加大，如何从大量分布、异构信息中自主地提取、过滤、挖掘出符合指挥控制活动与用户角色需求的高质量信息，使得用户获得的信息的质量和效用最大化；④随着作战的持续，网络节点、网络连接、网络结构都在发生变化，并反映为军事信息系统结构的动态变化，这种情况下又如何持续满足依据作战任务按需共享和利用指控信息的要求。

在体系对抗作战条件下，根据作战任务和用户角色的信息需求，运用栅格网的共享环境和指控信息的语义关联，实现指控信息的自主汇聚和综合利用，形成满足指挥控制活动需求而又相对稳定的信息利用视图，支持作战任务的完成，是指控信息精准服务面临的挑战性问题。

指控信息精准服务本质上是期望最大化问题，即

$$\max F_{信息服务能力} = \max[f_{优裕度}(Y), f_{交互度}(Y), f_{对抗度}(Y), \cdots]$$

式中：Y 为按照需求提供给用户的信息；$f_{优裕度}(Y)$ 为信息优裕度函数，反映信息质量，与信息的完整性、正确性、准确性、一致性、连续性、及时性等相关；$f_{交互度}(Y)$ 为信息交互性函数，与信息的共享范围、共享度、传输质量等相关；$f_{对抗度}(Y)$ 为信息的对抗程度函数，反映信息的安全质量，与信息的保密性、真实性、抗入侵性等相关。

期望函数反映从总体上看信息满足所有用户需求的能力，即 $\max[f_{优裕度}(Y), f_{交互度}(Y), f_{对抗度}(Y), \cdots]$。

面向任务的信息集为

$$Y = G(r_{用户需求}, r_{指控活动}, S_{信息空间})$$

式中：$r_{用户需求}$ 为用户角色需求；$r_{用户需求} \in S_{需求}$，$S_{需求}$ 为所有可能的用户需求；$r_{指控活动}$ 为指控活动需求；$S_{信息空间}$ 为按一定方式组织管理的所有分布、异构信息；G 为提取、过滤、挖掘方法和技术，$G \in S_G$，S_G 表示所有可能的提取、过滤、挖掘方法和技术。

栅格网环境中，指挥控制活动之间的信息交换和融合越来越频繁，使得过去"孤岛化"的组织方式很难提供有效的指控信息共享与利用能力。因此，面向特定作战任务形成面向用户需求的指控信息视图、提供有效的指控信息按需服务能力是指控信息精准服务主要的能力体现。其具体的能力要求如下：

（1）满足指控信息的分布自治性。在栅格网环境下的指控信息是自治的，指控信息精准服务要求在各自治的指控信息基础上，提供统一的指控信息视图，实现全局信息的组织与服务，同时能保持各分布自治的指控信息自身的服务能力。

（2）面向用户信息需求的主动服务能力。指控信息精准服务的对象是各类作战用户，因此应以作战用户的信息需求为导向，充分利用指控信息和用户需求中的启发性信息，为用户提供精确有效的信息服务能力，并利用指控信息间的语义关联提供主动式的按需服务能力。

（3）基于语义的指控信息精准汇聚能力。指控信息精准服务必须建立在对用户需求充分理解的基础上，并且对分布自治任务信息形成相对统一的理解，这就要求提供一种基于语义的指控信息精准汇聚能力，能在栅格网的战场环境中实现用户根据需要尽快地获取全面精准信息的能力。

（4）应对需求动态变化的适应能力。作战人员、作战需求及作战信息环境具有高度的动态性，为了适应作战需求快速变化，指控信息精准服务必须能够

快速地对分布的各类异构任务信息进行柔性重组与整合以适应需求的动态性和信息动态性。

（5）全网空间的协作能力。在栅格网环境中分散、自治的任务信息呈现出一种混乱无序的分布状态，这就需要指控信息精准服务具有全局协作能力，以保证信息在整个栅格网环境中共享与利用的及时性和准确性。

总之，随着作战需求的不断变化，作战业务流程重组将导致作战单元及组织结构、管理决策等多方面的变革，而新的作战组织结构、管理决策会引发新的信息需求，指控信息精准服务需要适应这种新的变化，提供及时精准的信息服务能力。

1.4.2 指控信息精准服务的基本模式

前面介绍了很多指控信息精准服务相关的概念和内涵，那么指控信息精准服务如何给用户提供帮助？下面，从它的触发模式、信息提供模式和服务模式三个方面进行介绍。

1.4.2.1 指控信息精准服务的触发模式

指控信息精准服务的触发模式分为主动式、导向式、交互式和定制式四种。

（1）主动式是根据用户对信息的需求，利用推送技术，有针对性和目的性地将用户所需战场信息传递给用户，是对最新个性化定制信息的自动传送。

（2）导向式体现在一方面以用户的军事需求为导向，创建"用户为中心"的个性化的战场信息环境，按照用户或用户群的特点组织信息资源。

（3）交互式允许用户充分表达个性化的间接性需求，精准服务将根据用户身份、席位特征、军事背景等对用户需求信息进行挖掘，推荐相关指控信息。

（4）定制式是指按照用户指定的方式进行信息组织，包括信息的显示方式、提供结果的方式等。

1.4.2.2 指控信息精准服务的信息提供模式

指控信息精准服务的信息提供模式分为按需搜索、智能推送、关联查询、个性化推荐和灵活拉取五种。

（1）指控信息的按需搜索。指控信息精准服务出现以前，主要靠指控系统间依据指挥体制构建固定强制式的推送机制，以单一的形式向外提供信息。各个信源系统只提供它所有的信息，不关注用户需要的信息；各个信息用户接收强制推送来的信息，这些强制推送的信息有的与其当前执行任务的相关，有的不相关，用户需要在其中筛选出所需的信息。而指控信息精准服务是依据整个栅格网的能力进行构建，将各个情报系统、指挥系统联成整体，对外提供综合的信息服务，并根据用户作战任务需求和作战情况变化，智能化的推送与用户当前任务相关度高的指控信息。

（2）指控信息的智能推送。传统的方式下，各个情报系统依据网络进行搭建，以独立的形式向外提供信息服务，当用户需要信息时，需要登录各个系统分别进行信息的订阅。各个系统也只提供它所有的信息，不关注用户需要的信息，没有达到按需的信息获取与推送。而指控信息精准服务是依据整个栅格网的能力进行构建，将各个情报系统、指挥系统联成整体，对外提供综合的信息服务能力，屏蔽点对点的由用户触发的信息订阅模式，形成面向用户的全网信息的按需服务能力。

（3）指控信息的关联查询。虽然各个指控系统为了满足特定用户的某些需要，已具备部分的关联查询能力，但查询的内容在软件设计之初已固定，一旦需求发生变更就需要修改代码。指控信息精准服务则着眼于构建全网信息的关联查询能力，针对态势图上显示的各类信息提供关联信息的查询能力，基于共用信息基础设施的栅格网的能力提供全网相关信息的自动捕获与综合，打破预先固定信息源的查询方式和局部关联查询方式。

（4）指控信息的个性化推荐。现有的系统在信息的个性化推荐能力上还有欠缺。指控信息精准服务则是要提供面向用户需求的全网信息服务能力，通过综合分析全网用户的需求，并进行一定的相关性分析，建立信息的推荐规则，提供基于用户需求的相关信息的个性化推荐能力。

（5）指控信息的灵活拉取。现有系统的信息拉取主要是针对单个应用设计开发，信息拉取的交互关系是固定的，信息的订阅需要到各个系统分别订阅，对全网统一的信息订阅方式缺乏支持。指控信息精准服务所提供的信息灵活拉取，主要是针对用户需求，对全网范围内符合需求的信息进行智能化的订阅，提供自动或者半自动化的全网信息订阅能力，并按照用户的任务需求、职能职责等对信息进行初步的过滤，以更人性化、更便捷的信息订阅形式提供给用户。

1.4.2.3 指控信息精准服务的服务模式

这里的服务模式，可理解为触发模式和信息服务模式两个维度的组合。两个维度中的各种取值结合的结果就形成了不同的服务模式。结合指控信息精准服务的触发模式和信息提供模式，指控信息精准服务的服务模式见表1.1所列。

表 1.1　指控信息精准服务的服务模式

	按需搜索	智能推送	关联查询	个性化推荐	灵活拉取
主动式	√	—	—	—	√
导向式	—	√	√	√	√
交互式	√	√	√	√	√
灵活式	√	√	—	—	—
注："√"表示可行的服务模式；"—"表示该取值对应的服务模式缺乏实际意义

在执行作战任务的过程中，由于作战背景、环境条件、作战力量构成、要达到的作战目的、作战参与人员的不同，不同的任务类型适用的服务模式也有所不同。根据作战任务的关键特征，典型作战任务的指控信息精准服务模式见表 1.2 所列。

表 1.2　典型作战任务的指控信息精准服务模式

任务类型	任务关键特征	服务模式
战略威慑行动	核武器、战略、大规模战争、演习等	主动式—按需搜索、导向式—关联查询、交互式—关联查询、导向式—个性化推荐、交互式—个性化推荐
火力打击行动	打击效果、持续时间、火力部署等	导向式—智能推送、导向式—关联查询、导向式—灵活拉取、交互式—智能推送、交互式—关联查询、交互式—灵活拉取
联合信息作战行动	计算机网络、通信枢纽位置、指挥中心	主动式—按需搜索、交互式—智能推送、交互式—关联查询、交互式—灵活拉取、定制式—按需搜索、定制式—智能推送
防空作战行动	空袭、防空导弹、目标、入侵地域等	主动式—按需搜索、导向式—智能推送、导向式—关联查询、导向式—灵活拉取、交互式—智能推送、交互式—关联查询、交互式—灵活拉取
应急处突行动	暴动、营救、应急、发生时间等	导向式—智能推送、导向式—灵活拉取、交互式—智能推送、交互式—灵活拉取

另外，在联合作战过程中，作战人员所涉及角色主要分为指挥员、参谋人员、情报处理人员及实际作战单元。由于不同的角色所执行的作战任务不同，行为特征也有所不同，因此对实际参与作战的人员进行行为分析，不同的行为所对应的服务模式也有所不同。典型用户角色的指控信息精准服务模式见表 1.3 所列。

表 1.3　典型用户角色的指控信息精准服务模式

用户角色	行为分析	服务模式
指挥员	战场态势把握、敌我目标动态、作战进程推演等	导向式—智能推送、导向式—关联查询、导向式—灵活拉取、交互式—智能推送、交互式—关联查询、交互式—灵活拉取
参谋人员	上级意图领会、敌我态势标绘、情报信息传递、作战决策分析等	主动式—按需搜索、导向式—智能推送、导向式—关联查询、导向式—灵活拉取、交互式—智能推送、交互式—关联查询、交互式—灵活拉取
情报处理人员	情报来源，情报特征；情报传递目标；情报传递范围，情报的分析融合等	主动式—按需搜索、交互式—智能推送、交互式—关联查询、交互式—灵活拉取
实际作战单元	目标的打击效果；命令的执行程度；敌我战损比，战场态势实时反馈等	导向式—智能推送、导向式—灵活拉取、交互式—智能推送、交互式—灵活拉取

1.4.3　指控信息精准服务的体系架构

指控信息精准服务的基本过程如图 1.8 所示，一般涉及两个整序过程和三个映射过程。用户需求的表达，是一个从无序到有序的整序过程，同时也是一个映射过程。从栅格网中海量、异构、分布、动态的指控信息，形成指控信息元数据描述及其索引，这是第二个从无序到有序的整序过程，也是第二个映射过程。在确定用户信息需求和指控信息的有序描述之后，需要完成两个有序之间的映射，即从指控信息在需求描述启发下生成指控信息资源索引，基于索引完成信息需求到信息资源的映射，这是第三个映射过程。通过指控信息按需聚焦，为用户提供面向需求的，以及更为灵活、高效、精确的信息服务能力。

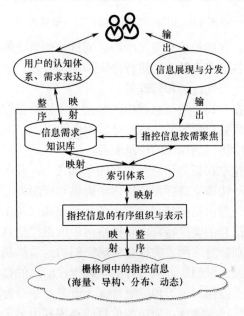

图 1.8　指控信息精准服务的基本过程

指控信息精准服务从概念上可以理解为信息空间在战场的投影，从资源角度涵盖整个信息域的数据、信息、知识等。参照美军 GIG 参考体系结构，建立的指控信息精准服务的分层结构如图 1.9 所示。它向下与网络通信层接口，向上向应用层提供服务。

信息网络化互联层（信息栅格）：是指控信息精准服务的网络硬件基础，它建立在计算和网络通信的基础上，实现异构通信网络系统的互联，完成信息栅格互联，建立统一的指控信息网络。

信息互通层：完成异构指控信息的获取、语义提取与封装，形成一致的指控信息语义描述，并在指控信息封装的基础上完成指控信息集成，进行指控信息的组织，从而形成指控信息资源中心的信息视图和信息仓储。

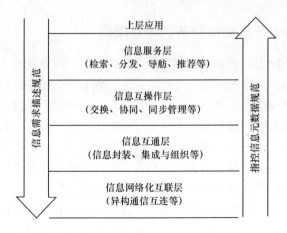

图 1.9　指控信息精准服务的分层结构

信息互操作层：在指控信息资源中心之间进行信息交换，形成指控信息全局统一视图。并在各信息资源中心进行协同和同步管理，进行指控信息资源中心之间的信息语义一致性维护和管理等。

信息服务层：在全局一致信息视图的基础上，提供指控信息空间导航、指控信息定位服务、信息检索服务、信息分发服务等对上层应用提供服务接口，应用层通过该层接口访问到相应的信息服务。

所有层次都是建立在任务信息元数据的基础之上，并在任务信息空间的相关协议和规范的统一协调下进行相应操作和提供相应服务。

结合上述分析，得出指控信息精准服务体系架构（图 1.10）如下：

（1）针对指控信息的类型特点，将栅格网中的指控信息分为格式报信息和非格式报信息，分别针对这两大类信息考虑它们的封装机制、监控机制、访问方法及基于内容的搜索机制等。从对各类异构指控信息的自动化或半自动化的封装、指控信息状态监控管理等角度进行深入研究，最终为信息的再利用提供通用的异构指控信息接入管理，为指控信息的集成利用奠定基础。

（2）构建指控信息的注册发布机制，通过指控信息的一体化描述、本体语义管理等机制，为指控信息构建相对一致的语义环境，为面向需求的信息搜索提供依据。

（3）建立基于栅格网的指控信息索引管理机制和指控信息视图构建机制，依照作战任务和指挥控制活动的特征及相关语义规范，构建面向不同需求的信息视图，为高效的信息搜索和利用提供支撑。

（4）分别对格式化信息和非格式化信息建立元数据发现、语义发现以及全网搜索机制，实现全网信息的统一搜索。

具备了以上条件以后，还需要对用户的需求进行采集，并对用户需求建立其时空感知体系、任务感知体系和上下文感知体系，形成多源的指控信息需求描述，通过需求调度处理引擎实现指控需求的分派处理。

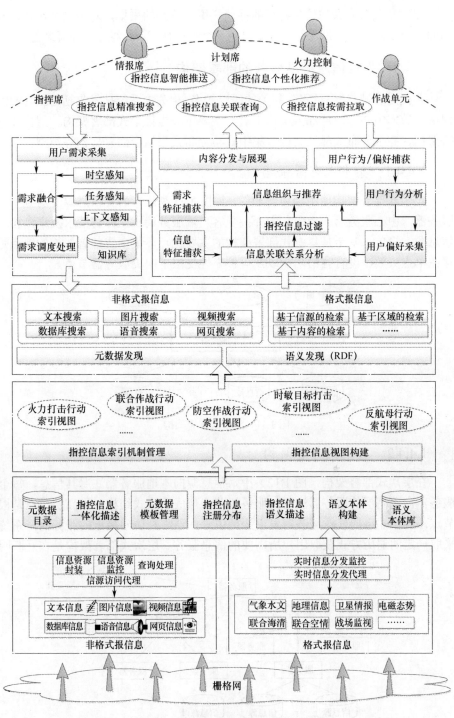

图 1.10 指控信息精准服务体系架构

（5）结合对需求和信息特征的捕获、用户偏好的采集，对全网范围内汇集到的指控信息进行关联关系分析、过滤、组织与推荐，最终分发和展现给用户。

1.4.4　指控信息精准服务的部署架构

在民用领域，与信息服务相关的研究较多，相关的系统技术包括 CDN、P2P、网格、数据中心等，从部署架构上看，主要可分为集中式部署架构、层次式部署架构、完全分布式部署架构、集中式与分布式相结合部署架构等类型。

1.4.4.1　集中式部署架构

集中式部署架构使用最为普遍的，如图 1.11 所示。所有信息源注册到中心服务器，中心服务器作为服务中介接受客户端服务请求，并将请求发送到相应信息源。简单、安全是集中式部署架构的主要优点。集中式部署架构的缺点是存在单点失效、没有容错功能以及可扩充性受限于中央服务器节点。

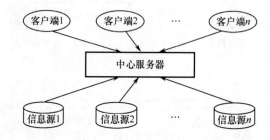

图 1.11　集中式部署架构

1.4.4.2　层次式部署架构

在层次式部署架构（图 1.12）中，信息源向本地服务器注册其信息，每个服务器向更高层的服务器注册，服务器节点形成层次式结构，最高层节点是根节点。客户端可向任意服务器发出服务请求，通常是访问最近的服务器，系统采取一定的遍历方式获取用户所需要的信息服务。层次式部署架构是在互联网

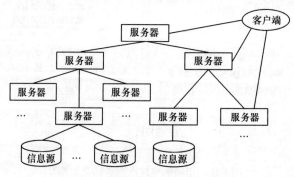

图 1.12　层次式部署架构

上应用最广的拓扑，DNS 是最成功的层次式索引服务系统，著名的网格项目 Globus 中的元计算目录服务 MDS-2 也采用了层次式部署架构。

层次式部署架构有清晰的路径，故具有一定程度的可管理性，但因系统覆盖范围广，当机器发生问题时不容易发现，因而层次式部署架构的一致性维护也较困难。层次式部署架构相对简单，具有开放性、可扩充性和容错性；但同时带来系统管理的复杂性，根节点是结构的瓶颈，其安全策略也相对难以实现。

1.4.4.3 完全分布式部署架构

完全分布式部署架构是与集中式部署架构完全相对的一种方案，也就是 P2P 结构，如图 1.13 所示。在这种架构中，每个节点既是服务器又是客户端。架构的完全分布性使得它难以管理，由于任意节点都可以随时加入，系统的安全性也难以控制。完全分布式部署架构的优点是：具有可扩展性，任何节点都可以随时加入并将自己的信息资源共享给其他用户，节点的加入不会影响系统的整体性能；同时系统的容错性也很好，任何节点的关闭或故障都不会影响其他节点的正常工作。

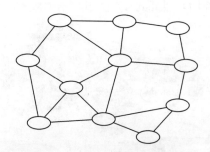

图 1.13 完全分布式部署架构

1.4.4.4 集中式与分布式相结合的部署架构

集中式与分布式相结合的部署架构是一种折中的选择，如图 1.14 所示。这种结构结合了集中式与完全式分布部署架构的特点。通过集中节点对局部网络信息进行管理与索引，同时在集中节点间采用一种完全分布式部署架构。采用这种结构既利用了集中式部署架构易于管理、便于掌握全局视图的特点，又利用了完全分布式部署架构负载均衡、自组织和容错性强的特点，关键在于如何把握集中的策略和集中的程度。

根据对几种典型部署架构优、缺点的分析，考虑到指控信息精准服务的特殊性，集中式与分布式相结合的部署架构比较适用于栅格网环境下的指控信息精准服务系统的搭建。图 1.15 给出了一种集中式与分布式相结合的指控信息精准服务部署架构。如图 1.15 所示，可在整个栅格网上架设若干战区级的服务节点，每个战区级的服务节点对其管辖范围内的信息进行管理与索引，并在各个战区信息服务节点间采用一种完全分布的部署架构。这种架构设计使得各个战区级服务节点之间形成完全分布式部署架构，具备较强的负载均衡、自组织和容错能力，一个战区节点的损毁可以由其他服务节点接替使用。

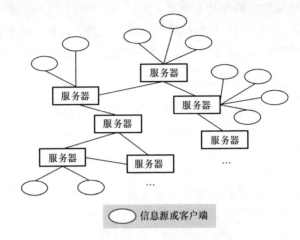

图 1.14　集中式与分布式相结合的部署架构

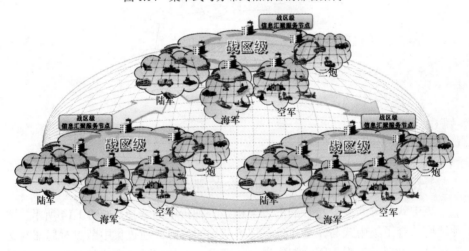

图 1.15　集中式与分布式相结合的指控信息精准服务部署架构

1.4.5　信息精准服务的常见方法

随着信息技术的不断更新发展，信息服务方法也在不断发生适应性的变化：一方面，传统的信息服务方法，如分类法与主题法不断改造以适应新的信息环境；另一方面，信息技术发展又衍生出适应复杂环境的新的方法，从而形成了从单纯的语法组织转变为语义组织，再发展到语用组织这样一个多层次的信息服务方法体系。指控信息精准服务立足于一般信息服务的基础上，因此也必将采用一般信息服务所要用到的基本方法。这里对几种常见的方法进行简要介绍。与指控信息精准服务密切相关的几项关键技术将在 1.5 节进行介绍。

1.4.5.1 元数据方法

元数据方法也可以理解为给定描述某一事物的一组属性的方法。要描述事物，必须从某个角度提取某些属性元素。每件事物可以基于不同的目的从不同角度来描述，因此有多套属性元素集合。每套元素集合都是关于这件事物的一种认识和看法的概念体系（规范词表），可看成关于这件事物的一套领域知识，即本体。这种本体以规范的方法建立起来，信息资源之间的复杂联系就成为一种能够"计算"的数字模型，将全面实现信息资源汇聚的一种"基于知识的信息汇聚机制"，信息系统将以前所未有的形态呈现。元数据方法作为信息资源描述和组织的一般性方法逐渐发展成熟，并随着近年来计算机领域语义万维网的研究而得到越来越多的应用。

1.4.5.2 分类法与主题法

语义层面的组织方法是以信息资源的内容和本质特征为依据进行序化的方法。分类法和主题法是传统图书馆组织和揭示文献信息资源内容及本质属性的最重要组织工具，其卓越的信息组织能力在信息环境中仍然发挥着作用。

分类法按信息资源的学科门类和知识体系进行组织的方法不仅在文献组织阶段发挥了重大的作用，而且在信息环境下也为网络信息组织和访问提供了一种解决办法。在信息环境下其突出的特点体现在：一是主题分类列表可以作为一种导航工具，帮助用户通过浏览查找所需要的信息资源，满足族性检索的需要；二是通用分类表的规范性为实现信息环境下的跨数据库浏览和检索提供可行性；三是信息环境支持的超文本技术可以揭示知识空间的多维联系。

主题词表又称为叙词表，它是一种语义词典，由术语及术语之间的各种关系组成，能反映某学科领域的语义相关概念。由于它不像分类法那样受到严格的等级限制，因此表达灵活，专指性强。但是，主题词表用于组织动态的、海量的、分布的数字化信息资源，其结构和内容滞后、普通用户难于掌握的缺陷成为信息组织的瓶颈，严重影响信息的使用。

1.4.5.3 搜索引擎

搜索引擎利用了主题法原理，通过在互联网上提取各个网站的信息来建立自己的数据库，并向用户提供检索服务。搜索引擎的原理可以归纳为三步：
（1）从互联网上抓取网页。利用能够从互联网上自动收集网页的 Spider 系统程序，自动访问互联网，并沿着任何网页中的所有 URL 爬到其他网页，重复这个过程，并把爬过的所有网页收集回来。

（2）建立索引数据库。由分析索引系统程序对收集回来的网页进行分析，提取相关网页信息（包括网页所在 URL、编码类型、页面内容包含的所有关键词、关键词位置、生成时间、大小、与其他网页的链接关系等），根据一定的相关度算法进行大量复杂计算，得到每一个网页针对页面文字中及超链中每一个关键词的相关度（或重要性），然后用这些相关信息建立网页索引数据库。

（3）在索引数据库中搜索排序。当用户输入关键词搜索后，由搜索系统程序从网页索引数据库中找到符合该关键词的所有相关网页。因为所有相关网页针对该关键词的相关度早已计算好，所以只需按照现成的相关度数值排序，相关度越高，排名越靠前。最后，由页面生成系统将搜索结果的链接地址和页面内容摘要等内容组织起来返回给用户。

搜索引擎的不足是：大多都没有建立索引词之间的相互关系，没有分析文本信息中词与词之间的关系，缺乏控制，因此导致搜索引擎信息命中率较低，相关性也较差；另外，由于利用关键词和检索式查询，许多网络信息用户不熟悉检索式的应用，况且许多信息用户的信息需求较为模糊，不能随时调整自己的检索策略。这些缺点使以主题法为原理的搜索引擎难以向更深层次推广。

1.4.5.4 本体

本体作为一种新的方法引起广泛关注。关于本体的定义，国内外学者进行了广泛的讨论，本体被赋予了太多的含义，但目前尚未形成统一的概念。被广为接受的是 1993 年由 Gruber 提出的：本体就是概念化的明确规范化说明。1998年 Studer 等人在这个定义的基础上对于本体的特点给出了较为明确的解释："知识本体是对概念体系的明确的、形式化、可共享的规范说明。"

尽管有很多不同的定义方式，但是从内涵上来看，不同研究者对于本体的认识是统一的，都把本体当作是领域（可以是特定领域、特定主题，也可以是更广的范围）内部不同主体（人、机器等）之间进行交流（对话、互操作、共享等）的一种语义基础，即把本体看作关于一些主题的清晰规范的说明。它是一个规范的、已经得到公认的描述，它包含术语表，术语表中的术语全是与某一学科领域相关的，术语表中的逻辑声明全部是用来描述那些术语的含义和术语间关系的。本体提供了用来表达和交流某些主题知识的词表，还包括关系集，关系集把握词表中这些术语间的联系。

本体在信息组织领域的作用主要体现在以下几个方面：

（1）利用本体分析信息资源语义和用户检索词汇以及二者的语义匹配程度。

（2）支持智能检索。利用本体对网络资源进行标注（赋予网络资源及其各个内容元素以相应的语义标注），有利于实现智能检索和推理。

（3）本体可对基于某个知识组织体系的信息资源进行结构化组织。

（4）本体表示信息内容与知识组织体系之间的链接，利用本体可理解具体的概念并链接相关概念和相关资源。

（5）依照本体的分类体系将检索结果进行组织和可视化显示。

1.4.5.5 主题图技术

主题图技术是一种新兴的知识组织方式。在 XML Topic Map(XTM)1.0 规范中，主题图由一系列以主题、联系和范围组成的节点组成，这些节点以符合 XTM或者其他规范（HyTm）的文件形式或者以满足 XTM 加工需求的内部应用的方式存在。概括地说，主题图是一种用于描述信息资源知识结构的数据格式。它可标识在某一资源中知识概念所在的位置，也表示知识概念间的相互联系。主题图技术吸收了主题词表在词汇控制方面的基本思想，在用、代、属、分、族、参的简单关系基础上灵活定义概念间关系。使用者根据领域概念的特点灵活地定义概念之间的关系，并将分类表中分类的思想用在主题类型的划分上。实际上，主题图在信息资源的上层构建了一个结构化的语义网，它独立于技术平台，描述主题之间的关系及主题与具体资源的联系，通过提示概念之间的关系，将用词指引到相关的资源。主题图技术吸收了传统的知识组织方法的思想，并有所发展。

1.4.5.6 知识网格

知识网格是一个智能互联环境，它使用户或虚拟角色能有效地获取、发布、共享和管理知识资源，并为用户和其他服务提供所需要的知识服务，辅助实现知识创新、协同工作、问题解决和决策支持。它包含了反映人类认知特性的认识论和本体论；应用社会、生态和经济学原理；采纳下一代互联网所使用的技术和标准。知识网格有以下五个不同于其他技术的特征：第一，人们能够通过单一语义入口获取和管理全球分布的知识，而无须知道知识的具体位置。第二，全球分布的相关知识可以智能地聚合，并通过后台推理与解释机制提供按需的知识服务。达到这个目标的方法之一是知识提供者提供元知识。统一的资源管理模型将有助于实现知识服务的动态聚合。第三，人或虚拟角色能在一个单一语义空间映射、重构和抽象的基础上共享知识及享用推理服务，在其中相互理解没有任何障碍。第四，知识网格应能在全球范围搜索解决问题所需的知识，并确保合适的知识闭包。第五，在知识网格环境中，知识不是静态存储的，它能动态演化而保持常新。这意味着知识网格中的知识服务在使用过程中可以不断自动演化改进。

1.5 信息精准服务的关键技术

前面对指控信息精准服务常用的方法进行了介绍，但由于军事应用领域的特殊性，还需要基于民用的方法进行扩展和综合。本节简要介绍实现信息精准服务所必需的几方面关键技术，包括指控信息的价值链、需求模型、特征捕获、按需搜索、信息推荐、链路预测、信息利用和评估方法等，如图 1.16 所示。其中：指控信息价值链是其他关键技术研究的理论基础；指控信息服务需求模型和指控信息特征捕获是基础技术；指控信息按需搜索和指控信息推荐是实现精准服务的基本途径，必须基于技术开展研究；指控信息链路预测和指控信息利用是对基本途径的拓展，目前还属于探索阶段，离成熟应用还有一段距离；指控信息精准服务质量评估是各种方法和技术优劣的评判依据。图中的每项关键技术又可细分为若干项子问题，而每项子问题都是学术界正在研究的热门或前沿问题。

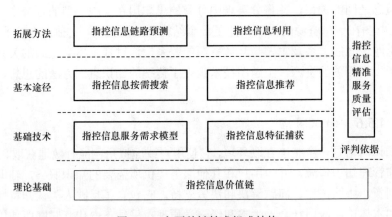

图 1.16 主要关键技术组成结构

（1）指控信息价值链。指控信息精准服务的一个重要目的，是使指控信息的价值得到更好发挥。因此，研究指控信息精准服务技术，首先需要对指控信息的价值演化规律开展研究，剖析指控信息价值链条的构成，为指控信息精准服务提供基础理论支撑。

（2）指控信息服务需求模型。满足用户需求的信息才是有用的信息。为了实现指控信息的精准服务，就需要对用户所需信息各方面的特征进行刻画，并以此为依据提供信息服务。研究指控信息服务需求模型，不仅要考虑覆盖信息的关键特征，还需要提供自动化手段，便于需求的生成和解析，高效地为指控信息的按需搜索和推荐提供支持。

（3）指控信息特征捕获。指控信息特征捕获是从指控信息中抽取出最能反映指控信息特点、辨识性强的特征，并通过有限维度的向量来描述。指控信息的特征捕获技术主要包括指控信息内容和指控信息用户两个方面。指控信息内容特征捕获主要基于向量空间模型等方法，针对不同的信息格式类型分别开展研究。指控信息用户特征捕获主要从用户基础信息、行为信息和偏好信息三个方面开展研究。这两个方面相互配合，为搜索和推荐提供基础条件。

（4）指控信息按需搜索。信息按需搜索是指控信息精准服务的基本途径之一，为指控系统用户在海量指控信息中主动搜寻需要的信息提供手段，避免用户遭遇信息过载。指控信息按需搜索主要研究索引技术、搜索模型、按需搜索的触发方式以及具体的搜索方法。

（5）指控信息推荐。信息按需推荐是指控信息精准服务的另一条基本途径，可根据用户的历史信息以及用户之间的关联关系，不需用户主动参与就可向用户推荐所需要的信息。对指控信息推荐技术的研究，主要是结合指控系统应用的特点，提出"冷启动"问题、冗余信息检测等问题的解决方法，为实现高效、动态的指控信息推荐提供方法指导。

（6）指控信息链路预测。链路预测是一种新兴的信息推荐技术。它利用复杂网络分析方法，通过将信息或用户抽象成节点、将节点间已知的关系抽象成链路组成网络，并对网络结构、网络节点等信息进行分析，预测网络中实际存在但尚未发现的链路或不存在但可能形成的链路，并据此进行信息推荐。对指控信息而言，链路预测技术需要与指控信息价值、指控用户偏好等相结合，进一步提高指控信息推荐的效果。

（7）指控信息利用。随着面向服务技术在军事信息系统中的广泛应用，以Web服务形式提供的指控信息如何高效利用也成为当前面临的一个重要问题，主要体现为Web服务在同一时刻只能保证部分用户的使用的特点，与服务用户数量的几何级增长的现实情况之间的矛盾。针对上述矛盾，我们提出了流程预约的机制和方法，试图保证军事信息服务的最优利用的同时满足最大规模用户的需求。

（8）指控信息精准服务质量评估。前面提到了许多指控信息精准服务的具体方法，但这些方法到底效果如何，应该从哪些方面对效果进行评价，还有哪些缺陷需要改进，这些问题都需要有相应的质量评估方法来帮助回答。质量评估技术不仅可为关键技术研究提供分析手段，还可为指控信息精准服务软件系统的方案设计和研制提供准则。对指控信息精准服务质量评估技术的研究，主要是分析影响指控信息精准服务的影响因素，建立评价指标体系，并设计相应的评估方法和模型。

这里只对各关键技术进行了简要的介绍，后续各章节将针对上述几个方面依次展开详细论述。

第2章 面向指控信息服务的需求模型

现有的指控信息系统大多采用固定信息保障方式，信息来源、信息流向、信息内容都是定制好的、一般不变的。这是由于目前指控系统内部的信息数量相对有限，内容相对单一，多源、异构、繁杂、无序的程度相对较低。未来的指控系统将面向栅格网获取信息。虽然目前还无法估计未来栅格网环境下的信息分布会发展成什么态势，但至少可以预计固定信息保障方式在未来的适用面会有所减少。更多情况下，信息用户无法准确估计所需信息的分布、来源、组织和表达方式，唯一清楚的是所需信息的内容类型、限定条件、时效要求等特征。因此，信息用户要对所需信息的各方面特征进行刻画，即建立信息需求模型。该模型一方面能够准确描述用户的信息需求，另一方面能够为栅格网上的各类信息源（关系数据库、搜索引擎、订阅中心等）正确理解，并转换成其所支持的查询、检索、订阅条件表达形式，从而获得结果反馈。研究发现，用户的信息需求与正在执行的任务有较强的关联，尤其在军事应用领域。本章提出了一种方法，能够根据用户的任务动态生成信息需求模型，自动触发信息精准服务。

2.1 概念内涵

2.1.1 信息需求和信息需求模型

"信息需求"是一个抽象名词，包含有认知的过程，难较定义，而且不容易测量。何为信息需求，目前已有很多种说法。莫里斯·莱昂（Maurices Line）对信息需求的定义是：任何人为了他的工作、研究与构思所需要的事实和数据。威尔逊（Wilson）认为：为满足人的理想、感情和认知的需求，就可能寻求信息。库尔梭（Kuhlthau）认为：用户对"问题或主题的知识"与"必须解决问题所需要的知识"两者之间所产生的不足就是信息需求。中国台湾的温仁助专门对信息需求的概念进行了研究，他认为，替代性典范出现以后，从用户的角度探讨信息需求，使得信息需求的抽象意义更为清晰，信息需求的概念也逐渐澄清。

目前，关于信息需求的定义仍没有统一确定的说法，但对于信息需求所包含的基本含义已逐渐达成共识，主要包括：首先，信息需求主要是经由认知的过程而产生的结果；其次，人在本身拥有的知识不足以解决问题或面对工作的情况下便可能产生信息需求；再次，用户的信息需求与日常生活环境息息相关；最后，信息需求并不是静态的，而是处于动态变化中。

按照信息用户对自己所需信息的清楚程度，可以将信息需求分为如下三大类：

（1）精确的信息需求。有些情况下，用户需要查询某个实体的某个具体属性的数值，产生这种信息需求的前提是用户对自己想要的信息非常清楚，同时对提供信息的信源也十分了解，只有这两个条件全部满足时，才会产生精确的信息需求；然而在未来的栅格网环境下，信源种类繁多，异构性较强，这样的需求可能会有，但只会少量存在。

（2）宽泛的信息需求。在某些情况下，用户没有明确的需求，只是想泛泛地了解某些信息，通过关键词搜索，能够得到一些信息，在无明确目的的浏览过程中，可能得到对他有用的信息，甚至会链接到其他信息，产生新的信息需求，这样的过程可以持续很久，直至得到的信息够用了为止。这样的信息需求非常难以界定，本章中不再涉及。

（3）介于二者之间的信息需求。更多情况下，用户对自己的需求有一个大概的界定，但还没有精确到具体的属性，只是限定于某个实体的某方面的信息。例如，某飞机的对地攻击能力等，它可能对应着许多性能参数，但仅限于对地攻击方面。同时，用户对这些信息在栅格网上的信息源中是如何表达的也不太清楚，只能给出自己所能理解的名词术语。这样模糊的信息需求基于上述两种需求之间，是未来栅格网环境下可能出现最多的一种情况，本章将重点阐述。

如前所述，信息需求分为精确、宽泛、介于中间的三种。精确的信息需求很容易刻画，因为它本身就已经足够精确，精确到了某个具体的属性值，而这个属性值本身就是信息需求模型。而宽泛的信息需求本节不涉及。更多情况下，用户的信息需求是介于二者之间，有一个模糊的轮廓，却没有清晰的界线，无法确知对应哪些具体存在的信息。而这种模糊的需求则需要通过模型勾勒出来。模型的精细程度非常重要，模型刻画得越精细，信息需求描述得就越准确；反之，模型越粗，描述得就越不准确。换言之，信息需求模型是对信息需求的模拟和刻画，与信息需求本身是不等价的。采用模型表示之后会丧失掉一定的逼真度，丧失多少则取决于模型的精细程度。

纵观现有各种信息需求模型表达形式，有如下几种，且有各自的特点：

（1）关键词组。广泛应用于各种文本类检索系统，是一种较粗粒度的信息需求模型。关键词组只描述了用户所需信息中可能包含的词汇，这些词汇本身含义无法被机器理解，任何包含这些词汇的信息都符合这样的需求，不论含义是否一致。

（2）关键词逻辑表达式。广泛应用于各种文本类检索系统。相比纯关键词组，与或逻辑表达式增加了更丰富的逻辑关系。纯关键词组可以理解为全部是"与"的关系，或者全部是"或"的关系，取决于不同的解析方式。而与或逻辑表达式可以更多地限定哪些关键词需要同时出现在信息中，哪些不用同时出现等。因此，精细度较纯关键词组有所提升，同时与或逻辑表达式的复杂度越高，模型的精细度也越高。

（3）属性值对。广泛应用于各种关系数据库查询系统和基于内容的发布—订阅系统。属性本身是具有含义的，其后面跟随的属性值只能用来限定这个属性，其他属性即便拥有相同的属性值，也无法与该属性值对成功匹配。因此，属性值对较关键词组的粒度更细一些。

（4）属性值对逻辑表达式。关系数据库查询系统支持具有一定复杂度的与或逻辑表达式，典型的如 SQL 语言，而基于内容的发布—订阅系统通常只支持全部是"与"的关系，有少数支持复杂一点的与或逻辑表达式。同样，与或逻辑表达式的引入，使得属性值对形式的信息需求模型的粒度又更细一些。

（5）基于三元组的语义表达式。主要应用于针对三元组数据库的查询，典型的如 SPARQL[①]语言。由于属性的含义在不同应用领域中的描述存在普遍的差异，同样的属性名可能解析为不同含义的属性，不同的属性名也可能解析为相同含义的属性，这种语义异构性是导致属性值对形式的信息需求模型不够准确的重要因素。RDF 三元组是语义描述中的一个核心组成部件，能够准确描述属性的语义，因此基于三元组的语义表达式较属性值对逻辑表达式的粒度又更细一些。

（6）自然语言描述。任何形式化语言都不如自然语言的描述能力强。然而，自然语言处理技术的发展距离实用尚有一段差距信息源。

（7）认知层模型。能够表达那些只可意会不可言传的深层次信息需求，但只能在人与人之间传达，尚无信息系统能够应用。

由此可见，信息需求模型要做到完全逼真地复现用户实际信息需求是不可能的，只能在一定的逼真程度上模拟。

2.1.2　用户任务和指控信息需求

在未来栅格网环境下的指挥信息系统中，信息需求主要来源于信息用户正在处理的任务。做什么事需要什么信息是有规律可循的，这是本节的基础论据。

研究发现，用户的信息需求与用户的任务之间有着密切的联系。这里的"用户任务"包含作战任务和用户业务两层意思，因此是广义层面上的任务，或者

[①] SPARQL 是 W3C 的 RDF 数据工作组设计的一种查询语言和协议，用于 RDF 数据的查询。使用 SPARQL 可以实现对语义描述和关系数据库的基于本体的查询。

更准确地说是某种"用户事务"，即"做什么事需要什么信息"中的"事"。接下来分别说明这两个层面上的"用户事务"。

作战任务：发生或即将发生在战场上的事，即信息用户所关注的作战任务。如果将视角放到作战任务的层面上，军事信息系统中的每一个用户实际上也是为完成作战任务而设置的一个角色。因此，这个角色时时刻刻都有他要完成的使命，都被分配执行作战任务的一部分，如执行某个作战行动、应对某次敌军突袭等。所以，信息用户所处理的一切事务都是围绕着受领的作战任务展开的。针对不同的作战任务，需要不同的信息支持，因此作战任务作为信息用户事务的第一层意思，是制约用户信息需求变化的重要因素。

用户业务：发生在信息用户和信息系统之间的事，即信息用户履行自身岗位职责所处理的业务。例如，对于指挥员一类的信息用户，需要处理的业务包括情况判断、定下决心、规划方案、拟制计划等；对于情报参谋一类的信息用户，需要处理的业务则包括编批、去重、关联、融合、估计等。处理不同的业务，需要不同的信息支持，即便是针对同一个作战任务，在处理业务的不同环节所需要的信息也是不同的。因此，用户业务作为信息用户事务的第二层意思，也是制约用户信息需求变化的重要因素。

可以说，信息用户的事务是围绕着作战任务处理用户业务。因此，作战任务和用户业务作为两条主线，从两个维度唯一确定了信息用户事务的类型，如图 2.1 所示。

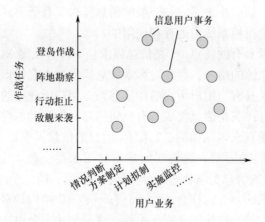

图 2.1　信息用户事务的含义

用户事务的分类粒度可粗可细。例如，一个作战任务——抗击敌海空联合空袭作战，包括前期的电子战，以及随后的航空兵空中对战和地面武器防空作战等。具体每一个作战阶段所做的事情是不一样的，所需的信息自然也不同。如果一直细分，每一个具体的行动都是一个相对独立的环节，都有相应的信息需求。同理，用户业务也可以细分，例如，战前筹划业务可细分为了解任务、判断情况、定下决心、制定方案、制定计划、推演评估等细的环节。而每一个环节还可以细分，最细的情况下，用户的每一步界面操作都可以看成是一个作业活动，都有各自的信息需求。

指控信息是指为执行相应的指控任务，栅格网环境下信息系统所需要使用的各种相关信息，也就是在指控任务实现的过程中，信息系统中各种信息活动所使用的、能为指控任务完成提供有效支持的信息都属于指控信息。

指控信息在本质上也是信息，只不过是一类特殊的信息。这类信息从用途上看是与具体的指控任务相关的，是在指控任务实现过程中各种信息活动所需的信息，是添加了"作战任务"这一约束条件后所获得的信息。与一般的信息相比，指控信息具有涵盖范围小、存在时间空间约束、判定方法复杂以及动态性强等区别于一般信息的地方。

本研究对"指控信息需求"给出如下定义：指控信息需求是栅格网环境下用户为使用指控系统完成某一特定指控任务而产生的对信息的需要。

从指控信息需求的概念定义可以看出，指控信息需求首先是一种用户信息需求（一般的信息需求）。因为它的主体是用户（人），说到底，指控信息需求是人的信息需求，是在栅格网环境下使用指控系统的人的信息需求。正因为指控信息需求是用户信息需求，故用户信息需求的一般原理也适用于指控信息需求。

从指控信息需求的概念定义还可以看出，它是用户（人）在使用指控系统的过程中产生的，这就决定了它与一般的信息需求又有所不同，用户所获得的信息最终是要交给指控系统去处理和使用的。

指控信息需求具有的特点：一是信息需求是一种客观需求，需求的主体（栅格网环境下指控系统的用户）存在对客观信息需求的主观认识、体验和表达问题；二是信息需求具有与用户所在的指挥体系、用户所使用的指控系统席位等方面相联系的特征；三是信息需求具有一定的复杂性和动态性。

指控信息需求概念内涵如图 2.2 所示。用户的信息需求是不断发展变化的，并且受时间、空间的限制。这说明用户信息需求是一种"运动状态"，科亨（Kochen）将用户的信息需求状态划分为如图 2.3 所示的三个层次。

进一步研究表明，一定社会条件下具有一定知识结构和素质的人，在从事某一职业活动中有着一定的信息需求结构。这是一种完全由客观条件决定，不以用户主观认识为转移的需求状态。但是，在实际工作中用户对客观信息需求并不一定会全面而准确地认识，由于主观因素和意识作用，用户认识到的可能仅仅是其中一部分，或者全然没有认识到，甚至对客观信息需求产生错误的认识。无论何种认识，都可以概括为信息需求的不同主观认识状态。通过用户活动与交往，用户认识的信息需求将得以表达，这便是信息需求的表达状态。显然，这一状态与用户的实际体验和表示有关。

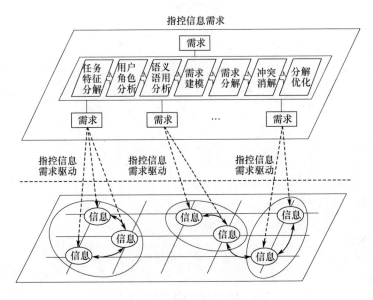

图 2.2　指控信息需求概念内涵

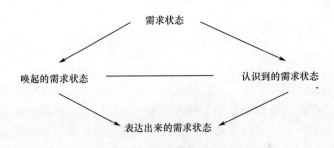

图 2.3　用户信息需求状态

　　由于用户的信息需求具有主观性和认识性，因而存在用户信息需求的客观状态、认识状态、表达状态三个基本层次。信息需求这三种状态，就其内容与范围而言可以用图 2.4 的集合表示。集合 S_1、S_2、S_3 之间的基本运算显示了其中的基本关系。图 2.4 中：区域 1 表示用户客观的信息需求得以准确认识并表达出的部分；区域 2 为被认识的但未能表达的需求部分；区域 3 为未被认识和表达的客观信息需求；区域 4 为认识有误但未表达的需求；区域 5 为认识有误且已表达的需求；区域 6 为认识有误、表达也有误的部分。通过集合的运算可以把握用户信息需求的基本状态，这些资料是开展用户综合管理与系统服务工作的决策依据。由图 2.4 可知，用户的信息需求中只有一小部分能够被正确认识和表达，即区域 1。这是因为用户信息需求的认识和表达状态受到用户的心理状态、认识状态和素质等因素影响，同时也受其他客观因素的影响，因此在某一时空只有一部分信息需求得以表达。

第 2 章　面向指控信息服务的需求模型

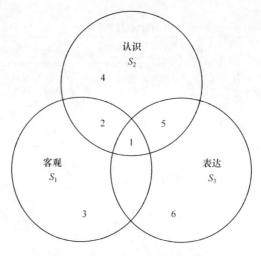

图 2.4　用户的信息需求

2.2　指控信息需求模型

2.2.1　描述模型

2.2.1.1　语法规范

在未来的栅格网环境下，凡是经过授权公开的信息资源都会在栅格网上发布信息，或者在相应权限级别的子网内发布信息。信息来源渠道更加丰富、多样，用户则各取所需。这种方式相比传统的固定信息保障要更加灵活，一旦指定的信源不可用，还能够从其他信源获得所需信息。

但是这种不限定信息来源的信息汇聚方式对于信息需求的描述提出了一定的挑战。一方面，当用户提出一个信息需求时，并不知道该需求将被提交给关系数据库、搜索引擎还是发布—订阅系统，因此不知道使用哪一种语法。而这些语法之间又是不通用的，无法相互转换，这就需要设计一种相对通用的语法描述信息需求模型，以便能够为各种信息源所理解，能够正确的解析，而不会曲解需求模型原义。另一方面，不同应用领域有不同的数据组织和表达方式。例如，两个同类型的数据库在表结构甚至字段名称上都会存在差别，同一个意思在不同领域中会有不同的术语表达，如"吃水""排水量""吨位"等。这就要求信息需求模型语言具有一定的语义表达能力，能够准确描述信息需求的语义内涵。

针对上述要求，设计了指控信息需求模型语言（Task Information Requirement Modeling Language，TIRML）的语法规范，综合了上述语言的共通之处，融合了各种方式的优点，同时加入了一些语义描述符，语法规范如图 2.5 所示。

```
<REQ>
    <LABEL>需求内容文字描述</LABEL> <!--方便阅读理解-->
    <USER>用户类型</USER> <!--用户类型-->
    <OPERATION>业务类型</OPERATION> <!--用户作业类型-->
    <MISSION>任务类型</MISSION> <!--作战任务类型-->
    <SELECT>主体.属性 1 & / || 主体.属性 2 & / || ……</SELECT> <!--需求信息内容-->
    <WHERE> <!--需求信息特征限定-->
            主体.属性 3 = / < / > 值 a & / || 主体.属性 4 = / < / > 值 b & / || ……
    <FROM>路径 1 & / || / |- 路径 2 & / || / |- ……</FROM> <!--优先来源要求-->
    <MEDIATYPE>载体类型 1 || 载体类型 2 || ……</MEDIATYPE> <!--载体要求-->
    </WHERE>
    <WHEN> <!--时效性要求-->
            <START>需求起始时刻</START>
            <END>需求结束时刻</END>
            <PERIOD>更新间隔时段</PERIOD>
            <REPEAT>重查间隔时段</REPEAT>
            <EARLIEST>最早发布时间</EARLIEST>
            <LATEST>最晚发布时间</LATEST>
            <REALTIME>实时性要求</REALTIME>
    </WHEN>
    <ORDERBY>首选排序原则 |- 次选排序原则 |- ……</ORDERBY> <!--排序要求-->
</REQ>
```

图 2.5　语法规范

1) LABEL

由于信息需求模型从创建到使用再到后期维护都离不开人的参与，因此，对于信息需求模型中的内容需要有一段简短的文字描述。

2) USER、OPERATION 和 MISSION

用于表达用户任务类型，分别代表用户类型、用户作业类型和作战任务类型，可以用简短的词汇表达。虽然信息需求模型本身是依据用户任务建立的，在模型中包含对用户任务的描述，有利于服务端（精准服务系统）对信息做结合用户任务的进一步过滤和推荐。

3) SELECT 和 WHERE

SELECT 和 WHERE 虽然沿袭于 SQL 的语法，但不同的是，可以在属性前面加上主体的限定，这一点是沿袭于 SPARQL 的三元组查询语句，可以支持语义描述。

如图 2.6 所示，一个主体可以有多个属性，有的属性值已知，有的未知。通常将其中需要查询的部分未知属性放在 SELECT 之后，而用于限定主体特征的部分已知属性放在 WHERE 之后。即先通过 WHERE 找到符合需求的主体，进而通过 SELECT 找到符合需求的属性。属性又分数值属性和对象属性，前者的值为具体数值，后者则关联到另一个主体。

在传统的关系数据库模式中虽然没有明确定义主体，但都隐含着主体的概念。可以把一张表理解为一类主体，一行理解为一个主体，一列理解为一个属性，如图 2.7 所示。其中外键属性是对象属性，指向另一张表中的一行数据，即另一个主体，其他则为数值属性。

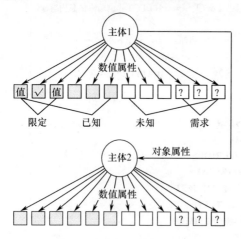

图 2.6　主体与属性概念示意　　　图 2.7　关系数据库模式中的主体和属性

在发布—订阅模式中通常会定义订阅条件和报文内容两组属性值对，它们可以映射为一组关系模式，如图 2.8 所示。订阅条件对应已知属性，用于限定报文类型；而报文内容对应未知属性，它们也是关于同一个主体的不同属性，这个主体隐藏在报文的主题中。例如，订阅车辆实时状态信息，订阅条件包含车牌号，报文内容包含车辆位置和速度，它们都是车辆的不同属性。因此，发布—订阅模式与关系数据库模式非常类似，只是报文内容是动态变化的，并且报文是整条发来的，不像数据库查询可以只返回某个字段的值。

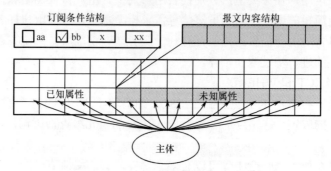

图 2.8　发布—订阅模式中的主体和属性

在非结构化文本中通常没有定义主体和属性，这种关系隐含在文本中。例如 "江苏省的省会是南京" 隐含了 "江苏省→省会=南京" 这样一条属性关系。

除语义描述外，SELECT 和 WHERE 的语法与 SQL 语言基本类似。"SELECT

A.B"表示要查询的是主体 *A* 的属性 *B* 的值,"WHERE A.B=C"表示限定主体 *A* 的 *B* 属性值为 *C*。其中,"="也可以换成其他数学操作符号,如"<"">"等。操作符后面可以是单个数值、字符串,也可以是实体 ID 或 URI,或者省略,如"WHERE A.B"表示将主体 *A* 具有某属性 *B* 作为一种筛选条件。对于不确定的主体或属性,可以用"*"表示,例如:

(1) SELECT A.* WHERE *.*:浏览主体 *A* 的所有相关信息。

(2) SELECT *.* WHERE *.A:浏览拥有属性 *A* 的所有主体的相关信息。

(3) SELECT *.* WHERE *.A=B:浏览属性 *A* 取值为 *B* 的所有主体的相关信息。

(4) SELECT *.A WHERE *.B=C:查询属性 *B* 取值为 *C* 的所有主体的 *A* 属性值。

SELECT 和 WHERE 中的"主体.属性"可以有多对,相互间的与或逻辑关系用"&"和"||"表示,如"SELECT A.B & A.C WHERE A.D=E || A.F"表示:查询主体 *A* 的属性 *B* 和属性 *C*,要求该主体 *A* 的属性 *D* 取值为 *E*,或者主体 *A* 拥有属性 *F*。可以采用简写形式,如"A.B & A.C"可简写为"A.[B & C]","&[A]"表示 *A* 是一个集合,其中的元素之间是"&"的关系。

4)FROM

在军事应用中,很多情况下是有指定信息来源的,或者有信任的信息来源。虽然需求生成系统并不限定信息来源,但如果已知目标信息的大致位置,则能大幅提高信息查询的精度和速度。"FROM"字段沿袭于 SQL,但含义不太一样,不是限定某张表,而是扩展到各类信息来源路径,如"IP/数据库名/表名""情报中心地址/报文格式/报文类型""网站域名/相对路径"等。"FROM"后面可以跟多个路径,例如:

(1) FROM xxx || yyy:在"xxx"或"yyy"两个路径处查询。

(2) FROM *:不限定来源。

(3) FROM xxx || yyy || *:优先从"xxx"和"yyy"处查询。

(4) FROM xxx |- yyy |- *:先在"xxx"处查询,查不到再在"yyy"处查询,还查不到则可以去任意地方查询。

5)MEDIATYPE

用于限定所需信息的载体类型,如数据库、网页、文本、图片、视频、实时报文等。

6)WHEN

WHEN 字段描述的是用户对信息需求的时效性要求。从这方面看,信息需求可以分为持续型需求和一次型需求两类。

持续型需求指用户在一段时间内需要获得持续更新。WHEN 字段内部提供了 4 个字段描述对持续型需求的时效性要求。其中,START、END 用于描述持续时间段，PERIOD、REPEAT 用于描述实时信息的更新频率和非实时信息查新周期。这 4 个字段主要提交给需求发布管理模块，该模块根据其将需求分别提交给实时、非实时信息源。对于实时信息源，将 START、END、PERIOD 分别转换成订阅请求中的起始时间、结束时间、发送间隔；对于非实时信息源，则按照 REPEAT 中设定的周期从 START 到 END 期间，定期向非实时信息源提交重复的需求以捕获新发布的信息。这要求信息源支持增量搜索/查询，否则需求管理模块会对每次返回的结果做去重处理。此外，如果信息源支持对信息发布更新的动态监控，则当新信息发布时，只要在 START 和 END 的时间段内，就被推送到用户端。

一次型需求指从用户提交一次需求到获得一次结果为止，就完成一次信息搜集的过程。提供了 EARLIEST 和 LATEST 两个字段用于描述信息的新旧程度，例如 1 个月内或 1 天内发布的信息，某一天之前发布的信息等。需求管理模块会将此字段发送给非实时信息源，但能否起作用还取决于信息源是否支持按更新时间搜索/查询。

REALTIME 字段用于表示该信息需求是针对实时信息还是非实时信息，需求发布管理模块会根据此字段取值决定将信息需求模型发布给实时信息资源还是非实时信息资源。

7）ORDERBY

用于限定汇聚结果的排序依据属性，如按相关度属性、发布时间属性排序等。同时可以设置多个排序依据属性，相互之间用"|-"符号连接，表示先依据第一个属性排序，出现排名并列时再依据第二个属性排序。

2.2.1.2 解析转换方法

TIRML 是创新提出的一种语言，尚没有信息资源能够直接支持，需要经过解析转换才能为信息资源所理解。另外，TIRML 并没有对信息需求的内容描述做太多限定，例如，主体与属性所采用的名词术语依然需要用户或用户端设计开发人员自行填写，所带来的跨领域语义异构性问题也需要在解析转换的过程中一并实现语义映射。接下来分别对语法解析和语义映射的方法进行详细阐述。

通用需求模型采用统一的形式描述了用户的需求，但到达信息源端时，还要被解析成源端所支持的查询语句。因此，报文订阅系统、数据库查询系统、网页搜索引擎等各种信息查询系统在接收到需求模型时，需要做不同的解析和处理。

1）LABEL

不需要处理。

2）USER、OPERATION 和 MISSION

在信息精准服务系统中，会对上述 3 个字段的取值进行指控信息关联关系分析，从而推荐与任务关联度较高的信息。

3）SELECT 和 WHERE

需求模型中的"主体.属性"语法沿袭了 SPARQL 的三元组查询理念，目的是解决异构性问题。目前，三元组的理念已经开始应用于网页搜索，但数据库和报文系统以及大部分搜索系统还不支持，因此需要采取一些转换处理。转换方法如图 2.9 所示，分为基于本体的和无本体支持的两大类。

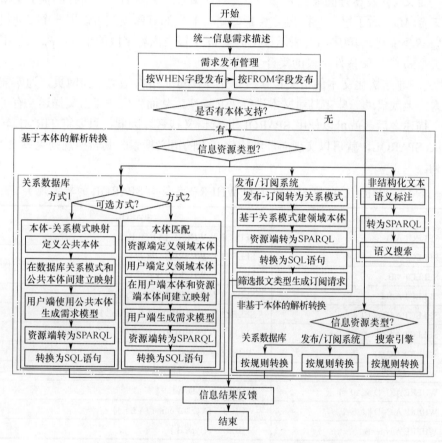

图 2.9　SELECT 和 WHERE 字段的解析转换机制

（1）基于本体的转换。

定义 1（本体）　本体 O 可表示为一个四元组 $O=<C, R, I, A>$。其中：C 表示概念集合，c 表示概念（$c \in C$）；R 表示联系集合，r 表示联系（$r \in R$）；i 和 I（$i \in I$）分别表示实例和实例集合；A 表示公理集合，通常用逻辑语言进行表示。

定义 2（语义描述）　设 U、B、L 分别代表 URIref 集合、空白节点集合和文字集合。一个(subject, predicate, object)$\in (U \cup B) \times U \times (U \cup B \cup L)$称为 RDF

三元组。其中谓词可以分为两个不相交的集合 R 和 A。R 表示关系集合；A 表示属性集合。一个语义描述就是 RDF 三元组的集合。

定义 3（关系数据模式） 对于一个关系数据库 D，其关系数据模式可以用一个二元组$<R_D, \Sigma_D>$描述。其中：R_D 表示数据库 D 中关系的集合，对于任意关系 $r \in R$ 由一组属性 $A_r = (a_1:T_1, a_2:T_2, \cdots, a_n:T_n)$组成，每个属性都具有特定的数据类型 T_i；Σ_D 表示数据库 D 中各关系及关系之间所要满足的完整性约束。

定义 4（发布订阅模式） 一个发布订阅系统 P 具有一个可订阅报文类型的集合 M_P。对于每一个报文类型 $m \in M_P$，其发布订阅模式可以用一个二元组$<C_m, R_m>$描述。其中：C_m 表示报文类型 m 中报文内容字段的集合；R_m 表示报文类型 m 中订阅条件字段的集合。

① 非结构化文本的语义搜索。首先，针对非结构化文本如网页，通常需要人为地或借助一些工具对文本进行语义标注，从而生成一段语义描述。有了语义描述之后，就可以使用 SPARQL 进行语义搜索。因此，只要将 TIRML 转换成 SPARQL，就可以实现对非结构化文本的语义搜索。其转换规则见表 2.1 所列。

表 2.1 TIRML 中的 SELECT 和 WHERE 字段向 SPARQL 的转换规则

TIRML	SPARQL
SELECT A.B	SELECT ?x WHERE {A B ?x.}
SELECT A.*	SELECT ?y WHERE {A ?x ?y.}
SELECT *.B	SELECT ?y WHERE {?x B ?y.}
SELECT A.B.C	SELECT ?y WHERE {A B ?x. ?x C ?y.}
SELECT A.[B & C]	SELECT ?x ?y WHERE {A B ?x. A C ?y.}
SELECT A.[B ‖ C]	SELECT ?x ?y WHERE {{ A B ?x.} union { A C ?y.}}
WHERE A.C=D	WHERE {A C D.}
WHERE A.C < / > / != / >= / <= D	WHERE {A C ?x. filter(?x < / > / != / >= / <= D).}
WHERE A.C=D & A.E=F	WHERE {A C D. A E F.}
WHERE A.C=D ‖ A.E=F	WHERE {{A C D.} union {A E F.}}
WHERE A.type=B	WHERE { A type B.}

② 关系数据库的语义查询。SPARQL 是 W3C 的 RDF 数据工作组设计的一种查询语言和协议，用于 RDF 数据的查询。使用 SPARQL 可以实现对语义描述和关系数据库的基于本体的查询。

使用 SPARQL 同样可以实现针对关系数据库的语义查询，方法分基于本体匹配和基于本体-关系模式映射两类。

基于本体匹配的解析方法如图 2.10 所示。其步骤如下：

a. 各个数据库根据自己的关系模式建立各自的领域本体；

b. 将该本体与用户领域本体进行匹配从而建立映射关系；

c. 各数据库先将接收到的 TIRML 格式的需求转换成 SPARQL 格式，再根据该映射关系通过查询重写机制将其中用户领域本体中定义的术语（包括概念、关系和实例）转换成自己领域本体中对应的术语，并进而转变为适合其关系模式的 SQL 语句。

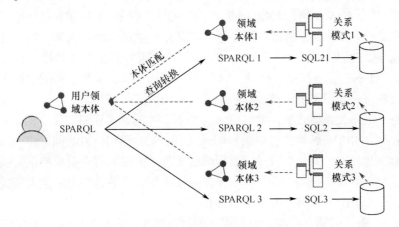

图 2.10　基于本体匹配的解析方法

基于本体—关系模式映射的解析方法如图 2.11 所示。其步骤如下：

a. 维护一套公共的本体，各个数据库直接在自己的关系模式和公共本体之间建立映射关系；

b. 用户端使用公共本体中定义的术语生成 SPARQL 查询语句；

c. 各数据库将收到的 TIRML 格式的需求先转换成 SPARQL 格式，再通过查询重写机制转换成适合其关系模式的 SQL 语句，方法同上。

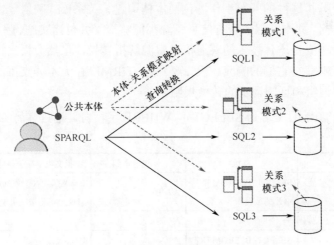

图 2.11　基于本体—关系模式映射的解析方法

两种方法各有优缺点，第二种方法比第一种省掉了一步转换，效率更高一些，然而需要领域权威机构制定公共本体。虽然无须改动已有的数据关系模式，但原则上要求资源端和用户端都要遵照该标准。因此，适用于军事、公安等领域。而第一种方法允许各资源、用户端定义各自的本体，通过本体匹配维护其间松散的耦合映射关系，适用于更加开放的领域。

③ 基于本体的语义订阅。首先，为发布—订阅系统 P 建立对应的数据库关系模式 $<R_D, \Sigma_D>$，方法是：针对每一个报文类型 $m \in M_P$，依据其发布订阅模式 $<C_m, R_m>$ 生成一条关系 $r \in R_D$，其关系名称即为报文类型名称，且对任意 $c \in C_m$，有 $c \in A_r$，对任意 $r' \in R_m$，有 $r' \in A_r$。由于报文类型之间的关联关系在大多数发布—订阅系统中都没有明确定义，因此 Σ_D 设置为空。

有了上述关系模式后，就可以实现基于本体的语义订阅。其步骤如下：

a. 将 TIRML 转换成针对关系模式 R_D 的 SQL 语句，方法同上；

b. 根据 SQL 语句生成报文类型筛选条件从而找到符合要求的报文类型，见表 2.2 所列，其中 SQL 中的表名 X 在报文类型筛选条件中对应于报文类型名称，$Do(X.R_m.B)$ 表示报文内容字段 B 的值域；

c. 根据 SQL 语句生成针对该报文的订阅请求，见表 2.2 所列，其中 $X.R_m()$ 为 X 报文订阅请求的构造函数。

表 2.2　SQL 向订阅请求的转换规则

SQL	报文类型筛选条件	订阅请求生成
SELECT [A] FROM [X] WHERE [X].[B]=C	$A \in X.C_m$ & $B \in X.R_m$ & $C \in Do(X.R_m.B)$	new X.R_m().B=C;

（2）无本体支持的转换。基于本体的方法虽然能够在一定程度上有效解决跨领域的异构性问题，但使用这种方法的前提是信息资源端需要在现有的数据基础上做一些扩展性的开发工作，包括本体构建、关系模式映射等，需要耗费一定的工作量，并不能保证所有信息资源都能够接受并付诸实施。因此，TIRML 还应能够为不支持本体技术的普通信息资源解析转换，虽然会损失掉一部分语义，仍然能够获得它们的响应。表 2.3 中是 TIRML 在无本体支持的情况下向 SQL、关键词组和订阅请求的转换规则。

表 2.3　TIRML 语言的 SELECT 和 WHERE 字段向其他语言的转换规则
（无本体支持）

TIRML	SQL	关 键 词 组	报文类型筛选条件/订阅请求
SELECT A->B	SELECT [B] FROM [X]（X 为数据库各表名）	A & B	$B \in X.C_m$（X 为发布-订阅系统各报文类型名）
SELECT A->*	—	A	—
SELECT *->B	SELECT [B] FROM [X]	B	$B \in X.C_m$

TIRML	SQL	关 键 词 组	报文类型筛选条件/订阅请求
SELECT A->B->C	SELECT [C] FROM [X]	A & B & C	$C \in X.C_m$
SELECT A-> [B & C]	SELECT [B], [C] FROM [X]	A & B & C	$B \in X.C_m$ & $C \in X.C_m$
SELECT A-> [B ‖ C]	SELECT [B] FROM [X], SELECT [C] FROM [X]	(A & B) ‖ (A & C)	$B \in X.C_m$ ‖ $C \in X.C_m$
WHERE A->B=C	WHERE [X].[B]=C	A & B & C	$B \in X.R_m$ & $C \in Do(X.R_m.B)$, new $X.R_m().B=C$;
WHERE A->B < / > C	WHERE [X].[B] < / > C	A & B & C	$B \in X.R_m$ & $C \in Do(X.R_m.B)$, new $X.R_m().B < / > C$
WHERE A->B= C & A->D=E	WHERE [X].[B]= C AND [X].[D]=E	A & B & C & D & E	$B \in X.R_m$ & $C \in Do(X.R_m.B)$ & $D \in X.R_m$ & $E \in Do(X.R_m.D)$, new $X.R_m().B=C$;new $X.R_m().D=E$;

WHERE A->B=
C ‖ A->D=E
	WHERE [X].[B]=
	C OR [X].[D]=E
		A & ((B & C) ‖
		(D & E))
			if($B \in X.R_m$ & $C \in Do(X.R_m.B)$)
			new $X.R_m().B=C$;
			if($D \in X.R_m$ & $E \in Do(X.R_m.D)$)
			new $X.R_m().D=E$;

WHERE A->type=B	—	A & B	—

4）FROM

FROM 限定的是信息来源路径，即去哪里可找到所需信息。路径的设置可粗可细，粗的如"××数据中心""××网站"等，细的如"××数据中心/××数据库/××数据表""××情报中心/××情报源/××报文类型""××网页地址"等。

对于数据库和报文而言，通常直接收到需求模型的是各种数据中心或情报中心，它们会根据 FROM 后的前半段路径直接定位到某个数据库、数据表或报文源、报文类型等，然后截取后半段路径进行处理，或者加到 SQL 语句的 FROM 后，或者加到订阅条件中。而对于网页搜索引擎，则在 FROM 后的路径前面加上一个"site:"后，直接和转换出来的关键词放在一起。

5）MEDIATYPE

对于搜索引擎而言，根据该字段的取值对搜索对象的类型进行限定。对于关系数据库和发布—订阅系统而言，无须处理。

6）WHEN

WHEN 限定的是信息的时效性要求，其包含四个字段，分别处理如下：

（1）START：填入订阅条件中的订阅起始时刻，对于关系数据库和搜索引擎则忽略。

（2）END：填入订阅条件中的订阅结束时刻，对于关系数据库和搜索引擎则忽略。

（3）PERIOD：填入订阅条件中的发送时间间隔，对于关系数据库和搜索引擎则忽略。

（4）REPEAT：需求发布管理模块会按此字段取值定期重发需求，信息资源可以不用处理。

（5）EARLIEST：对于报文忽略；对于关系数据库与搜索引擎则按照信息生成时间不晚于该字段取值进行查询和搜索。

（6）LATEST：对于报文忽略；对于关系数据库与搜索引擎则按照信息生成时间不早于该字段取值进行查询和搜索。

（7）REALTIME：需求发布管理模块按此字段决定将需求发给实时信息资源还是非实时信息资源，信息资源本身不用处理。

7）ORDERBY

对于关系数据库和发布—订阅系统而言，不用处理该字段。搜索引擎如果支持排序，可按照该字段取值对搜索结果进行排序。此外，信息精准服务系统将对所有汇聚结果按照该字段取值进行排序。

8）语义映射

语义异构性问题在未来栅格网环境下是无法避免的，不同领域有各自的术语表达，相互之间不通。提交信息需求的用户方和解析信息需求的信源方很可能属于不同领域，相互之间难以互通。例如：用户方的"位置"可能对应信源方的"坐标"；用户方的"对地打击能力"可能对应信源方的"对地打击频率""对地打击精度""对地打击范围"；用户方的"武器型号"是指部队装备的武器型号，而信源方的"武器型号"是指销售出去的武器型号等。类似的情形经常发生，因为需求模型本身就不是精确的信息需求，而是相对宽泛的模拟、仿真，它与实际存在的信息之间自然难以——对应。

解决语义异构性问题的方法是本体构建和本体匹配。

首先，为各个领域（包括用户方和信源方）的术语建立本体，可以参考已有的各种本体构建方法，如自顶向下法、自底向上法、本体挖掘法、本体学习法等。例如，用户方建立一套本体，其中定义了"位置""坐标""对地打击能力""对地打击精度""对地打击范围""对地打击频率""武器型号"的概念和相互间的关系，如"RCS = 雷达反射面积""对地打击精度∈对地打击能力""部队装备.武器型号"等。信源方也可以建立类似的本体。

接着，有两种解决方案：一是用户方在生成需求模型时，自动将每一个关键词转换成包含了同义词、近义词、相关词的一个集合，打包一起提交出去，保证对每个信源，总有一个词能对应上；二是信源方在解析需求模型时，按照自己的本体转换成同义词、近义词、相关词，再生成查询语句，或在将关键词与信息进行匹配筛选时，参照自己定义的本体。

究竟参照谁的本体更加合理是没有定论的。通常两个不同领域的学者在交流时，是以更加权威的一方为准，然而在信息系统中不会定义谁更权威。因此，折中的方法是在需求生成和解析这两个环节加入一些本体参考，生成时参考用户方的本体，解析时参考信源方的本体，如同两个领域的学者在说到同一个名词时，相互解释一下各自领域中的理解。

上述方法在双方本体较为相近时能够有效解决异构性的问题。然而没有任何机制甚至体制能够保证双方的本体不会相去甚远（这一点在美军 C2Core 的概念中已经得到了证明），这种情况下就需要依靠本体匹配。一个简单的例子如图 2.12 所示。图 2.12（a）中的"Reference"与图 2.12（b）中的"Entry"之间看似存在某种关系，但无法确定是哪种关系。通过比对不难发现，它们有相似的属性"hasAuthor""_:genid"，且这些属性又有相似的其他属性。因此，通过本体匹配技术如 V-Doc、I-Sub 、GMO、PBM、Falcon-AO 等，能够发现这些相似性，从而在两者间建立映射关系。

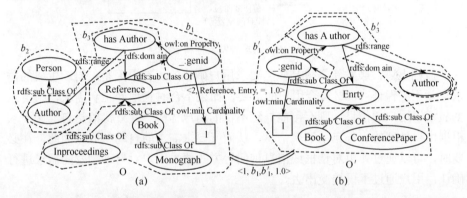

图 2.12　本体匹配原理示意

采用本体构建和本体映射方法需要信源方做许多额外的开发工作，因此能否实现还取决于未来栅格网环境下是否会重视和推行这些开发工作。但在上面定义的需求模型中，采用"主体.属性"的表达方式为应用本体技术留出了接口，一旦本体技术成熟并得到广泛应用，就可以显现出它的能力，解决语义异构性问题。

2.2.2　触发事件模型

2.2.2.1　需求生成触发事件

需求生成触发事件是引发用户产生新信息需求的契机和条件。逻辑上可能触发新需求的情况很多，如受领新的任务、作战阶段推进（筹划转实施、实施转评估）、作战实施过程中当前执行行动的更替、战场兵力尤其是作战对象的变化、战场时空的变换演进、战场环境的变化等。此外，不同用户在上述情形下的需求也不同。因此，用户登录席位也可能触发新的需求，而用户由于关注点发生变化（如由关注全局态势转而关注某个特定实体）在界面上执行的各种操作也会触发新的需求，种种情形难以穷举。归纳总结认为，具备通用性的触发条件包括 7 种，如图 2.13 所示。需求生成系统所针对的就是这 7 种情形，而其他太过细微或特殊的需求变化则不在考虑范围内。

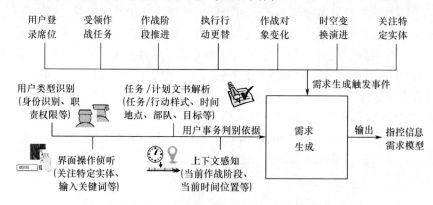

图 2.13　需求触发条件和依据

原则上讲，触发新需求是应当要求用户确认的。其原因是：自动生成的需求毕竟不能保证 100%符合用户的需要，如果不合时宜地产生新需求，擅自改变显示给用户的信息，则有可能导致不良的用户体验。此外，信息自汇聚要求根据用户处理的事务自动汇聚信息，从而又要求需求的自动生成。因此，在必要时，可以通过弹出对话框或消息询问等方式要求用户对自动触发的需求进行确认，用户通过了再提交出去。

2.2.2.2　用户事务判别依据

如前所述，信息需求是由用户处理的事务决定的，而用户事务的信息则隐含在一些可以获得的输入来源中。这些输入来源就构成了用户事务判别依据，它们将被提取出来作为入口参数传递给需求生成系统。归纳总结认为，具备通用性且可实现性较高的需求生成依据包括以下 4 种。

1）用户类型

将席位用户按照级别、工种、职责等分成若干种类型，每一类用户通常有相对接近的信息需求，而由个人的取向偏好导致的需求差异则不在需求生成系统能够区分的范围内。当用户登录席位时，可以根据登录身份判断其所属类型。

2）任务/计划文书

任务通常是以文书的形式下达的，虽然也有口头下达任务的情形，但为了让需求生成系统能够理解用户的任务是什么，要求必须有标准格式的文书来描述任务。文书有粗有细，粗如任务号令，细如行动计划。但不论粗细，文书中至少应当包含一些要素信息，如任务类型、时间地点、部队编成、针对目标等。只要文书采用标准的格式，这些信息都可以提取出来用于需求生成。

3）用户操作

用户在界面上的举动可能隐含对信息的需求。例如，用户在不点击任何目标时往往是在浏览全局态势，而点击某个目标时可能关注的是该目标的相关信息，点击不同类型的目标关注的信息也不同，可以将目标的标识和类型提取出来用于需求生成。

4）上下文

时间、空间等上下文因素的变化会导致信息需求的变化。时间的变化可能导致作战阶段的推进、作战行动的更替、战场环境变化，从而导致信息需求变化；对于移动指挥所而言，自身的位置变化可能导致信息需求的变化，某个动目标的位置变化也可能导致该目标相关信息需求的变化。因此，这些时空上下文因素可以提取出来，用于生成相应的信息需求。

2.2.3　事信映射知识模型

如前所述，"做什么事需要什么信息"。在信息用户的事务和用户的信息需求之间是存在映射关系的，这种映射简称为"事信映射"，如图 2.14 所示。

图 2.14　事信映射知识概念

在过去，事信映射关系只存在于人脑中，人在做一件事情的时候，根据自己思维判断，能够知道自己需要什么信息，提信息需求一向是信息用户自己的事情，机器无法替代。但也发现，事信映射有一种规律，即"同一类用户在处理同一类事务时需要的信息类型也是基本相同的"。例如，防空炮兵指挥员在指挥炮兵部队拦截来袭敌机时，需要敌机的实时位置信息。而不论哪一位防空炮兵指挥员，不论在什么时候、什么地点，不论拦截什么类型的敌机，都需要知道敌机的实时位置信息。也就是说，这样一条事信映射关系是相对通用的。如果将这些通用的事信映射关系提取出来固化成知识的形式，就可以用来指导实践。下次在做同一类事情时，机器就能够自动判断出所需的信息类型。

事信映射知识可以各种各样的形式存在。最简单的形式就是模板，即将一类用户处理一类事务所需的信息类型总结为规律性的映射关系并固化为常量写在模板中，而对具体时间、地点、对象等各种变化的上下文要素则留出空来，等到实际使用时再根据实际情况填写。考虑到"一类用户处理一类事务时的信息需求模板"的提法太过冗长，以后凡没有特殊说明，都简称为"信息需求模板"。高级的知识形式会非常复杂，例如，为完成"打击某目标"这件事务，需要 "借助某工具"，从而需要"调度某部队"，进而"规划其行动"，最终得出需要"该目标位置"信息。这种映射是基于一条条规则实现的，即事信映射规则，它比模板更加灵活，但这种规则很难总结和归纳。真正的事信映射规则包含了目标价值体系、事务执行逻辑、装备能力、环境特性等诸多方面，是相当复杂的一套体系。本节主要介绍针对前一种知识形式，提出一套模板驱动的需求生成法，而对后一种知识形式，则做了一些设想性的说明。

需要注意的是，本节提出的事信映射知识主要是针对一类信息用户群体而非单个具体用户而言的，反映的是一类用户的共性信息需求，而个性化信息需求虽然也属于一种个性化的知识，但不在本节的研究范畴中。

2.3 模板驱动的指控信息需求生成方法

前面给出了指控信息需求模型的描述方法。不难看出，为了准确地刻画信息需求以期得到准确的汇聚结果，需要对信息需求的各方面进行描述，且需要一定的专业技术背景，而让用户在产生信息需求时手工编写这样一个模型是不现实的。另外，本研究的目标不仅能够对信息需求模型进行描述，更重要的是，能够动态感知用户每时每刻的任务（事务），自动生成相应的指控信息需求模型。因此，本节的重点在于事信映射知识驱动的指控信息需求模型生成方法，接下来将详细阐述。

2.3.1 方法概述

事信映射知识的概念在前面中已经介绍过，同一类用户处理同一类事务需要同一类信息，这是本方法的基本原理。基于上述原理，对应用领域中的用户事务分门别类，然后将每一类事务所需信息类型写成一个信息需求模板，对其中变化的因素留出空来，待遇到实际事务时，选调相应的模板并根据实际变量数值填空，从而生成实际的信息需求，进而根据领域术语的表达方式对需求进行准确描述，如图 2.15 所示。概括起来：通过先期积累一定量的知识，而后用于需求的动态生成。

模板驱动的需求生成方法具体过程如图 2.16 所示，分为准备和应用两个阶段，接下来分别详细阐述。

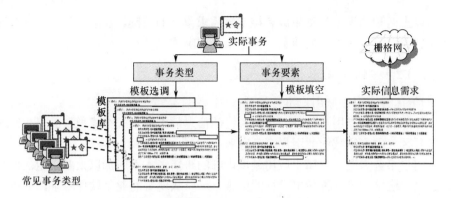

图 2.15　模板驱动的需求生成方法原理示意

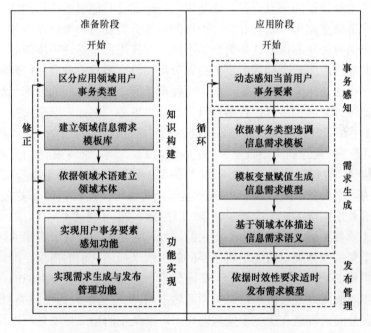

图 2.16　模板驱动的需求生成方法具体过程

2.3.2　事信映射知识准备

如前所述，信息需求模板是事信映射知识的一种形式，是将一类用户处理一类事务所需的信息类型总结为规律性的映射关系并固化为常量写在模板中，而对具体时间、地点、对象等各种变化的上下文要素则留出空来，等到实际使用时再根据实际情况填写。

此外，为解决跨领域的语义异构性问题，还需要另一种知识，即领域本体，是对领域内术语的概念和概念间关系的一种描述性知识。

以上两种知识是自动生成指控信息需求模型的关键，在准备阶段大部分时间花费在这两种知识的构建上。接下来分别阐述。

2.3.2.1　信息需求模板库构建

1）区分应用领域用户事务类型

按照"为一类用户处理一类事务时的信息需求建立一个模板"的思想，首先需要区分出来领域内的用户事务有哪些类型。

用户事务类型区分属于应用领域内部的事情，本不应加以太多限定。但作为建议，这里提出一种简单可行的措施。可以从现有的业务软件着手，分析用户在使用软件处理业务的过程中，在哪些事务环节上产生了信息需求，不论是通过软件本身执行的信息查找，还是用户自己通过其他渠道执行的信息查找，只要用户有信息需求，就将其当时处理的业务类型设为一类用户事务，而后再根据用户当时关注的作战任务类型的不同，对该用户事务进一步细分。

由此而产生了一个问题：事务的细分可以没有穷尽，究竟如何判断两件事务属于一类还是两类？回答是：如果两件事务所需信息之间的差别无法用变量表示，则区分为两类事务；否则，设为同一类事务。例如，航空兵拦截敌机 A 和敌机 B 所需信息基本相同，都是敌机的空中对抗性能力属性，如"机载雷达探测距离""挂载弹药类型数量""最大机动过载"等。如果描述为需求模型就是"敌机 A. 机载雷达探测距离"和"敌机 B. 机载雷达探测距离"，其差别可以体现为一个变量"敌机 X"。如果放宽一点会发现，拦截 F-15 和拦截 F-16 所需信息的差别同样可用一个变量体现。但拦截 F-22 可能就不同了，除了上述属性外，还需要了解"隐身能力"相关的属性，这是机型跨代所带来的区别，无法用一个变量来体现，只能用两个不同的模板来描述它们的需求，因此必须将航空兵拦截 F-15 与航空兵拦截 F-22 区分为不同类型的事务。类似的，打击敌方目标和防御敌方进攻所需信息类型截然不同，更应当区分为不同类型的事务。因此，区分的关键就在于这个变量的设定，而变量的粗细粒度是可以灵活把握的。不同应用领域的开发人员通过与用户的沟通，通过上述方法，可以大致地区分出领域内的不同用户事务类型，形成一个全集。

接着为每类用户事务定义一个 ID。描述一件事需要说清楚"谁"（Who）、"对谁"（Whom）、"做什么"（What）这三个基本要素，构成<主体，行为，对象>的三元组，而描述一件事务的类型，则需要<主体类型，行为类型，客体类型>三元组。对于构成用户任务（事务，Task）的用户业务（Operation）和作战任务（Mission）两个维度上的子事务，其中每一个维度的子事务又可以通过一个三元组来定义。因此，作为一种建议，提出了六个常用要素，分为两组（图 2.17）：一是<用户类型（UserType），作业类型（OperationType），对象类型（ObjectType）>，描述用户业务类型；二是<主体类型（ActorType），

行动类型（ActionType），目标类型（TargetType）>，描述决策所关注的背景任务/事件。几乎任何一个决策事务都可以理解为针对一个作战任务执行某个用户作业。因此，<U, O, O, A, A, T>六元组可以从两个维度上唯一地刻画一个用户事务类型，可作为其全局唯一的标识。下面对六个要素的含义进行解释。

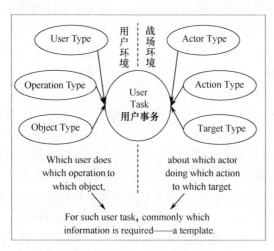

图 2.17　用户事务类型六元组

（1）用户类型（User Type）：可以按照用户的级别、岗位、职责进行分类，如某级某方面指挥员或参谋等。

（2）作业类型（Operation Type）：以指挥控制领域为例，粗粒度的可以划分为战前筹划、战中指挥，而以战前筹划，可以进一步细分为任务受领、情况分析、构想形成、方案制定、定下决心、计划拟制、计划下达等，再细分则可以细分到每一个用户界面操作。

（3）对象类型（Object Type）：作业所针对的对象，如点击的军标类型、规划的方案类型、监控的行动类型等。

（4）主体类型（Actor Type）：战场上执行作战任务的行为主体，如航空兵部队、驱逐舰队、装甲部队等，既可以是我方部队也可以是敌方部队。

（5）行动类型（Action Type）：体现为各种作战样式、任务样式、行动样式。

（6）目标类型（Target Type）：主体的行为所针对的目标类型，与主体的关系既可以是敌我关系也可以是协同支援关系等。

通过上面这六个参数可以唯一确定一套模板，编写模板的人可以依据这六个参数来设计针对这一类用户事务的信息需求，而模板选调程序也可以按照这六个参数依据实际事务类型选择模板。为了保证模板的唯一性，即模板与模板之间不存在重叠交叉，不会出现一件事有多个可选模板的情形，需要对上述六个参数进行合理地分类定义。对六个参数分类如下：

（1）用户类型（User Type）：业务软件是为信息用户而设计的，因而必定对其所支持的用户有所分类，需求模板是与业务软件共同开发的，理应以此分类为准。

（2）作业类型（Operation Type）：信息用户的所有作业都是通过业务软件展开的，软件上操作方式的设计实际上就限定了用户可以执行的作业样式，软件设计者应当对其支持的操作进行分类，并作为需求模板的依据。

（3）对象类型（Object Type）：业务软件上用户操作，有的是针对界面元素如面板、菜单、选框、滚动条等，有的是针对态势元素如我方部队、敌方目标、设施工事、环境物体等。前者不产生信息需求，而后者目前尚无统一分类标准，建议未来我军能够对战场上可能出现的各种态势元素进行统一分类，形成标准作为需求模板及各类信息业务软件开发的依据，如果没有，软件开发者可以为自身建立一个标准。

（4）主体类型（Actor Type）：取决于行为样式的分类，针对每一类行为样式，其执行者有哪些类型，建议形成统一分类标准，目前有一些标准可供参考但并不全面，如部队分类标准、装备分类标准、目标分类标准等。

（5）行动类型（Action Type）：战场上的行为包括部队的行动任务、装备的使用、目标的动作、环境的变化等，目前尚未分类标准，建议未来形成，有一些可以参考的如作战样式分类标准、活动样式分类标准等。

（6）目标类型（Target Type）：针对每一类行为样式，其对象有哪些类型，建议未来形成统一分类标准，可参照部分现有标准，与行为主体类型参照的相同。

在上述分类尚未统一之前，业务软件的设计者和需求模板的开发者可以内部达成一致，建立一个局部的标准，以保证模板驱动的需求生成机制可以正常运转。

需要注意的是，在 TIRML 语法中，USER、OPERATION、MISSION 三个字段的取值与上述六元组之间存在对应关系，其中 USER 等同于用户类型（UserType），OPERATION 是作业类型（OperationType）和对象类型（ObjectType）的合并，而 MISSION 则是主体类型（ActorType）、行动类型（ActionType）、目标类型（TargetType）三者的合并。这么处理的原因是：六元组适合作为全局唯一的标识，具有足够的区分度，但不太适合人工阅读理解，而 USER、OPERATION、MISSION 三个字段相对而言，更容易被人读懂一些，用在需求模型中更加方便用户和开发人员合作填写，如图 2.18 所示。

事实上，要确定多少个元组能够完整地描述清楚一类事务确实不容易。前面的六元组、三个字段就是两种不同的方案。如果更细致的考虑，还可以提出一种九元组方案，如图 2.19 所示。

元组数量越多，描述得自然越清晰，但带来的开销也越大。因此，元组数量太多或太少都不好。

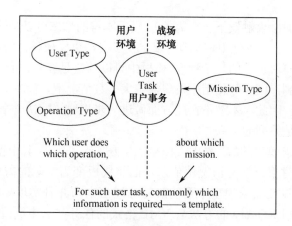

图 2.18　事务类型三元组方案

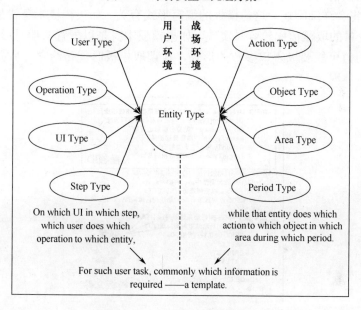

图 2.19　事务类型九元组方案

2）建立领域信息需求模板库

通过用户事务类型的区分，可以建立一个领域信息需求模板库，针对每一类用户事务新建一个信息需求模板存入库中。

模板由一组信息需求模型组成。其中每个模型代表一个需求，对应一类用户事务，所需的信息往往不止一类，而是多方面的信息支持，一个需求模型往往不够表达，需要多个需求模型组合而成。多个需求模型之间默认是并列的关系，即会被同时发布出去，但也可以设置一些条件关系如 if、for、while、case 等（需求发布管理模块要能够支持），以设计复杂的需求发布流程，来符合复杂的需求逻辑（例如，不同的需求模型之间有时也存在数据参数传递，即根据上一个需求返回的结果触发下一个需求）。模板本身的形态可以是配置文件，也可以是程序代码，这里不做限定（因为限定死了会约束模板设计的灵活度）。根据需求发布管理模块设计的复杂程度，模板中可以约定足够复杂的需求逻辑关系，理论上没有限制，但实际使用中发现，绝大多数情况下，简单的并列关系已然能够满足要求。因此，本节不在此方面做进一步扩展，默认一个模板中的多个需求模型之间是并列的关系。

　　每一个需求模型的编写参照 TIRML 语法规范，但要在其中留出一些变量，以便后期使用时根据实际情况填值，从而将模板变为实际的需求，如图 2.20 所示。这些变量在需求模型中要明确的标注出来，并且实现相应的赋值取值算法。例如采用 XQuery 的方法从 XML 格式的任务文书中取值、从系统环境变量中取当前时间值、从用户界面监听程序中取用户操作对象的标识等，在 5.3 节中将会详细阐述。这与模板的编写形式有关。如果模板本身就是程序代码，则变量的取赋值比较容易实现，如果模板本身是以配置文件的形式存在，则变量的值可能要以入口参数的形式，在调取模板时就传给它，后面的例子中会有所体现。

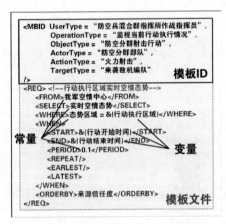

图 2.20　信息需求模板内容规范

　　需求模型的填写需要一定的知识和经验，虽然其语法格式经过一定训练就可以快速掌握，但其中关键词和属性值对的选取设定、时效性的限定、优先来源的限定等都要求对本领域的信息业务十分熟悉，对本领域的术语有清晰的理解。一条好的需求模型能够保证汇聚来的信息非常精准，而一条差的需求模型也可能搜不到任何可用信息，如何准确刻画用户在处理此类事务时的信息需求是需要从业人员谨慎揣度和把握的。

　　最好的需求模型设计依据是事信映射知识。而发掘事信映射知识的方法有两种：一是依据经验，即邀请领域专家、真正的指挥员、参谋、指挥作业软件的实际使用人员，凭借经验告诉技术人员，在做哪些作业（操作）时需要信息，分别需要哪些方面的信息，针对不同作战任务需要的信息有何不同等，技术人员将其用技术语言表达、固化成知识；二是通过学习，即对用户作业过程进行记录，包括其每次执行的事务类型和相应的信息查找操作，通过自动挖掘与人工分析相结合的方式，学习可能的事信映射知识。两种方法各有优、缺点：学习的方法较为先进，能够利用各种大数据挖掘技术发现有用的规律，但对样本数据的采集和整理提出了相当高的要求，并非任何应用领域都能实现；经验的方法相对容易实现，但受到领域专家、权威用户个人的偏好影响，在科学合理性上不如学习的方法。因此，两种方法可以根据不同的应用领域分别选取。总之，事信映射知识的构建是一个与具体应用相关的工作，需要技术人员和使用人员密切配合完成，需要一个不断积累、试用、反馈、完善的螺旋式上升过程。

通过初步的研究归纳，提炼了如下事信映射知识。

（1）处理作战筹划的情况分析：

① 敌情：部署、配置、近期活动/技部侦、谍报、媒体。

② 我情：本级不掌握的其他部队信息（人员、装备、部署等）/数据库。

③ 环境：兵要地志数据、高分辨率地图、气象海况/数据库、图片、报文。

④ 社会：网络舆情、人口分布、灾害疫情、政经目标/技部侦、谍报、媒体。

（2）方案（构想、方案、计划）制定：

① 人员：简介、擅长、弱项、性格、经历/数据库、技部侦、谍报、媒体。

② 新装备：试验、军售、参展等相关报道/技部侦、谍报、媒体。

③ 敌方部队：历史战绩、近期训练活动/数据库、技部侦、谍报、媒体。

④ 固定目标：作用地位、要害部位、保卫力量/数据库、技部侦、谍报、媒体。

⑤ 热点地区：地理、气候、战略地位、事件/数据库、技部侦、谍报、媒体。

（3）临机规划：包含在上述内容中，视具体情况而定。

2.3.2.2 领域本体构建

众所周知，领域术语可用来规范领域内的信息表达，使得领域内的用户或系统能够在语义一致的基础上进行交流。本体是对领域术语的概念和关系的严格定义，通过 RDF、OWL 等本体语言可描述为机器能够理解的形式。因此，建议定义企业领域本体，并采用本体中的术语来描述信息需求模板，以便用户端描述的需求能够为资源端正确理解。然而，用户端和资源端往往不在同一个领域内，所采用的领域本体也很难统一。可以借助于本体匹配技术，实现不同领域本体之间的关联映射。企业可以利用已有的本体匹配工具建立本领域和其他相关领域本体之间的映射关系。由于领域本体构建是与应用领域具体相关的工作，现有的本体构建方法也有很多，本节不做详细阐述。

2.3.3 需求生成功能实现

需求生成系统模块组成如图 2.21 所示。总体分为三大部分，分别部署于用户席位软件、需求生成服务和搜索引擎/数据库/报文系统。其中：用户席位软件上主要包括用户事务感知模块和汇聚结果展现模块；需求生成服务主要包括汇聚过程管理模块、需求模型生成模块，以及前期准备阶段形成的信息需求模板库和领域本体；搜索引擎/数据库/报文系统主要是需求模型的解析模块。

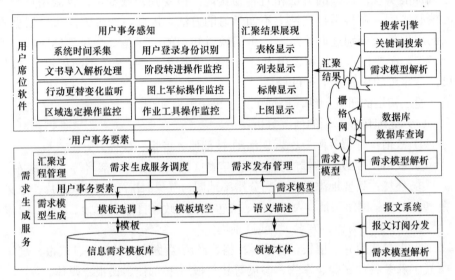

图 2.21　需求生成系统模块组成

整个需求生成软件的工作过程如下：

（1）通过用户事务感知模块动态采集用户事务要素，并将其提交给汇聚过程管理模块。

（2）汇聚过程管理模块判断当前的用户事务是否触发信息需求，如果触发信息需求，则将用户事务要素传递给需求模型生成模块。

（3）需求模型生成模块根据用户事务要素从信息需求模板库中选调相应的模板，通过用户事务要素中的上下文参数对模板中的变量进行赋值，即模板填空，并且参照领域本体对模板中的术语进行语义描述，从而生成需求模型；需求发布管理模块根据需求模型中的时效性要求，适时将需求模型发布到栅格网上的各类信息资源；各类信息资源按照 TIRML 语言解析转换方法将需求模型转换成各自所能支持的查询、搜索、订阅条件表达形式，然后将结果反馈到用户席位软件。

（4）用户席位软件上的汇聚结果展现模块根据汇聚结果的类型分别予以处理和显示。

具体各个功能模块的设计方法和运行模式，将在下面分别详细阐述。

2.3.4　用户事务感知

以上介绍的是模板驱动的方法的准备阶段，接下来进入到应用阶段。在应用阶段，需求生成软件已经完成了在用户席位、用户系统服务端和信息资源端的部署，信息需求模板库和领域本体也已建立完毕。从用户登录业务软件的那一刻起，需求生成软件就已经开始运行。在运行期间，它会动态监控用户的一举一动，适时、适当地生成信息需求和显示汇聚结果。每一次监测到用户的操作，触发信息需求，直至收到汇聚结果并显示，算作一次信息汇聚过程。每一次信息汇聚过程都起始于用户事务的感知。

针对前面所述需求生成触发事件和用户事务判别依据，用户事务感知模块要实现各种各样的监控功能：

（1）系统时间采集。采集系统当前时刻，在绝大多数软件中，这一点很容易实现，不再赘述。

（2）用户登录身份识别。大多数用户业务软件都具有用户登录身份识别功能，不同的是这里要根据用户的身份确定其所属的用户类型。因此，在区分用户事务类型时，也要将每个用户类型所覆盖的用户清单准备好，并且可以在应用阶段不断添加和修改。

（3）文书导入解析处理。在指挥信息系统中，很多正式的任务交接都是通过文书进行的，因此文书中包含了很多说明当前用户关注的作战任务是什么的内容。未来是否所有军用文书都能做成类似 XML 形式的格式化脚本尚未可知；但为方便机器解析文书，使得系统能够紧密围绕用户任务提供量身定制的作业支持功能，军用文书的格式化工作具有重要的意义。即便未来的军用文书没有实施全面的格式化，对于非格式化的文书，如果包含对信息需求生成有用的指控信息，也应当有开发人员将其转换成需求生成软件能够解析的格式化脚本。由于文书导入解析是与具体军用文书格式相关的工作，本节中不做详细阐述。

（4）阶段转进操作监控。可以人为地将用户作业过程划分为不同的阶段。例如，指挥控制过程可以粗分为筹划和实施两个阶段。受领任务文书时转入筹划阶段，计划文书下达时转入实施阶段，计划中的所有行动结束时，实施阶段结束。为每一个阶段设定一个 ID，形如"JDxxx"。筹划阶段（JD01）可以细分为了解任务（JD0101）、情况判断（JD0102）、定下决心（JD0103）、制定方案（JD0104）、制定计划（JD0105）、推演评估（JD0106）等。实施阶段（JD02）可以细分为一个个行动阶段（JD02001～JD02xxx）。具体分哪些阶段，以及每个阶段的 ID 均由筹划应用程序决定。在界面上，不同阶段产生的信息需求对应的信息汇聚结果应当有所区分。例如，将每个阶段做成一个 Tab 页或图层，切换 Tab 页/图层就等于切换阶段。在不同页面/图层上执行操作，显示不同的信息。整个筹划阶段，所有的信息需求都由用户操作触发，如果有持续型的信息需求，则当不再需要时可在界面上通过手工操作结束。

（5）行动更替变化监听。进入实施阶段时，通常作战行动计划是已经拟制好的。依据计划中拟定的行动顺序，生成一个阶段时间表（表 2.4），其中规定了每个阶段的起止时间或事件 ID。

表 2.4　阶段时间

阶段 ID	开始时间/事件 ID	结束时间/事件 ID
JD0201	2012-11-6　12:00:00/SJ001	2012-11-6　12:30:00/SJ002

在应用程序界面上，可以通过时间表、甘特图等形式展现阶段表。对于事件则显示计划文书中定义的事件名称和描述以及一个未定的时间项，后期一旦事件发生时间确定则刷新显示。整个实施过程中，界面上显示当前所处的阶段以及阶段转进的提示。

阶段表是动态维护的，一旦某个事件发生，表中对应的时间将赋予具体的数值。对于阶段表中的每一个阶段，一旦开始时间有具体数值且到达了，则触发阶段转进，将该阶段的 ID 传给模板选调模块，调取该阶段的态势信息需求模板。同样，一旦结束时间有具体数值且到达，则对该阶段产生的所有未结束的态势信息需求进行退订。

事件发生时间的动态赋值可以通过多种方式实现。有些事件如发现敌情、部队开始行动、完成某个行动等，一般是由事件的发现者或触发者通过消息报文的形式传达到信息系统用户的，但也有一些事件可以是信息系统用户自己触发的，或者由系统时间、位置等上下文变化触发。因此，事件发生的时间可以由消息报知，也可以由系统中的某个变量监测模块给出。以事件消息机制为例，假设所有事件的发生都是以消息的形式传到本席位。当接收到一个事件消息时，通过解析可以从消息报文中得到事件的发生时间。那么该消息到底和计划中的哪一个行动事件相对应呢？考虑到行动阶段的转进以及关键事件的确认事关重大，且不确定性较强，只有信息用户自己来完成。例如，在界面上显示消息的内容，同时列出计划文书中定义的所有事件，请求用户选择一个和该消息对应上。选定之后，就可以触发相应的阶段转进实现。

（6）图上军标、区域选定等作业工具操作监控。用户可以通过各种界面操作实现对特定实体的关注。例如，鼠标点击某实体的军标或选定一片区域，而后再点击"查询"之类的按钮等。用户甚至可以以关键词的形式输入某个实体的标识，并告诉机器或由机器识别出该实体的类型。这些操作将产生一个关注实体事件，从而触发相应的需求。同时，用户也可以通过各种方式实现取消对特定实体的关注，如点击动态标牌上的按钮、设置关注时间期限等，从而保证届时能够生成相应的退订请求。

应用程序出于显示的需要，必然会从汇聚来的信息中识别出一些实体元素。例如，态势报信息要上图显示，可以从军标类型中判断实体类型；数据表中的数据要进行处理或显示，也需要判断每个数据字段的含义，从而识别出属性相关的实体类型；语义标注工具也可以从文字中识别出命名实体，并在文字中打上标记，显示该实体的类型等。每一个识别出来的实体元素，系统都将为其生成一个全局唯一的 ID，即实体 ID。动态维护一个实体标识表见表 2.5，其中列出每一个实体元素的 ID 和其各种标识性属性的名称和数值。不同类型的实体可以有不同的标识属性名称，可以将常用的属性名称写在一张实体标识词汇表中，见表 2.6。而表 2.5 中的 Name 和 Value 则是在信息汇聚过程中不断搜集添加形成的，可以理解为在汇聚态势的同时对态势中涉及的实体元素进行学习，学习它们的标识名称，用于后续的更加精准地信息汇聚。针对不同的信息类型，可以有不同的学习方法，例如：

① 任务和计划文书中有定义一些实体如编成部队、敌方目标、保卫目标等，其中有一些描述项可以提取出来填入标识表。

② 对于收到的实时报文，当识别出其中的实体类型之后，可以用表 2.7 中的关键词，在该报文的格式中搜索相匹配的字段，并与解析出来的字段值一起填入标识表。

③ 对于数据表，识别出该表所代表的实体类型之后，可用表 2.7 中的关键词，在该表的属性字段中搜索相匹配的字段，并与解析出来的字段值一起填入标识表。

④ 对于收到的网页，如果其中包含三元组之类的元数据，在识别出其中的实体类型后，可以用表 2.7 中的关键词，在以该实体为 Subject 的三元组中，匹配相应的 Predicate，并与其 Object 一起填入标识表。

表 2.5   实体标识

实体 ID	实体类型	Name1	Value1	Name2	Value2	…
ST001	部队	部队内码	BDNM001	部队番号	×××	…
ST002	武器	武器型号	SU-27	武器别名	苏 27	…
ST003	目标	目标内码	MBNM001	目标名称	×××机场	…
ST004	区域	地名	南京	位置点参数	"东经…"	…

表 2.6   实体标识词汇

实体类型	Keyword1	Keyword2	Keyword3	Keyword4	…
部队	部队内码	部队番号	部队简称	部队别名	…
武器	武器型号	武器别名	武器编号	…	…
目标	目标内码	目标名称	目标别名	目标简称	…
区域	战区名	行政区名	位置点参数	…	…

对于同一个实体元素，从多次查询获得的信息中搜集而来的标识将填入标识表中的同一行。例如，前一次收到的报文解析后将实体元素上图，后一次点

击查询相关信息，两次搜集的标识可以对应到一个实体 ID 上去。

（7）其他监控。针对不同的业务应用软件，可监控或需要监控的具体用户操作或相关指控信息都会有所不同，还需要结合具体应用具体设计。

不论采用哪些监控功能，监控到的事件最终都要映射到用户事务六元组 <U、O、O、A、A、T>。这个映射规则应当由业务软件设计人员与信息需求模板设计人员一同拟制并确定下来，且与模板库中的模板标识做到一一对应。

2.3.5 需求动态生成及发布

2.3.5.1 模板选调及填空

模板选调及填空的方法（图 2.22）：首先，将实时感知到的用户事务六元组与信息需求模板 ID 进行匹配。由于模板 ID 是全局唯一的，不会出现同时匹配上多个模板的情况。另外，如果在模板设计时全面考虑了所有可能的要素取值组合，也不会出现匹配不上任何一个模板的情况。接着，将匹配上的模板选调出来，将感知到的实体、时空上下文等信息的取值赋给模板中的变量，即模板填空。当模板中所有的留空都被填满时，一个实际信息需求的模型就建立出来了。

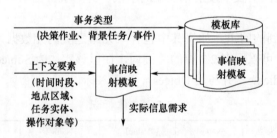

图 2.22　模板选调及填空方法

2.3.5.2 需求语义描述

此时生成的信息需求模型可以直接提交给信息资源，采用 2.2 节的解析转换方法转换成各类信息资源支持的语法。但为了获得精准的信息反馈，还要依据领域本体对需求的语义进行准确描述。

在 TIRML 语法中，支持"主体.属性"形式的语义描述，即将每一条信息需求描述为对某个主体的某个属性值的需求，而其中的主体和属性都是在相关本体中定义过的，通过名字空间保证标识的唯一性，如"wp:林肯"。基于前面建立的领域本体之间的映射关系，能够保证跨领域的信息资源对其内在含义的一致理解，从而在解析转换时不改变、不减损信息需求的语义内涵。例如，"林肯（航空母舰）"不会被错误地理解为"林肯（汽车）"或"林肯（总统）"。

在实际使用过程中经常出现这样的情况，即在编写模板时，所设变量的粒度较粗，取值范围较宽，导致"主体.属性"的描述难以细化。例如"飞机.对地打击能力"是一个较为宽泛的概念，不能直接用于查询或搜索，需要转换成更具体的属性。但根据机型不同，对地打击能力可以细化为不同的属性参数，如对轰炸机细化为"空地导弹射程范围"，对直升机则细化为"机枪扫射最大频率"等。总之，当主体作为变量而其取值可以是多类对象时，属性本身也是不确定的。解决方法定义如图 2.23 所示的领域本体。这样，当"飞机"的实际取值为"轰炸机"时，"对地打击能力"属性就会自动转变为"空地导弹射程范围"，而对"直升机"则自动转变为"机枪扫射最大频率"。

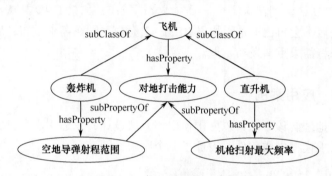

图 2.23　基于本体的语义扩展示例

在实际使用过程中，往往还会遇到这样的情况，即同一个主体有多种不同的标识名称，如"F-18"与"大黄蜂"指的是同一类机型。如果单使用"F-18"进行搜索，会漏掉一部分关于"大黄蜂"的信息，反之亦然。为了保证需求描述的全面性，要对需求描述中的主体进行共指扩展。实体共指标识表见表 2.7。对每一类实体的所有可能的共指标识进行穷举性扩展，可以在平时使用中不断积累形成。这样，就可以将"F-18.最大航程"扩展为"（F-18.最大航程）or（大黄蜂.最大航程）"进行搜索，以避免遗漏。类似的，对属性也可以进行同义词扩展，例如"林肯号航空母舰.排水量"可以扩展为"（林肯号航空母舰.排水量）or（林肯号航空母舰.吨位）"。

表 2.7　实体共指标识表

ID	类型	Name1	Value1	Name2	Value2	···
001	部队	部队内码	BDNM001	部队番号	×××	···
002	装备	装备编号	CVN-72	装备名称	林肯号航空母舰	···
003	目标	目标内码	MBNM001	目标名称	×××机场	···
004	区域	地名	南京	区域码	×××	···

2.3.5.3 需求发布管理

需求生成的最后一步是发布需求模型，提交给各类信息资源解析转换。除需求模型内容的准确性外，生成时机的准确性也很重要。不够适时的需求生成对用户不但不能提高效率，反而是负担。发布之前会对每个需求模型赋予一个全局唯一的编号，以便管理。编号连同需求模型一并提交出去，这样信息来源方也可以对接收到的需求模型进行管理。

根据 REALTIME 的取值决定将需求模型发布给实时信息资源还是非实时信息资源；根据 START 和 END 的取值决定何时发布需求以及何时取消需求，如果 START 默认，则默认需求一经生成立即发布，如果 END 默认，则默认需求发布出去后不会自己取消；如果 REPEAT 有值，则在需求发布之后每隔预定的时间间隔将需求重新发布一遍。

2.3.6 应用案例

为更好地理解该方法，以便于使用该方法设计开发适用于自身应用领域的指控信息需求模型生成软件，设计了一个应用案例。

2.3.6.1 应用背景设计

以空军航空兵部队、驱逐舰及潜艇舰队、导弹部队联合打击敌方军事基地为例，设计了一个作战过程。针对上述想定背景，设计了一个任务文书。

实验选择指挥员在受领该任务之后，筹划行动方案的作业过程中的情况分析、方案制定以及发现突发情况时的应急处置三个场景点，分别设计了相应的实验步骤。

1）情况分析（汇聚任务相关的敌情、我情、环境信息，展现综合态势）

（1）席位登录（显示固定保障信息）。席位登录后，显示该席位职责相关的固定保障信息，包括：

① 责任区内的空海情。

② 地图上显示责任区内的所有敌/我机场、港口、导弹阵地的军标。

（2）导入受领任务。点击"筹划任务"，弹出任务名称列表供选择。选中任务名称列表中的一个任务，点击"导入"按钮，并行执行下列操作：

① 上图显示任务相关要素信息（演示目的，生成的信息需求紧密围绕任务中涉及的任务执行主体、作战行为、目标基地）。

突出显示任务所涉及（文书中指定）的敌/我机场、港口、导弹阵地的军标，标牌内容为机场、港口、阵地的基本信息。同时，在机场、港口、阵地的标牌中列出子目标，点击具体子目标时，弹出窗口显示子目标信息，包括数据、图片、文字描述等类型，目的是辅助用户设定打击目标清单。

② 汇聚实时信息（演示目的：汇聚的实时信息紧密围绕任务中涉及的区域）。汇聚敌/我机场、港口、阵地周边（各军标为圆心，指定半径）的实时空海情。

③ 汇聚非实时信息。切换屏幕以同时显示三个用户席位（演示目的：体现用户相关，不同用户针对相同作战任务执行相同筹划作业时，生成的信息需求有所不同）：

a．指挥席：汇聚敌/我机场、港口、阵地的兵力配置信息，包括主战武器装备（飞机、舰船、导弹）型号及数量、驻扎部队番号及人数，同时显示在各自的标牌中（演示目的：生成的需求模型能够实现多方多源信息的广泛汇集，包括海、空、二炮数据，形成兵力配置清单一目了然）。

b．电抗席：汇聚敌/我机场、港口、阵地的电子战装备型号及数量，电子战部队番号及人数，辐射源（雷达、通信设备等）型号、数量、频率、场强等，标牌显示。

c．气象席：汇聚敌/我机场、港口、阵地所在地区的未来3天天气预报（晴雨、雾雪、温度、风力、海况等），以经纬线方格中心标注数据的形式上图显示。

④ 汇聚近实时信息。汇聚敌方机场、港口、阵地所在地区相关的飞机编队转场、导弹部队机动、舰队出航活动等相关技部侦、谍报，在后续演示过程中，不时推送新情报（演示目的：体现主动推送，即对处在有效期内的需求，新发布的信息符合该需求的能够汇聚到用户端）。

（3）关注特定实体（演示目的：软件能够感知用户关注特定实体的事务类型，并汇聚与实体相关的指控信息）。在机场、港口、阵地的标牌上显示的汇聚结果中，部队番号、武器装备型号是以可供用户点击的形式显示的，点击后会触发二次汇聚过程，汇聚与所点实体相关的信息。

① 部队类实体：汇聚部队基本信息，包括建制、人数、任务、指挥员姓名等，标牌显示，其中指挥员姓名以可供用户点击的形式显示；汇聚部队近期的参加军演、常规训练、转场活动等技部侦、谍报信息，列表显示。

② 武器装备类实体：汇聚该武器的最新相关试验、军售、参战报道，列表显示。

③ 人员类实体（点击指挥员姓名）：汇聚其性别、年龄、军衔、等级、照片等基本信息，标牌显示；汇聚其训练水平、战斗经历、性格特征、擅长类型、惯用战法等相关描述，列表显示。

2）方案制定（汇聚辅助决策信息。演示目的：生成的信息需求模型能够紧密围绕用户当前的决策问题）

右击机场、港口、阵地军标，菜单中选中"规划突击航路"，汇聚如下信息（给用户绘制航路提供参考，而非直接计算生成航路）：

（1）建造布局、结构组成、照片、兵要地志数据，列表显示。

（2）所在地区卫星图片，上图叠加显示。

（3）所在地区重要民用设施分布，上图显示。

（4）计算周边雷达探测包络、地防火力范围所需的入口参数，计算结果上图显示。

用户通过描点的方式绘制一条航路，设定出航时间，汇聚航路周边地区未来 3 天天气预报（航路所在高度层的风速、风向），以及附近敌方雷达探测包络、地防火力包络图形，以帮助用户调整航路设定。

3）突发情况处置（演示目的：遇到突发情况时，生成的信息需求模型能够紧密围绕突发情况中的新发现目标）

收到告警消息，在航路中间的某一段附近的一个岛上，突然发现了一个新建的敌方地空导弹阵地，需要对航路进行调整。此时，汇聚该阵地的位置信息和部署导弹型号信息，利用该信息计算该导弹阵地的防空火力包络并显示在地图上，以帮助用户对航路进行调整。

2.3.6.2 应用系统开发

1）信息需求模板库构建

针对上述实验想定，结合现有的筹划作业软件，对领域用户事务进行了梳理，提炼出与想定相关的用户事务类型，同时通过与领域专家的沟通分析了用户在处理这些事务时所需的信息类型，归纳见表 2.9 所列。

表 2.9　想定中涉及的用户事务类型及对应信息需求描述

	用户事务类型（六元组）	指控信息需求模型（自然语言）
Task1	空军航空兵指挥所指挥员席、情况分析、全局态势、空军航空兵部队、前出对地打击、敌方基地	敌我基地周边实时空海情、敌我基地驻扎部队、武器配置情况、敌方基地相关技侦及谍报信息
Task 2	空军航空兵指挥所电抗席、情况分析、全局态势、空军航空兵部队、前出对地打击、敌方基地	敌我基地驻扎电子战部队基本情况、电子战武器配置情况、辐射源分布情况
Task 3	空军航空兵指挥所气象席、情况分析、全局态势、空军航空兵部队、前出对地打击、敌方基地	敌我基地所在地区未来天气情况
Task 4	空军航空兵指挥所指挥员席、情况分析-关注特定实体、部队、空军航空兵部队、前出对地打击、敌方基地	部队基本情况、部队近期活动信息
Task 5	空军航空兵指挥所指挥员席、情况分析-关注特定实体、装备、空军航空兵部队、前出对地打击、敌方基地	装备相关报道
Task 6	空军航空兵指挥所指挥员席、情况分析-关注特定实体、指挥员、空军航空兵部队、前出对地打击、敌方基地	指挥员基本信息、指挥员相关信息

	用户事务类型（六元组）	指控信息需求模型（自然语言）
Task 7	空军航空兵指挥所指挥员席、方案制定-规划突击航路、突击敌方基地航路、空军航空兵部队、前出对地打击、敌方基地	目标基地的建造布局、结构组成、照片、兵要地志数据、目标基地所在地区重要民用设施分布
Task 8	空军航空兵指挥所指挥员席、方案制定-设定出航时间、指定航路、空军航空兵部队、前出对地打击、敌方基地	航路周边地区未来天气情况
Task 9	空军航空兵指挥所指挥员席、方案制定-针对突发情况调整航路、发现新地空导弹阵地目标告警、空军航空兵部队、前出对地打击、敌方基地	地空导弹阵地的位置及部署的导弹型号

针对上述用户事务类型，分别设计了相应的信息需求模板。

2）领域本体构建

依据联合共享库、情报综合库以及相关军事词典，对想定中涉及的名字术语建立了相应的领域本体，其中部分核心概念及其关系如图 2.24 所示。

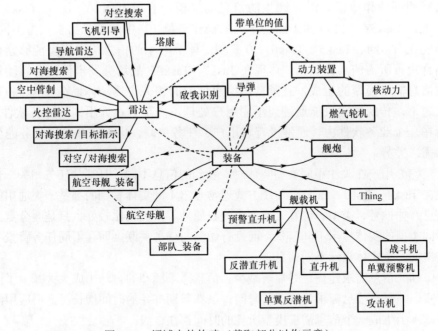

图 2.24　领域本体构建（截取部分以作示意）

3）需求生成功能实现

对 2.3.3 节中的所有软件功能模块予以开发实现。

4）用户事务感知

通过归纳总结，本实验中共实现如下类型的监控功能（分别对应触发表 2.9

第
2
章
面
向
指
控
信
息
服
务
的
需
求
模
型

中的各个用户事务类型）：用户登录身份识别（对应 Task1、Task2、Task3）、文书导入与解析（对应 Task1、Task2、Task3）、工具按钮点击操作监控（对应 Task1、Task2、Task3）、点击军标操作监控（对应 Task4、Task5、Task6）、筹划工具软件操作监控（对应 Task7、Task8）、战场行动/态势变化监控（对应 Task9）。

2.3.6.3　实验结果分析

在上述实例验证过程中不难发现，模板驱动的信息需求生成方法相比于传统的固定信息保障方式，信息汇聚更加准确，具体体现在以下几点：

（1）信息来源广泛、灵活。使用统一的需求表达形式可以汇聚过来实时、非实时、结构化、非结构化的各种信息，尤其体现在 Task1、Task2、Task3。这样的好处是提高了信息的丰富度、冗余度、全面性，不同种类、不同来源的信息之间能够相互印证，提高信息的准确性，增加信息汇聚过程的抗毁性。

（2）信息需求与用户处理的事务相关性更高。不同任务涉及不同的基地目标，对应的需求模型不同，体现在 Task1；不同用户在围绕相同作战任务执行相同的作业操作时，产生的信息需求模型有所不同，体现在 Task1、Task2、Task3；作业界面上点击不同的操作对象，产生的信息需求模型不同，体现在 Task4、Task5、Task6；方案制定环节产生的信息需求模型能够紧密贴合决策所需的具体数据，体现在 Task7、Task8；战场突发事件能够自动触发信息需求模型的生成，且紧密围绕事件中的相关实体，体现在 Task9。相比之下，传统方式只能通过为不同用户处理不同事务设计不同的业务软件，而在一个业务软件内，通常没有与用户、任务关联，也不区分不同任务的信息需求差异。

（3）用户在关注不同类型实体时，看到的信息不同，且都与任务相关。体现在 Task4、Task5、Task6；传统方式通常点击不同实体看到的都是一类通用的信息，如批号、类型、位置、速度、敌我属性等，做得比较好也只是区分点击不同类型的实体显示不同信息，而没有做到与任务关联，即在不同任务背景下点击同一个实体显示不同信息。

（4）信息需求建模耗时显著减少。信息需求模型的自动生成大大减少了用户实际消耗在信息需求建模上的时间，虽然前期准备的时间增长了，但应用阶段基本上生成一个信息需求模型所耗的时间都在秒级。

实验中也发现，生成的信息需求模型中，有部分与用户的实际信息需求并不是非常吻合。究其原因在于，信息需求模板的设计不太合理，其中带有专家的个性化思维特征，不能够完全覆盖大多数用户的信息需求。这说明，事信映射知识的形成是一个需要不断反复、迭代、优化的过程。截止本书完成之时，这个过程只能算是进展了一步，距离实际可用还有相当的差距。

2.4　基于规则的指控信息需求生成方法

信息需求模板是一种较为简单的事信映射知识固化形式，而另一种更加复杂的形式就是事信映射规则。规则比模板的粒度更细，模板是在事务类型和所需信息类型之间直接建立映射，而规则是隐含在映射中间的层层因果关系。如前所述，为了完成"打击某目标"这件事务，需要"借助某工具"，从而需要"调度某部队"，进而"规划其行动"，最终得出需要"该目标位置"信息，这其中每一个因果关系就是一条规则。因此，模板是各种规则联合作用的最终结果，规则的粒度要细得多。当然，规则的粒度是可调的，两条规则可以合并成一条，反之一条规则也可以分解为两条，随着事务类型与所需信息类型之间的关联关系被剖析得越深入，发现的规则就会越来越多、越分越细。规则越细，使用也就更加灵活，利用有限多的规则可以推出无限多种结果。如同人们可以根据天气、心情、日程安排等各种因素灵活地判断今天该穿什么衣服一样；反之，如果为这么多因素的每一种可能的组合都建立一个模板，说明该穿什么衣服，那这样的模板要建立非常多才行。因此，使用事信映射规则建立信息需求模型将比模板驱动的方法更加精细、灵活。

事信映射规则虽然好，但事物总有其另一面。仍以上面"打击某目标"为例，其中的规则涉及战略、战法、战术、装备用法等诸多方面。建立这些规则的前提是将这诸多方面的模型都构建出来，其难度是相当大的。而这只是个简单的例子，实际作战中还要考虑政治、外交、法律、社会甚至心理学因素都是极难建模的。即便建模，这样的规则只能提炼出相当规模的数量才行，任何一个模板都需要通过很多条规则的联合作用才能生成，这样反而降低了效率。而且，如果对于某个应用领域而言，其可能处理的用户事务类型十分有限，那么需要设计的模板数量也不会太多，这样反而使用模板的方法比规则更好。

综合正反两方面的分析来看，究竟是用模板还是用规则更好，还应取决于领域用户事务类型的数量以及其中事信映射规则的复杂程度，需要具体问题具体分析，最好结合实际数据讨论，通过数据挖掘的方式获得最为精炼而有效的潜在规则。

2.4.1　事信映射规则的挖掘

目前，知识发现和数据挖掘是一个热门的研究领域，已经针对许多领域中的知识提出了各种各样的挖掘方法。事信映射规则是有潜质的挖掘对象，是值得探索的研究方向。

事信映射规则的挖掘应当分三步进行：首先，应挖掘出在用户事务和信息需求之间有哪些起着制约作用的关键因素，如前面所说的目标价值体系、事务执行逻辑、装备能力、环境特性等；然后，挖掘出这些关键因素之间的相互制约关系；最后，挖掘出它们之间以及对信息需求的制约规律。实现这三步的挖掘并不容易，需要大量的事信映射实例作为样本数据，能够得到这些数据是能否开展挖掘研究的前提所在。

事信映射样本数据是指对实际用户在实际执行作业过程中产生的实际信息需求的记录数据。这些数据必须是从实际作战训练中得来，保证是真实的；否则，建立的事信映射规则在科学合理性上就会大打折扣，反而会误导需求生成软件的开发，最终导致软件不可信、不好用。

2.4.2　事信映射规则的运用

挖掘出事信映射规则之后，有直接使用和间接使用两种方式用于信息汇聚。

直接使用方式是将事信映射规则直接用于信息需求的生成，即以用户当前处理的事务为输入，经过规则的作用影响之后，直接变为信息需求模型提交出去。但是，这种方法对规则的可信度和可靠性提出了非常高的要求，达到这样的可信度和可靠性，需经过无数次测试和修改，经过很长一段时间的积累，同时随着装备水平的发展、作战模式的演变，事信映射规则也在不断演化，保持高度可用是很困难的。

相比之下，间接使用方式更加容易实现，即利用事信映射规则辅助需求模板开发人员设计需求模板。每当新出现一类用户事务，就利用事信映射规则生成一些信息需求，然后再由模板开发人员进行修改和优化，最终形成可信、可靠的信息需求模板，从而减少模板开发人员的工作量，进一步提高信息需求生成的自动化程度。

总之，无论是模板还是规则，目的都是为了提高机器的智能化水平，但机器终究赶不上人类的智慧，要保证形成可信、经过验证的自主能力，离不开人的参与。

2.5　小　　结

传统的固定信息保障方式无法适应未来的栅格网环境。信息需求模型是对用户信息需求的特征描述和仿真模拟，是为了实现未来栅格网环境下信息精准汇聚所做的第一层过滤。未来栅格网环境下，信息来源种类繁多，异构性问题严重。本章节提出了一种指控信息需求模型描述方式，能够为各种信息来源正确地解析，屏蔽了查询方式和语义层面的异构性。同时，本章还提出了一种模板驱动的信息需求生成方法，能够伴随着用户的事务处理过程，感知用户事务的类型，动态地生成指控信息需求模型，自动触发信息汇聚过程，并能够随着用户事务的变化而动态调整，相比于传统的固定信息保障方式提高了信息汇聚的自主性和灵活性。还给出了该方法的使用实例参考和实验结果分析。本章最后提出了一种更加灵活的需求建模机制，能够基于事务与信息之间的映射规则辅助模板开发人员生成信息需求模板，是一种值得探索的方法。

参 考 文 献

[1] 霍国庆. 用户信息需求及其规律性[J]. 情报科学，1998，16(5): 381-386.

[2] 朱欣娟，薛惠锋. 基于需求分解的知识系统建模方法[J]. 计算机应用，2003，23(6): 7-9.

[3] 秦振，陆昌辉，张维明. 信息需求描述方法综述[J]. 科学技术与工程，2006，6(15): 2321-2326.

[4] 蓝小清. 用户信息需求研究分析[J]. 科技情报开发与经济，2006，16(17): 94-95.

[5] 吴丽花，刘鲁. 个性化推荐系统用户建模技术综述[J]. 情报学报，2006，25(1): 55-62.

[6] 葛园园. 用户信息需求层次的时序结构分析[J]. 情报探索，2006(10): 5-6.

[7] 齐虹. 用户信息需求立体结构模型探讨[J]. 档案学通信，2009(2): 32-35.

[8] 王彪，高光来. 信息需求面及其信息检索模型[J]. 内蒙古大学学报，2011，42(2): 224-229.

[9] 胡昌平. 信息服务与用户[M]. 3 版. 武汉:武汉大学出版社，2008.

[10] 马利霞. 网络用户信息需求研究[D]. 广州：中山大学. 2004.

[11] Wilson T D. On user studies and information needs[J]. Journal of Documentation，1981(37):3.

[12] Maurice Line. Draft Definitions: information needs, wants, demands, and use[J]. Aslib Proceedings, 1974(26):87.

[13] Carol C. Kuhlthau. Inside the Search Process: Information Seeking from User's Perspective[J]. Joumal of the American Society for Information Science, 1991, 42(5): 362.

[14] 温仁助. 从信息与信息需求的定义探讨信息需求和使用的研究方向[J]. 大学图书馆(台)，1998，2(3):58-71.

第 3 章　指控信息价值链

信息世界体现出来的生命延续和消亡现象，实际上是其价值作用的结果。同样，在军事应用领域，尤其是在现代化战争条件下，信息的作用也日益凸现。能否及时、准确、有效地提取和利用所需的信息并发挥其最大价值已成为决定战争胜负的先决条件。指控信息价值链的研究能对指控信息的精准服务提供基础理论支撑作用。本章主要从熵与信息的发展和融合、信息价值及价值链的发展、指控信息价值的测度和关联关系模型、指控信息价值的演化和价值链条的形成四个方面对指控信息价值链进行研究。

3.1　熵与信息的发展与融合

3.1.1　信息熵的源起

"熵"概念进入科学领域，为人们提供了真正认识信息世界的视角。热力学第二定律孕育了科学信息论的建立。关于熵的理论和思想是研究信息理论发展史的一根红线。物理熵到信息熵的历史发展过程中可以找到认识信息本质的逻辑线索。从科学史角度来看，信息问题的研究始终交织着有关熵问题的持续不断的讨论。信息科学认识随之得到不断深入的发展。

起初，克劳修斯提出熵概念，只是把它作为熵增来理解和把握。之后，玻耳兹曼利用量化的方法，以分子运动论作为视角，将熵函数引入热力学第二定律，提出具有统计学意义的热力学第二定律，即统计熵概念。量化统计分析方法的引入，使得熵概念本身的科学度量方面得到了充实。从物理学中抽离出物理熵，并将其发展为信息熵则是通信信息论奠基人香农所做的工作。至此，信息与熵交织在一起，信息科学得到长足的发展和进步。熵是无序的量度。熵与无序程度成正比例关系，也就是，熵量的变化越大，那么无序程度也会相应地越大。它是表现体系的混乱程度一个概念。

科学领域引入熵概念的意义和价值体现了科学认识不断深入的收敛性特征。从熵的引入开始，从对物质和能量泛泛研究，深入到物质和能量的关系与结构研究。人类的科学认识研究发展过程表现为不断收敛的特性。正如科学历史主义者托马斯·库恩在《必要的张力》中所说："某种'收敛式思维'……是科学进步所必不可少的……由此可以得出结论，维持一种往往难以维持的张力的能力，正是从事一种最好的科学研究所必需的首要条件之一。"对于信息科学来说，熵理论的日趋完善为信息科学理论长足发展准备好了理论条件。

3.1.2　香农与信息熵

最初，在科学领域信息研究并不直接围绕着"信息"展开，而是首先讨论"熵"的概念。19 世纪，科学引入熵概念，根本性地改变了人们认识整个世界的方式。真正科学的"信息"研究开始于在科学中引入熵，科学从此不断深入迈向信息世界。二十世纪四五十年代，信息通信、计算机和自动控制等学科得到不断发展。在这一历史背景下，科技工作者们对信息问题进行了大量实用和理论性研究。

1948 年，通信信息论开创者香农发表了"通信的数学理论"。几乎与此同时，控制论创始人维纳出版了《控制论：动物和机器中的通信与控制问题》。理论上，以信息作为研究对象科学研究从此正式拉开了序幕。以 1948 年为界限，信息的具体研究从两条支脉展开来：一条是"熵"；另一条是"负熵"。

"信息熵与物理熵具有内在的统一性。"也就是说，在含义上两者是具有一致性的。无论是物理熵还是信息熵，都是关于系统状态的一种量度。在通信领域中的信息熵概念是引入物理熵形成的。物理熵在香农的通信信息论中被认为是信源发送消息的不确定度。

香农总结前人工作基础上，以通信视角开创出了信息论。1948 年，香农发表的"通信的数学理论"一文，成为信息论诞生的标志。

香农信息理论将信息与熵联系在一起，统计量化的方法体现信息本质的客观性，在信息科学发展中具有方法论意义。使得"信息"具有了真正科学的意义。信息科学从此得到了长足发展。在理论上科学地建构了信息系统描述性的逻辑模型。香农很好地吸收了玻耳兹曼物理熵公式，从物理熵引出信息熵，得出信息量计算公式。香农的实用信息论也体现出解决实际问题的能力。在工程技术领域成功地解决信息通信方面的问题，并取得了很好的效果。

3.1.3　信息负熵理论

一系列的负熵理论包括："薛定谔关于生命负熵的理论、控制论创始人维纳有关信息负熵理论以及普利高津开放系统的耗散结构的负熵理论等"。这些负熵理论基本思想是一致的。"究其实质，无一不是在熵减的意义上获得规定的。"与热力学熵、统计熵和信息熵相比较来说，他们的理论工作构成了关于熵理论和信息理论发展不同的另一条支脉。具体的信息负熵研究从此开始。考察并整理出他们关于"负熵"理论的观点及思想，对于深入研究熵、信息熵和信息负熵问题十分必要。

负熵理论是建立在开放系统之上的。系统是具有相互关系的若干要素按照一定规律组合成一定的结构，这个结构是具有一定功能的完整的有机体。通常来说，系统可分为孤立系统和开放系统。熵理论和信息理论的发展逐渐地使得建立在熵理论基础之上的广义热力学第二定律考察范围扩展到开放系统，之后的信息负熵论、耗散结构开放系统研究以及各种一般性科学都认识到具有耗散结构的开放系统可以超越封闭系统科学研究的局限性，科学研究范围可以扩展到开放系统。熵及熵增理论研究已从孤立系统扩展到开放系统。之所以强调区分系统的孤立性与开放性，是因为强调环境因素提出是系统研究从孤立系统扩展到开放系统的必然趋势，以及强调将开放性系统作为理论基础是所有负熵理论的必需的理论前提。

孤立系统可以理解为系统的一种理想假设。它不考虑系统外界环境对系统的影响，不与外界环境进行物质、能量交换。与孤立系统的平衡态不同，开放性系统往往是远离平衡态的非平衡态，非平衡态往往与外界环境进行物质和能量的交换，从而保证一种动态的平衡，是一种活的平衡。"开放系统则是指系统与外界环境既有物质也有能量交换的系统。"科学历史的深入发展，要求人们不得不对开放系统进行研究，以适应熵增、信息及负熵理论的深入研究需要。在热力学研究中，克劳修斯和玻耳兹曼的热力学第二定律仅局限于从孤立系统微观不确定性对熵进行研究。而之后扩展的物理和化学一般性系统研究的发展以及普利高津的耗散结构研究，要求理论思想的基础必须从孤立系统扩展到开放性系统之上。系统的环境因素得到重视，对系统与环境关系进行详细考察，使得熵增、信息、负熵理论研究得到进一步发展。

3.1.4　信息与熵的融合

之前关于熵、信息以及负熵等概念的论述，试图阐明这样一种观点：通过详细阐述这些概念如何提出，如何运用的过程，来澄清对这些概念在科学领域解释上的混乱，并树立起对这些概念正确的一般性理解。通过梳理的方式说明了它们在科学领域提出和利用时本质上的一致性关系。熵、信息以及负熵等这些概念既有统一性又有差异性。"统一性在于它们都是作为统一的概念意义，研究同一类别的科学现象；差异性在于对同一类的概念和现象沿着不同研究方向所产生的不同理解。"

美国科学哲学家汉森针对逻辑实证主义所强调的客观中性观察提出了独特的"观察渗透理论"。汉森认为，观察并不是纯客观的，不同知识背景的人会得出不同理论结果。在不同的科学领域及科学家那里，信息以及与信息有关的熵和负熵等这些概念通常具有不同的具体含义。这就给人们的理解带来许多麻烦。信息及与其相关负熵这些概念具有复杂的特征，对于它们的理解往往造成混乱，产生歧义。因此，必须清晰地区分这些概念的规定，从而形成其正确的认识。

对这些概念可以区分为如下两类：

（1）量——静态性规定。玻耳兹曼的统计熵概念与理论和香农提出的信息熵概念与理论，本质上来说属于静态意义上规定的熵和信息的量度。两者的共同含义在于，使用量化的方法与统计概率等手段对系统微观分子不定度和信源信息不确定度进行"量"的分析。对此，可以从玻耳兹曼的熵统计公式和香农的熵信息公式理论思想的分析中得到论证。需要指出的是，无论玻耳兹曼还是香农理论研究目的并不是将信息本身作为研究的对象，信息熵和统计熵还都只是一个量的描述性概念，它们还没有抽象出信息一般本质意义。应将玻耳兹曼和香农的信息和熵的概念规定为信息量及熵量。正是玻耳兹曼与香农的理论和量化公式具有内在统一性，在一定条件下可以互含互代，因此将二者统一于广义的信息理论下是具有合理性的。广义上来说，信息论开创时间可以从 1948 年，香农通信信息论开始向前推到玻耳兹曼统计熵的形成，也就是 1877 年。再广义些，范围则可以提前到克劳修斯 1850 年的热力学第二定律。因为，无论他们关于概念表述如何不同，他所探讨的问题本质上是一致的。

（2）熵变——动态性规定。信息与熵的动态性理论，一般来说是围绕熵变展开的理论体系。具体的熵变的理论体系是沿两个条线索展开：一条是熵增理论体系；另一条则是负熵的消解体系。

① 熵增理论体系。克劳修斯热力学熵变理论是熵增方向的理论体系。早在克劳修斯引入熵来阐释热力学第二定律时，就已经将熵概念定义为熵变量。他认为，封闭系统内的熵变的过程是沿着熵增的方向进行。熵增与微观状态数增加两者之间是成正比例关系。随着熵增的最大化，系统微观状态数目就会达到最大值，这样封闭系统就会沿着熵增方向而趋于平衡状态。因此，克劳修斯所定义的熵不是熵本身的概念而是熵增，具体来说是熵增的量。

② 负熵的消解体系。"薛定谔的生命负熵、维纳的信息负熵以及普里戈金系统耗散结构的负熵流都可以归结为负熵消解理论体系。"共同点在于：一方面将系统扩展为开放性的系统；另一方面系统外界环境的负熵或信息负熵都具有消解系统内的熵或信息熵的熵变的趋势。内外熵、负熵或者信息熵和负熵，量的变化可以引起熵减效应。因此，负熵可以消解系统内的熵，并且维持系统的有序性，这是薛定谔、维纳、普里戈金关于负熵和信息负熵理论体系的共同属性。

3.2　信息价值及价值链的发展

3.2.1　信息价值的产生与实现

3.2.1.1　价值与信息的融合

"20 世纪 90 年代以来，信息化浪潮席卷全球。信息科技革命开创了崭新的信息时代。信息、物质和能源成为现代社会发展的三大支柱性资源。"信息技术革命的飞速发展使得人类进入了信息社会。20世纪的科学技术成就中，无论是"老三论"（系统论、信息论和控制论）还是"新三论"（突变论、协同论和耗散结构论）不但改变着人类的思维方式，而且日益显示出信息和知识在科学技术发展中的重要作用。信息社会中，知识和信息突显出对人类社会的发展与进步起到了巨大作用，在人类社会和经济发展中扮演着越来越重要的角色。

交互性网络化信息处理和传播是信息时代的基本信息活动方式。在这一信息活动方式下，信息的发出者和接收者建起了一种实时性的反馈式的信息沟通途径，这就使得信息的处理与传播不再是简单的单向主宰行为。作为信源和信宿双方在交互性、开放性、多元性和平行性的网络信息平台上对信息进行获得、评判和质疑。无论是个人还是机构团体都可以将体现自身价值的信息（只要它有价值）公开发布、传播，并广泛影响他人甚至整个社会。另外，信息时代先进的通信网络服务使得人们的生活更加方便与快捷。在全球性的网络环境中，不论何时何地都能获得所需的大量信息。信息在全球互联网环境中不断地获取、加工和传播实现着其自身的价值。网络已成为知识与信息的解放者。

对于价值问题来说，"价值乃是事物（物质、信息，包括信息的主观形态精神）通过内外部或相互作用所实现的效应。"以上的论述，使人们完全有理由认为相互作用过程中必然体现出信息价值关系。物质效应和信息效应必然存在于现象世界之中。用信息语言来说，任何相互作用之物都兼有信息的信源、信息的信宿和产生效应的信息载体三种角色。物质价值与信息价值具有普遍性和必然性的品质。

相互作用过程中实现的物质和信息效应、物质和信息价值总是互为基础与表现。原因在于，信息效应与信息价值都必须有物质的载体。这就是物质效应和物质价值。同样，物质效应和价值的实现则是信息的凝结、演化为途径形成的。价值与信息作用于物时具有产生"效应"的属性。一般来说，信息可以消除不确定性，使系统的组织趋于有序，这些都是信息在事物的发生和发展中的有益性价值。同时也应看到，信息不仅只有产生积极意义的方面，错误和混乱的信息却具有增加不确定性的和使系统趋于无序的作用。这是信息作用中不可回避的方面，对于事物的发展也起到相应的影响作用。

因此，信息所产生的价值，从效应方面来说，就具有信息价值的积极的效应和消极的效应两个方面。对于信息价值效应来说，推动事物发展的并不只有有利的效应才具有价值，相关消极的效应也应当视为价值的一部分。因此，无论哪一类方向的效应都应当包含在价值范畴之中，都具有价值的关系。"事物相互作用过程中的价值效应理论，使得信息价值理论可以成立具有了理论的基础和根基。事物相互作用的认识必然反映着信息与价值的关系，包含着信息价值的效应理论。"

信息时代的伟大变革，将信息社会文明为特征的新时代展现在人们面前。随着 21 世纪信息时代的到来，信息以其独具的魔力改变着人类的方方面面。信息所至，不仅为科学技术带来了一场前所未有的信息科学革命，而且对政治、经济以及文化各领域进行了刷新，使人类进入了崭新的信息社会，同时改变了人的认识方式、思维方式与生活方式。一句话，信息的普遍性魔力，开辟了人类的新文明，开创了人类的新时代。与此同时，在新旧时代交替的剧烈变革时期，人类也面临着诸多价值观念的冲突。这就要求人们对面临的理想和现实中的新旧价值观念进行扬弃与重建。正是在扬弃与重建的过程中，信息体现出对社会文明的发展与进步所具有的巨大价值。

3.2.1.2　信息价值的产生

信息价值的产生也是信息价值逐步增加的过程，信息产品的产生并非"平地建高楼"，而是具有一定的前期积累，信息的价值与其知识存量存在正比关系，知识存量越大，信息的价值也就越大。结合由事实、数据、信息、知识和智慧构成的信息价值链进一步分析，尽管都称为信息，但是真正意义上的信息比数据的知识存量更高，而知识也比信息的知识存量更高，这是因为信息价值链上后一级始终要比前一级融入了更多的智力输入。因此，不同种类信息之间的知识存量必然存在很大的差异，如数据与知识之间。

信息生产者的投入量不同，会引起信息价值的不同。这里用"负熵"的概念来代替生产者的"投入量"。熵在热力学中是表征物质状态的参量之一。在信息论中，熵量度的是不确定性的程度。信息熵是信息论中用于度量信息价值的一个概念：一个系统价值越大，信息熵也就越低；反之，一个系统价值越低，信息熵也就越高。负熵也就是熵减，物理学中采用"熵函数"描述系统的价值，熵值增长就意味着系统的价值降低，熵值减少就意味着系统的价值提高。从系统的外界输入"负熵"可以抵消系统的熵增。因此，负熵是一种有用的信息，负熵的流入可以减缓信息熵增的速度，提高信息的价值。

因此，不难总结出信息价值的增值主要与知识存量和负熵有关，而最终的信息价值则与知识存量和价值增值相关。

3.2.1.3　信息价值的实现

信息价值的实现贯穿于信息被利用的过程，涉及信息的公开发布、分发以及利用等具体阶段。如果利用能量转化的观点来解释，可以认为信息价值的实现实际上就是信息价值向信息的效用转化，或者是信息价值从信源向信宿的流动。因此，与实现信息价值相伴的是，信息效用的提高和信息剩余价值的逐步减少。

信息价值的实现是一个复杂的过程，涉及信源、信道和信宿三个因素。知识势差是信息价值得以实现的动力，需求的匹配是前提，信道的畅通是关键。用"流"的观点来分析，产生流动一般是因为两端存在势差。电子流动产生电流，是因为导体两端存在电势差；热量的流动产生热能传递，是因为物体两端存在温差。信息价值的流动也是同样的道理，信宿与信源之间存在知识势差。也正是因为知识势差的存在，才使得信息的价值能够从信源流向信宿。

但是，信息价值的实现还受到更多因素的制约。信宿与信源之间的知识势差是产生信息价值实现的动力，而信宿端用户需求则是信息价值实现的前提。信息的价值只有通过用户的实际利用才能得到真正意义上的实现。即使信宿相比于信源在知识存量上存在差距，如果没有需求的存在，信息的价值也就不可能实现。

此外，信道的畅通也是十分关键的。信道不畅通甚至堵塞都会阻碍信息价值的有效转化和实现，如信源人为地对信息的利用渠道予以限制，只允许部分VIP用户正常使用，这就会使信息价值的实现大打折扣。不仅如此，网络环境下信道不畅通现象愈发明显。网络信息资源种类和数量十分繁杂，但是用户的注意却是一种稀缺资源，加之真正高效的信息获取渠道也是极其稀缺的。

3.2.1.4　信息价值的损耗

信息在产生与利用的过程中，不可避免地面临着价值损失。信息价值损失主要来源于价值实现过程中的损耗和贯穿全生命周期过程中的熵增。

由于信道存在各种各样的噪声，使得信息价值的实现并不充分。信息传播利用过程中存在噪声：噪声越大，信息价值的转化率越低，损耗就越大；噪声越小，信息价值的转化率越高，损耗就越小。此处噪声的概念源于通信系统领域，但是其含义比通信系统的噪声含义更为丰富。既有客观性的内容又有主观性的内容，例如，通信系统中的物理噪声所引起的网络传播中的噪声属于客观性噪声，而网络传播内容中的信息噪声则属于主观性噪声。具体而言，噪声有许多不同的类型：首先，信息在复制、传输、获取的过程中，由于信道各环节自身的原因或外界干扰，会引起信息载体的信号发生错误、丢失或改变；同时，会发生信息丢失、被干扰。其次，从信息内容方面来看，网络环境中广泛存在的无用信息、垃圾信息和有害信息，既造成了信道的阻塞又分散了用户的注意力；网络"沉默螺旋"的存在，使得一部分信息的价值在得到最大效率实现的同时，另一部分信息也加速了老化的进程。

资源种类和数量的庞杂，信道自身存在的不足以及其他外界干扰，使得信息价值的实现过程中必然存在损耗。而且，伴随着信息传输的路径越长，噪声对价值损耗的影响也会越大。因此，快捷的传播路径可以有效减少信息价值的损耗。实际上，信息的利用，即信息价值的实现，会加快其有用性的衰减以及价值的老化，但是这并不是价值老化的决定性成因。实际上，即使信息因为诸多原因没有得到任何利用，信息的价值只是没有得到实现，但是其价值仍然在面临着老化，这就是因为熵增的存在。熵增是热力学中的一个概念。热力学第二定律认为：孤立系统的一切自发过程都朝向其微观状态更无序的方向发展，这是一个不可逆的过程。如果要使系统自发恢复到原先的有序状态是不可能的，除非外界对它做功。另外，微观状态越混乱越无序，则该系统的熵值也越大；反之，越小。所以，孤立系统的熵值是永远增加的。可以理解为，在孤立系统中，事物自发地向着更加无序（熵值增大）的状态变化，即熵增是一个自发过程。

信息价值的变化与熵的变化之间存在很大的关联性。信息价值的产生过程，实质上是信息从无序变得有序的过程。由于生产者负熵的投入，使得杂乱无章的资料获得某种逻辑上的关联而变得更加有序，进而信息的价值也在此过程中得到增值。而当信息产生以后，对于绝大多数信息而言，其内容不会再得到更新，换言之不会有新的负熵流入，因此其有序化程度也不会再改变。然而，由于不断有新的并且有序化程度更高的信息产生，使得该信息所在领域的平均有序化水平在不断提高。这是很容易理解的，一般情况下始终存在对该问题更新的、更深的认识，进而促使该领域或该学科不断向前发展。因此，尽管该信息的有序化水平没有变化，但是由于其所在领域的平均有序化水平不断提高，使得该信息与平均水平之间的相对有序化程度逐步降低，其有用性在这个过程中也被无形地削弱。换言之，信息价值的老化不是因为其自身的原因，而是因为整体水平或者说其他信息有序化水平的提升，这就是"熵增"。这与爱因斯坦相对论的思想是一致的，信息的有用性一方面取决于其自身，另一方面更取决于与其他同类信息的相对有用性（因为当前的网络环境中，用户注意力是稀缺的，而信息是过剩的）。熵增是相对有序化水平的减少。绝大多数情况下，该信息所在领域和学科都是向前发展的，因此熵增是一个自发过程。实际上，从这个角度出发，信息从产生开始就面临着熵增。由此可见，熵增是与时间相关的量，只要信息价值的产生与实现过程中存在时间，就存在熵增，信息的价值也就会出现老化。

3.2.2 价值链的发展

3.2.2.1 传统价值链

价值链的概念是 MichaelE. Porter 于 1985 年在其所著的《竞争优势》一书中提出的，近 30 年获得很大发展，并被当今先进管理思想者所采用，已经成为研究竞争优势的有效工具。Porter 的价值链通常认为是传统意义上的价值链，较偏重于以个体单元的观点来分析其价值活动，及从中获得的竞争优势。在最初基于制造业的观点中，价值链看成一系列连续完成的活动，是原材料转换成一系列最终产品的过程。新的价值链观点把价值链看成一些群体共同工作的一系列过程，以某一方式不断地创新，为顾客创造价值。价值链思想认为，信息发展不只是增加价值，而是重新创造价值。在价值链系统中，不同的活动单元通过协作共同创造价值，而价值已不再受限于产品本身的物质转换。

后来 Peter Hines 把 Porter 的价值链重新定义为"集成物料价值的运输线"，这是另一种有关价值链的定义。与传统价值链相比，主要差别：一是 Hines 的价值链与传统价值链作用的方向相反，Hines 所定义的价值链把顾客对产品的需求作为生产过程的终点，把利润作为满足这一目标的副产品，Porter 定义的价值链只停留于把利润作为主要目标；二是 Hines 把原材料和顾客纳入他的价值链，这意味着任何产品价值链的每一个成员在不同的阶段包含不同的组织，这不同于 Porter 的分析，Porter 的价值链包含与生产行为直接相关或直接影响生产行为的成员；三是基本活动交叉功能，这些价值活动沿着价值链的流程比较合理地建立，而不只是存在于生产作业中；四是现行的辅助活动包含信息技术的运用。

3.2.2.2　从价值链到价值网

新价值链不是由增加价值的成员构成的链条而是虚拟企业构成的网络，它经常改变形状、扩大、收缩、增加、减少、变换和变形，称为价值网。价值网是可用价值网络模型描述的组织缩写。依赖于媒体技术，价值网把相互独立的组织，或是时空中的个体相互联系起来，组织本身不是网络，而是提供网络服务。价值网强调对任何个体的价值决定性因素是联系个体的网络。有两种力量在重塑价值链形态方面起了同样重要的作用：一是价值链成员角色的变化几乎不可避免地引起传统价值链功能转换；二是对个体习惯性的偏好，给予快速满足，鼓励价值链成员包围他们共同的个体，以一种新的方式满足个体的需求。在现代商业环境中，价值网中的每一个成员重新考虑其服务个体并与个体保持紧密联系的方式，以及与个体共同创造产品和服务的方式。

在价值网中，每一个虚拟组织本身就像一个小型网络，它由所有的成员和合作伙伴组成。由于合作伙伴的相互关系，有时很难划出微观水平和宏观水平上一个网的界限，总体价值网络中的一个子价值网，这个子价值网包含了作价值链的所有元素。价值网络促进了所有成员共享资产（包括数据、信息和知识），利用彼此的互补优势和资源，一起开发、实施和完成业务。价值网络管理是老的供应链管理的扩展，但又有许多不同之处。供应链管理把物流看成是联系价值链各成员的关键因素，而价值网络管理能使价值网络成员在现实中交换关键的消息与知识，并为共同的利益一起努力，以达到理想的效果。这种观点把价值链概念提升到更高的战略高度。

3.2.2.3 经典价值链模型

1）Porter 价值链

Porter 认为，"每一个企业都是在设计、生产、销售、发送和辅助其产品的过程中进行种种活动的集合体。所有这些活动可以用一个价值链来表明。"他把企业内外价值增加的活动分为基本活动和支持性活动（辅助活动）。基本活动涉及企业生产、销售、进料后勤、发货后勤、售后服务。支持性活动涉及人事、财务、计划、研究与开发、采购等。基本活动和支持性活动构成了企业的价值链。

不同企业参与的价值活动中，并不是每个环节都创造价值，实际上只有某些特定的价值活动才真正创造价值，这些真正创造价值的经营活动就是价值链上的"战略环节"。企业要保持的竞争优势，实际上是企业在价值链上这些特定的战略环节上的优势。商业价值链分析的目的在于，找到为企业贡献最多增加值的"战略环节"，并且规划相应的战略进行改善。后来一些学者所描述的价值链比 Porter 的范围更广一些。他们认为，"任何企业的价值链都包括从最初的供应商手里得到原材料直到将最终产品送到用户手中的全过程。"这一论断把企业看成是价值生产过程中的一部分。这不但扩大了价值链的范围，同时将会计信息置于价值链分析中，计算出价值链的每一个阶段的报酬率与利润，从而确定竞争优势之所在。

2）虚拟价值链和实体价值链

1995 年，哈佛商学院的 Jeffrey F. Rayport 和 Johnu J. Sviokla 最早在"开发虚拟价值链"一文中首次提出虚拟价值链的概念。他们认为，进入信息经济时代的企业在两个世界中竞争：一个是管理者可以看到、触及的由资源组成的物质世界，称为市场场所；另一个是由信息所组成的虚拟世界，称为市场空间。企业在市场场所和市场空间中的竞争规则不同。传统的价值链中尽管也包含有信息的内容，但只将其视为价值增值过程的辅助成分而非源泉。虚拟价值链不仅仅包括信息的价值增值活动。虚拟价值链的任何环节创造价值要涉及收集、组织、挑选、合成和分配信息五个步骤。信息不仅有益于理解或者改变实体世界，还可超越实体世界，提供生产新产品、新服务和开拓新市场的机会。

在虚拟价值链上，同样存在着五种基本的价值活动所组成的增值链条，与传统价值活动不同的是，虚拟价值链中每个活动都是对信息的加工利用过程。从实体价值链到虚拟价值链，企业存在着一个对不同层次信息进行加工的过程，即实体价值链上每一价值活动的信息都可以通过五个步骤（收集、组织、挑选、合成和分配）的加工过程构成虚拟价值链上相应的信息增值活动。实体价值链与虚拟价值链比较见表 3.1。

指挥控制信息精准服务

表 3.1　实体价值链与虚拟价值链的比较

比 较 内 容	实体价值链	虚拟价值链
经济原理	边际效益递减	边际效益递增
管理内容	实物产品	数字产品
增值过程	活动是连续的	活动是非连续的
信息的作用	辅助因素	创造价值
中介	物理中介	信息中介
客户角度	产品接受者	参与产品制造者
关注焦点	产品、服务等可觉察的核心价值	信息交流价值

3）知识价值链

美国学者 C. W. Holsapple 和 M. Singh 仿照 Poter 的价值链模型提出了他们的知识价值链概念模型，包括主要活动功能（领导、合作、控制和测量）和辅助活动功能（知识获取、选择、生成、内化和外化）两部分，四个主要活动生成知识产出，四项辅助机制促进知识学习，共同创造价值，提升组织竞争力。另一些学者也模仿 Poter 的价值链建立了知识价值链模型。他们的知识价值链由知识管理基础和知识过程管理两部分组成。知识管理基础包括知识工程主管（CKO）和管理、知识工作的招聘、知识存储能力和顾客/供应商关系。知识过程管理由知识获取、知识创新、知识保护、知识整合和知识分散组成。

在国内企业价值链的研究分析中，价值链经常分为内部价值链和外部价值链。内部价值链仅指企业内部产品的价值作业环节。外部价值链是指企业以外的价值作业环节，包括行业价值链、供应商价值链、客户价值链和竞争对手价值链等。国内价值链的研究只是集中在内部价值链或外部价值链，没有将两者很好地结合起来。

国内价值链的研究起步虽然较晚，但是国内也有学者进行知识管理与价值链管理的结合研究，殷梅英从价值链理论和知识管理理论角度讨论了改进供应链分销阶段过程绩效水平的方法；夏火松对企业知识价值链与企业知识价值链管理进行了描述，分析了企业知识价值链管理的特点，建立了企业知识价值链管理模型，认为利用企业知识价值链管理可以提高企业竞争优势。江积海从内部传导和外部传导两个层面构建了知识传导的价值链模型。内部知识流程包括知识的创造、共享、配置、保护、创新等环节，外部知识流程包括知识的获取、转移、整合、重组和外溢等环节。这些环节两两对应构成互动小循环，再进一步构成企业与市场边界交互知识作用的大循环，导致企业知识存量的优化和知识结构的动态演变旧。

然而，现阶段价值链的研究很多局限于概念上的探讨，缺少深入的定量研究，过多的定性研究缺少科学性，定量和定性的研究没有很好地结合起来，效果不佳；以及缺少价值链的评估模型的研究，价值链优化的效果需要评估得到反馈，才能更好地改进价值链；同时对生产者驱动的价值链研究相对较少，对关键增值环节的定性研究有待增加。这是价值链研究得以深入的重要环节。

3.3 指控信息价值的测度和关联关系模型

3.3.1 指控信息价值的测度

3.3.1.1 信息科学理论方法

指控信息作为价值链上信息的一部分，具备一般信息的特征，因此可借助信息科学理论的方法度量其价值。对于离散信息，可以采用香农的度量方法，即

$$H(X) = -\sum_{i=1}^{N} P(x_i) \log P(x_i) \tag{3-1}$$

对于连续信息则可以采用香农熵公式的推广形式，即

$$H_B = -\int p(x) \log P(x) \, \mathrm{d}x \tag{3-2}$$

价值链上的信息通过改变决策者对目标事物状态的认识影响决策者的决策来发挥作用。信息的作用会受到决策者主观认识和客观环境的影响，所以单纯研究信息本身所包含的信息量对信息价值的影响是不科学的。因此，可以用信息增量研究信息价值表征形式。信息增量是用来度量信息消除初始状态不确定性能力的一个指标：如果所获得的信息能够有效地消除初始状态的不确定性，那么信息增量为正值；如果所获得的信息不仅没有消除初始不确定性，反而增加了不确定性，那么信息增量为负值。

3.3.1.2 信息质量维度值方法

指控信息需求是作战人员为完成作战任务而需要的信息集合。从作战人员需求到信息获取与利用的角度来看，战场的信息流动形成了一条数据→信息→知识完整的信息链，从数据获取到形成知识，并最终由作战人员对知识的使用形成价值。指控信息需求是对信息使用中的多方面的要求，是一个多维概念，可用信息质量维度值表征指控信息需求值，并在此基础上利用信息需求满意度表征指控信息的价值。

指控信息价值可以衡量指控信息质量，信息质量定义为使用的合适性。据此定义，指控信息质量取决于指控信息的使用者，并取决于特定的应用环境，由此，指控信息质量是一个多维概念，其特征取决于不同执行任务的个体认识视角。在对信息系统研究基础上，被广泛接受的信息质量维度包括精确性、一

致性、时效性、完整性、可访问性、客观性以及相关性等维度，可以衡量指控信息质量。

在战场环境下，指控信息需求应根据战场各种任务行动的需要，构建特定指控信息需求维度模型。针对战场中的态势信息，其主要是各平台的位置和状态信息，结合战场网络特性和应用环境，因此可将指控信息质量区分为数据质量和指控信息价值两个部分。其中：数据质量部分为客观信息部分，其元数据模型表征的信息是数据依据用户信息需求进行高效处理的基础；指控信息价值部分是针对上层执行任务应用的信息使用要求部分，属于主观部分。

据此，指控信息需求可以通过任务在信息质量各维度的要求值表示，即 $q' = [d_1^{\mathrm{T}}, d_2^{\mathrm{T}}, \cdots, d_n^{\mathrm{T}}]^{\mathrm{T}}$。同时，指控信息需求的满足是一个持续迭代的过程。为此，定义指控信息需求满意度指数为网络实际达到的信息质量维度满足指控需求的信息维度的时长占整个执行任务持续时间的比率，即

$$\boldsymbol{I}^u = \left[\frac{T_1(d_1^a > d_i^r)}{T_{\text{total}}}, \cdots, \frac{T_i(d_i^a > d_i^r)}{T_{\text{total}}}, \cdots, \frac{T_n(d_n^a > d_n^r)}{T_{\text{total}}} \right]^{\mathrm{T}} \quad (3\text{-}3)$$

式中：n 为信息质量维度数；d_i^a 为信息质量第 i 维度的实际获得值；d_i^{T} 为信息质量第 i 维度的指控信息需求值；$T_1(d_1^a > d_i^{\mathrm{T}})$ 为在作战人员执行指控过程中信息维度实际获得值满足指控信息需求值的时长。

实质上，指控信息价值与作战人员使用指控信息的效率和使用过程相关。

指控信息价值可以通过信息使任务完成得更早、更易于作战人员接受等方式定义和估计。美国国防部的流动的价值信息（Flowing Valued Information，FVI）工程旨在寻求评估信息满足指挥需求的方法，以评估信息对特定目标行为的相对价值，从而便于动态调整网络中的数据流使所传输的信息价值最大化。为统一并简化描述，不考虑具体的信息使用过程，而是通过满足指控信息需求来表征，即达到了作战人员执行任务的信息需求，就认为实现了价值，采用信息需求满意度指数表征获取的价值。而表征用户 u 依据所接收的信息执行任务所获得的价值为

$$V_u = \boldsymbol{a}\boldsymbol{I}^u = \sum_{i=1}^n a_i I_i^u \quad (3\text{-}4)$$

式中：$\boldsymbol{\alpha} = [\alpha_1, \alpha_2, \cdots, \alpha_n]$ 为各维度的权重向量；α_i 为第 i 维度的权重值，其依据实际应用中对各个维度的重要性确定，且 $\sum_{i=1}^n \alpha_i = 1$。

整个数据处理与分发网络的目标是：在网络可能提供的资源约束内，使得所有任务所获取的价值最大化，即 $V = \max\left(\sum_{u=1}^U V_u \right)$ 其中，U 为网络服务的用户数。

3.3.1.3 网络模型方法

考虑战场场景，作战网络中包含感知节点、指控信息使用节点以及信息处理与分发节点三类节点。感知节点主要完成数据的获取并附加对应的元数据，如节点类型、能力、感知精度等。指控信息使用节点是完成战场任务的执行单元，其根据自身任务需要，向信息处理与分发节点提供指控信息需求，并从信息处理与分发节点接收相关信息。信息处理与分发节点是整个网络的核心，负责接收感知节点的数据与指控信息使用节点的信息需求，综合处理数据元数据，生成指控信息使用节点所需的信息质量元数据，并分发给各作战人员使用，实现指控信息价值的生成。网络模型表征信息价值如图 3.1 所示，其整体上分为三层。

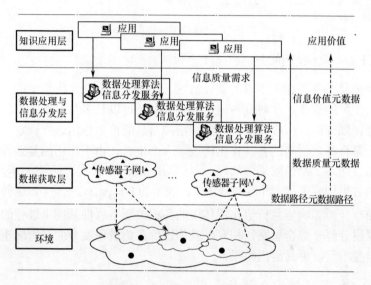

图 3.1 网络模型表征信息价值

价值的生成贯穿于战场指控信息链的每一个环节，并最终通过支撑应用层的决策与行动而创造价值。数据处理与分发节点是信息链的核心，它链接上层的指控信息需求与底层通信网络，通过自身的数据处理与信息需求的匹配来度量指控信息的价值，并依据所度量的价值通过调度过程来实现高效的信息分发。信息价值生成模型如图 3.2 所示。任务执行者通过对自身任务的分析计划形成指控信息需求；而信息处理与分发节点依据指控信息需求通过信息处理、需求映射、价值评估以及信息调度分发向指控信息需求者传输与任务相关的价值信息，供决策使用生成价值。

假设某一时刻经过处理得到的信息 m 所获得的信息质量为 q^a，其对应的信息需求为 q^T，而用户当前所保持的信息质量为 q^h，则消息 m 的价值可表示为

$$V_m = \left\| \frac{q^{\mathrm{a}}}{q^{\mathrm{T}}} - \frac{q^{\mathrm{h}}}{q^{\mathrm{T}}} \right\| \tag{3-5}$$

式中：$\|\cdot\|$ 表示·的范数，在具体应用中依据信息的使用性确定。

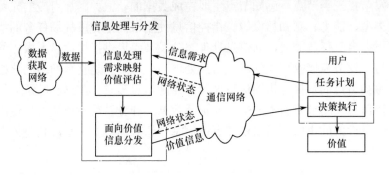

图 3.2　价值生成模型

3.3.1.4　模糊评价法

指控信息的各类相关因素的属性情况，决定指控信息在应用中的不同方面所体现出作用的程度。在研究各属性的基础上，可以从多角度对指控信息作用进行综合评判分析，用模糊集合方法对指控信息的价值作用进行评定。

对于某任务，信息的各种作用构成了一个集合，由于作用的复杂性，可以将作用集合作为一个模糊集合处理，设这个集合为 U，表示为 $U=\{u_1,u_2,\cdots,u_n\}$，各作用的效果构成了另一个模糊集合 V，表示为 $V=\{v_1,v_2,\cdots,v_m\}$，这种评价测算方法是在分析影响信息价值作用体现的各相关要素属性基础上进行的。模糊评价法采用分解—综合思路，相对于整体评价在定量程度方面有所侧重，并且从模糊定量出发，更易给出结果。

3.3.1.5　多指标综合评估

指控信息的价值体现有很多种形式，表现为在 C^4ISR 网络中获取、处理加工和分发信息能力的大小，反映指控信息从生成到被处理，直至最后分发到网络中各节点的过程，对于作战行动的帮助程度。

每类信息在节点上都有基础信息价值，它是节点根据自身的功能属性，对所掌握的信息进行处理和分发能力的体现。在战场网络战对抗环境中，认为整个网络节点的信息价值程度是处于动态的平衡。对于每种信息类型，可以通过考查其节点的具体属性指标，经过多指标综合评估得到其基础信息价值：

$$E_{MB} = \sum_M \omega_{指标} E_{指标} \tag{3-6}$$

式中：M 为信息类型；E_{MB} 为 M 类信息基础价值；$E_{指标}$、$\omega_{指标}$ 分别为评估指标评测结果和权重系数。

对于指控信息，可以选取其知识基础、相应时间、信息容量等指标对节点的基础信息价值进行评估。

网络中有些节点因为不具备获取或生成某类信息的能力，其基础信息价值为 0。如飞行编队、侦察机等终端节点不具备信息融合生成态势的功能，其态势基础信息价值为 0。

每类信息在节点上同样有信息价值增益。指控信息是从某些节点定向地向组织关系更低或更高的节点传递，战场态势信息是在信息融合节点形成的统一态势后向其他各节点进行分发。所以，各类信息的流通链路所形成的均为有向无环图。信息流模型如图 3.3 所示。

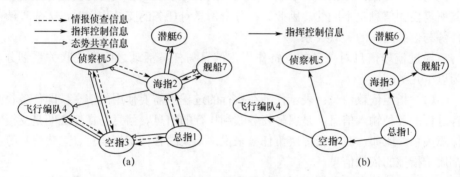

图 3.3　信息流模型

基于此特性，信息价值增益为所有指向自己的上级节点信息价值与该信息链路增益系数的积。从信息源节点开始，可以按照流通顺序完成接收信息节点的信息价值增益计算，加上节点的基础信息价值，得到节点该类信息的信息价值：

$$E_{jM} = E_{jMB} + \sum_{i \in V_{jM}} + \sum_{i \in V_{jM}} \lambda_{ijM} E_{iM} \tag{3-7}$$

式中：i、j 为节点序号；M 为信息类型；λ_{ijM} 为 M 类信息从 i 节点流向 j 节点的链路增益系数，该数值与链路两端节点的使命任务有关；E_{iM} 为 i 节点的 M 类信息价值；v_{jM} 为所有 M 类信息流向 j 节点的相邻节点的集合。

对于信息源节点和若干不在该类信息流链路中的节点来说，信息增益部分为 0，信息价值等于该类信息基础价值。图 3.3 中，侦察机为情报信息源节点，潜艇节点无情报信息流链路，所以它们的情报信息价值增益为 0。

通过上述计算，可以计算出每个节点各类信息的价值，对节点上各类信息的价值进行求和得到节点的总信息价值。而整个网络的信息价值可以通过对所有节点信息价值加权求和得到，即

$$E_j = E_{j1} + E_{jC} + E_{jS} \tag{3-8}$$

式中：E_j 为节点 j 的总信息价值；E_{j1}、E_{jC}、E_{jS} 分别为各类信息价值。

$$E_{\text{net}} = \sum_{j \in N} \omega_j E_j \tag{3-9}$$

式中：E_{net} 为网络信息价值；ω_j 为各节点总信息价值权重系数；N 为所有节点集合。上述权重系数均由相关专家依据具体系统情况给出。

3.3.2 指控信息关联关系的分类及描述

指控与信息是相生相伴的，执行指控任务需要大量信息的支持，包括情报信息、态势信息、指控信息等；而信息的存在及其价值的流动也是为了完成不同的任务使命。比如，对于联合防空作战任务以及联合火力打击任务来说，其所需要的信息是不同的。因此，在分析信息对任务的支持作用时，需先理清任务与信息之间的关联关系。

通过梳理信息对任务的支持作用，信息与任务活动之间的关联关系划分为以下几类：

（1）指控依赖信息：表示任务在执行的过程中需要使用的信息，即任务执行过程的各种输入信息，是保障任务顺利执行的信息。信息与指控之间是支援保障关系。比如，对于指挥决策任务来说，相关的各种情报信息、态势信息等都属于指控的依赖信息。

（2）指控约束信息：表示对任务的执行起约束作用的信息，即任务必须在这些约束信息的限制下执行。比如，地域限制、时间限制、人员限制及作战规则的约束等约束信息，信息与指控任务之间是约束关系。

（3）指控属性信息：表示任务执行过程中自身所包含的大量属性参数信息，包括任务执行的时间、地理环境、优先等级以及与相关任务的关系等相关信息。信息与指控之间是属性参数关系。

（4）指控实现信息：表示任务执行完成后所产生的信息，即通过任务的执行可以将相关的输入信息转换为所需的输出信息，这些输出信息就是任务实现信息。比如，对于指挥决策任务而言，所形成的决策方案、指挥控制命令就是任务实现信息。信息与指控的关系是结果实现关系。

为了能在任务的流程模型中直观地描绘出指控信息之间的关联关系，对指控流程模型，即 IDEF3 模型进行扩展，增加了六边形 ⬡、圆角矩形 ▭、直角三角形 ◣ 以及椭圆形 ⬭ 等图元。IDEF3 模型扩展图元的含义见表 3.2。

表 3.2 IDEF3 模型扩展图元的含义

图 元 名 称	图 元 图 标	图 元 含 义
六边形	⬡	表示与指控之间存在依赖关系的信息
圆角矩形	▭	表示与指控之间存在约束关系的信息

图 元 名 称	图 元 图 标	图 元 含 义
直角三角形		表示与指控之间存在属性关系的信息
椭圆形		表示与指控之间存在实现关系的信息

增加这些扩展图元后，任务与相关的指控信息之间的关联关系可用如图 3.4 所示的扩展 IDEF3 模型来表示。

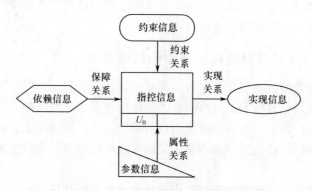

图 3.4　指控信息关联关系的扩展 IDEF3 模型表示

3.4　指控信息价值的演化和价值链条的形成

3.4.1　指控信息价值演化的影响因素分析

通过对指控信息的流动和演化过程的研究，提取出指控过程中每一阶段影响指控信息价值的关键因素，分析这些因素对指控信息价值的影响方式。

首先给出在指控过程中指控信息价值链信息价值体现和影响因素，见表 3.3 所列。

表 3.3　指控信息价值链价值体现及影响因素

指控过程（TP）	指控信息类型	指控信息价值形式 C^2IV	价值体现	影 响 因 素
情报获取（IA）	战场情报	情报信息价值 INV	获取目标信息	战场侦察范围； 目标探测准确程度； 通信网络性能
态势融合（SI）	态势信息	态势信息价值 SIV	提供态势感知	系统硬件计算能力； 系统软件综合性能； 战场感知的预见性
计划生成（PG）	决策信息	决策信息价值 DIV	确定行动方案	情报综合展现能力； 参谋作业系统效能； 决策计划的鲁棒性

（续）

指控过程（TP）	指控信息类型	指控信息价值形式 C²IV	价 值 体 现	影 响 因 素
执行控制（OC）	反馈信息	反馈信息价值 FIV	评估作战效果	指挥体制的优劣；实时反馈体制；指挥员认知水平

这些影响因素不只局限于信息域或物理域，而是涉及物理域、信息域和认知域三个作战域。在不同指控环节，有不同的指控信息价值体现，因而影响因素也各不相同。下面将逐项进行分析。

3.4.1.1 情报获取阶段价值影响因素分析

情报获取阶段的主要工作是收集大量战场情报，包括敌我位置、力量对比等，以形成战场信息资源。这些海量的战场情报是十分繁杂的，并不是每一条情报都能派上用场，只有满足特定的作战指控需求才能体现出它们的价值。对这一阶段指控信息价值的挖掘，在于战场客观数据中提取与指控相关的作战目标的信息。

为对战场态势形成整体感知，应尽可能多地获取战场情报。虽然不是每一条情报都对完成某一项特定任务发挥作用，但是重视情报的数量能防止情报的不完备，从而防止使目标信息被遗漏。发现目标不是情报侦察的终止，目标信息包括目标实时的状态，所以对目标的跟踪监测能力也是影响情报获取阶段指控信息价值的因素。另外，情报有时效性，为使目标信息及时派上用场，情报应尽快通过通信网络向上传达。为此，情报获取阶段价值影响因素有战场侦察范围、目标跟踪准确程度和通信网络性能。

1）战场侦察范围

战场空间中收集情报应该尽量完备，才能保证目标信息的完整。情报收集完备的前提是战场侦察范围足够广阔，使战场信息的采集范围能够覆盖整个作战区域，并且能对其进行多次扫描，采集尽可能多的战场信息以形成战场信息资源。战场侦察范围不仅指战场侦察在地域上的广度和覆盖度，也指对隐蔽目标、伪造目标的发现能力，这样才能在复杂的战场环境中尽可能地探测到其覆盖范围内的目标，不轻易让其隐藏或逃脱，从而不造成目标信息的遗漏。因此，在情报获取阶段，战场侦察范围是决定收集的战场情报是否完整，是影响情报价值的一个十分重要的因素。

战场侦察范围与传感器的覆盖率有直接关系，传感器的覆盖范围越广阔，战场侦查范围就越大，目标信息才能越完整。实际情况中，可根据战场传感器系统的配置，直接得到传感器系统的覆盖率，记为 Covs。例如，若某战区传感器系统能够有效扫描作战区域 2 次，那么 Covs = 200%；而 Covs = 50% 则表示传感器无法完全扫描作战区域，且只能对其中的 50% 的区域进行扫描。根据

Covs 来量化战场侦察范围对情报信息价值的影响，设这个影响系数为 $Q_{\mathrm{IA}\_u_1}$，对其进行归一化：

$$Q_{\mathrm{IA}\_u_1} = 1 - \mathrm{e}^{-\mathrm{Covs}} \tag{3-10}$$

2）目标跟踪准确程度

目标跟踪准确程度实际上影响获取情报的准确性。目标跟踪准确程度包含传感器探测精度和目标融合跟踪能力两个方面，而且主要是后者。在战场侦察范围内，传感器对目标的探测应该做到精准定位并能确切描述。然而，战场上对目标的发现只是情报工作的第一步，更为重要的是对目标行踪、力量部署等变化信息的及时掌握并上报，这更是情报价值的体现，而且对目标融合跟踪能力有较高的要求。只有通过这两个方面的工作，才能真正掌握目标信息，体现出情报的价值；反之，如果不能精确探测到目标的位置等信息，而且目标的动态变化又不能及时了解到，那么情报便无准确性和价值可言。

目标跟踪准确性程度可看成不同时刻跟踪目标的数量的变化。设 $t-1$ 时刻跟踪目标集合为 A，t 时刻跟踪的目标集合为 B，当 $A \bigcap B = A$ 时，说明两个时刻跟踪的目标是一致的，目标跟踪无丢失。据此对目标跟踪准确度进行量化，设其为 $Q_{\mathrm{IA}\_u_2}$，则

$$Q_{\mathrm{IA}\_u_2} = \frac{A \bigcap B}{A} \tag{3-11}$$

3）通信网络性能

通信网络性能包括通信网络的连通性、信道容量、吞吐量等。战场情报即时取得之后，要迅速通过通信网络传递给指挥机构以供综合处理和分析。战场环境数据端口多、信息量大、种类繁杂，如果通信网络的性能不能满足要求，如网络连通性受损、信道容量难以承受大量情报流转的压力等，那么，大量战场情报在通信网络的传输会导致信息的过载甚至网络瘫痪，情报无法及时传达到指挥机构，其时效性大打折扣或者根本不能发挥，对态势感知能力和决策的制定来说也是致命的。

对通信网络性能的评价，简单而言：设某作战区域一般情况下某单位 i 至少拥有一条通信链路与连通网络进行数据交流并且获得需要的数据的概率为 $P_{\mathrm{CN}-i}$，则通信网络的性能可描述为

$$Q_{\mathrm{IA}\_u_3} = \prod_{i=1}^{n} P_{\mathrm{CN}-i} \tag{3-12}$$

3.4.1.2　态势融合阶段价值影响因素分析

态势融合包括综合处理情报形成态势感知以及态势信息的传输和分发。通过情报处理系统对战场情报进行整理、分析、提取和综合，形成对目标信息和

战场环境的整体感知，进而协助指挥员做出正确的决策。态势信息形成之后，再根据各个指控节点和作战单位的作战需求对其进行分发，夺取信息优势。对战场情报的一系列处理，不仅需要系统服务器提供的服务数据同时需要人工干预的处理过程。在这个过程中，硬件、软件系统的性能对情报处理的准确度和时效性有重要影响。生成的态势感知，不仅要对现阶段战场态势进行模拟和分析，也应对战场态势的发展具有预见性，这对决策者生成决策计划具有重要意义。由此归纳态势融合阶段对态势信息价值影响的以下三个关键因素。

1）系统硬件计算能力

随着信息化时代的不断发展，现代战场对信息的需求量越来越大，其实时性加强，信息流动量和系统的负载也越来越大。在硬件方面，如果仍然使用低性能的计算机对情报信息进行处理，因其处理速度提不上去，效率定然不行，显然无法取得实时性的效果，甚至会造成严重后果，如信息过载、系统瘫痪等，严重影响指挥控制的进程。相反，如果运用良好性能的计算机和其他硬件系统，如超级计算机等，那么它对情报的处理会更加精准和流畅，事故发生率也更小，态势信息的生成越准确及时。

对系统硬件计算能力进行量化评价可将其进行级别的划分，设量化值为 $Q_{SI\_u_1}$。将系统硬件性能（在此着重考虑计算机的性能）划分为四个级别，按其性能高低由上到下依次为巨型机、中型机、小型机和微机，据此可规定量化值 $Q_{SI\_u_1}$ 依次为 0.9、0.7、0.4、0.2。

2）系统软件综合性能

在态势生成过程中，不管计算机性能如何，都不能完全代替人进行判断和感知。人是战争的主体，但是，情报处理的软件系统可以减少人工干预的时间，提高情报处理的效率，从而缩短态势信息生成的时间。因此，系统软件综合性能越强，如人机交互能力越强、智能程度越高等，情报处理的反应时间就越短，态势生成与融合就越及时。反之，人工干预时间就过长，影响态势信息的生成效率。由此可见，系统软件的综合性能也会作用于战场情报向态势信息的演变，同时影响其价值的体现。

从以上论述可知，高性能的系统软件的作用主要在于减少人工干预的时间，提升情报处理速度。设平均而言对同一情报的处理时间，人工干预的时间为 t'，总耗时为 t_0，则对系统软件综合性能进行量化。设量化值为 $Q_{SI\_u_2}$，即

$$Q_{SI\_u_2} = 1 - \frac{t'}{t_0} \tag{3-13}$$

3）战场数据挖掘能力

态势信息的生成，对于指控节点的决策和作战单位的行动都有重要的指导作用。态势感知的生成与融合，既要对当前阶段的战场战况进行展现，让指挥

员清楚当前阶段的情况，又要对下一阶段战场形势的发展进行估计，使态势感知具有预见性，这需要根据战况发展对战场数据进行挖掘。这种有预见性的挖掘应该包含在态势信息中，态势信息为各单位提供对态势的感知，同时提醒下一阶段可能发生的情况，这对于指挥决策和作战行动来讲都具有十分重要的意义。战场数据的挖掘能力难以进行精确量化，在此可以运用专家评价的方法根据以往战例或者与国外相应能力的比较对其进行打分，评价值 $Q_{SI\_u_3} \in (0,1)$。

3.4.1.3 计划生成阶段价值影响因素分析

指控信息在指控信息价值链中向上流动，以态势信息的形式到达计划生成过程，在现在的技术条件下，制定并生成作战计划是认知域的工作，指挥机构根据接收的态势信息进行推理分析，运用决策者和参谋工作人员的知识水平及对态势发展的预测，制定出针对特定任务的作战计划。在这个过程中需要大量的人为工作，包括参谋人员拟订方案的作业过程、为指挥员展现战场态势的过程等。由此可见，要使态势信息高效地转变成决策信息，使各部队尽早明确其作战方案和使命任务，必须提高指挥所内参谋工作的效率。在此提炼出如下三个影响因素。

1）情报综合展现能力

指挥员要制定正确的作战方案须对整个战场态势形成整体感知和理解。态势信息的到达可帮助指挥员解决这个问题，但态势信息并非直观明了，而且，这些信息数量也是十分庞大，如何提取出所需要的也事关作战进程。另外，对特定的任务而言，不是所有的情报和态势信息都能起作用。因此，如何将情报和态势信息根据指挥员需要展现出来，是迅速做出正确决策的基础。

经过融合处理后对理解战情有帮助的情报数量和向决策人员展现出来的这些情报数量存在着一个比值，这个比值体现着情报综合展现能力，也影响着决策质量。设对某部队参谋部门平均而言，在决策过程中应该提供的战场情报数量为 s_0，能够展现出来的情报数量为 s'，则情报综合展现能力量化值 $Q_{PG\_u_1}$ 为

$$Q_{PG\_u_1} = \frac{s'}{s_0} \tag{3-14}$$

2）参谋作业系统的效能

建设开发具有良好性能的参谋工作系统对未来信息化战争具有重要意义。它能够帮助参谋工作人员提升工作效率，这些工作包括绘制态势图、提供意见方案等。参谋作业系统是为了更快速、更准确地完成参谋作业而研发的，目的是为减少反应时间的需要。其效能的高低能够缩短决策过程的时间，同时能帮助参谋人员更周密地进行思考系统绘图，可使决策者更容易理解战场情况，从而提高决策质量。经过这样的过程，决策信息就能更加及时和缜密，其价值就越容易体现。

不难得出，参谋作业系统主要考虑在尽可能保证决策周密性的情况下减少反应时间。设没有使用参谋作业系统完成参谋作业的平均时间为 t_1，使用参谋作业系统完成参谋作业平均耗时 t_2，那么，参谋作业系统效能的量化值 $Q_{PG\_u_2}$ 为

$$Q_{PG\_u_2} = 1 - \frac{t_2}{t_1} \tag{3-15}$$

3）决策计划的鲁棒性

作战计划的实施过程往往不能一帆风顺，敌军部队的行动也时常不在预料之中，计划生成时可能没考虑某个时间段之后部队行动所遭遇的变数。另外，作战部队实施计划时也可能出现意想不到的疏漏或者与上级意图不符。因此，在制定作战计划时，必须考虑其鲁棒性，使其对执行计划过程有一定的容错能力，即能够有预备方案或者其他可挽回的措施，保证计划执行是稳定的。决策计划的鲁棒性的评判具有很强的主观性，难以进行精确量化。因此，运用专家评价的方法根据与案例的比较或者与国外相应能力的比较对其进行打分，评价值 $Q_{PG\_u_3} \in (0,1)$。

3.4.1.4 执行控制阶段价值影响因素分析

在执行控制阶段，决策信息由上级指挥员向下分发，包含作战计划的决策信息对部队的作战行动起着直接的督导作用。然而，作战行动过程中计划方案的实施难免会遇到各种突发问题和战场态势突发性变化，此时指控信息的价值便体现在对这些变化与行动效果的评估和反馈上。反馈信息对计划生成环节产生作用，它的作用有助于在行动过程中对计划进行调整和修正。对执行控制过程中反馈信息效能的发挥，提出如下三个关键影响因素。

1）指挥体制的优越性

作战计划生成后，为了提升部队的执行效能，作战方案应该尽快由上向下分发给所需要的作战单位。传统的烟囱式指挥控制体制使上级决策需一级一级向下传达，这个过程中时间的损耗可想而知，这对部队的快速机动起着制约作用。另外，部队执行任务的过程中遇到紧急或者突发状况时，需要向上级指挥所报告，这也是逐级上报，对部队应急处理能力也存在制约。网络化、扁平化的指挥体制，能够很好地解决以上问题，使作战单位和指控单位之间以及它们各自之间都能在更短的时间内互连互通，更有利于发挥指控信息对作战方案的及时调整的作用。

指挥体制的优越性在指控过程中主要体现在部队各级之间能够快速进行信息的交流，特别是指挥中心能否与作战基层单位直接进行决策命令的传达和作战效果的反馈。就指挥中心向作战基层单位传达命令而言，由需要向下传达的次数对指挥体制优越性进行量化评估，将传达次数划分为一次、两次、三次

以上三个级别，那么它的量化值$Q_{OC\_u_1}$分别为0.9、0.5、0.2。

2）实时反馈机制的效能

作战计划的生成不是一劳永逸，作战方案的执行过程也不一帆风顺。在执行过程中，指控单位对部队的行动进行实时的监视和控制。计划实施的效果可能不如预期、可能超过预期，不管怎样都应该将行动的效果向上级进行反馈，以方便下一步计划的制定和实施。由此而言，一个好的实时反馈机制，能使部队同各级指挥机构之间都能形成互动的信息反馈，这对作战行动效能的评估和行动的进一步发展具有重要意义。

实时反馈机制的效能是否高效发挥，要看在一定时间内对作战效果的实时反馈是否完整，设作战部队在某一时段对作战效果进行评估形成反馈信息数量为s_1，指挥中心在该时段内收到反馈信息数量为s_2，则实时反馈机制的效能的量化值$Q_{OC\_u_2}$为

$$Q_{OC\_u_2} = \frac{s_2}{s_1} \tag{3-16}$$

3）指挥员的认知水平

对待接收到的决策信息，作战单位的指挥员应该产生与上级和协作单位一致的理解，充分理解上级的意图，关乎行动计划的执行效率和战斗进程的顺利进行。另外，准确评估计划执行的效果，对所辖战区域产生认知并及时向上级传达，有助于高质量的反馈信息的生成。因此，指挥员的认知水平发挥着极其重要的作用。对指挥员的认知水平的评判具有很强的主观性，难以进行精确量化。因此，运用专家评价的方法根据与案例的比较或者与国外相应能力的比较对其进行打分，评价值$Q_{OC\_u_3} \in (0,1)$。

3.4.2 指控信息的价值演化的过程和特性

指控信息的演化是一个动态过程，具有持续性。在这个过程中，演化意味着一个阶段性结果的获得具有提升自身能力过程。从系统论角度，就是系统沿着结构复杂性上升并趋向于最小熵状态。演化一方面提高了资源利用效率，这是对现信息的充分利用，挖掘其中的潜力；另一方面提高了自身能力，演化导致系统在每个阶段获得了比过去更高层次的能力，这是在能力方面的积累，也是系统演化过程中最为重要的成果，是人们所追求的目标。当系统所具有的这种能力达到一定的阈值时，系统将有可能进入自组织状态。

指控信息的表现形式在指控信息价值链各个环节中是不断变化的，从战场情报到态势信息到决策信息再到决策信息，在每一个环节中，指控信息根据指控活动的重心在不同方面各有侧重地体现价值，并存在若干关键的影响因素。指控信息及其价值的演化过程如图3.5所示。

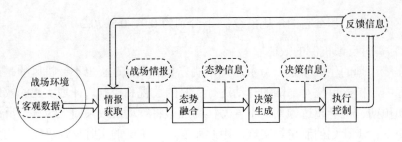

图 3.5　指控信息及其价值的演化过程

指控信息并不是客观的，它产生于战场客观数据。战场环境的客观数据缺乏价值的挖掘，对于特定的任务，它们可能具有价值，也可能不具有价值。指控信息价值链的运行，从情报获取工作开始，指控信息从战场客观数据而来，首先以战场情报的形式进入指控信息价值链，其价值也被挖掘出来。表现为战场情报的指控信息，作用于对战场目标信息的收集，这也是它体现价值的方面。对于战场情报的价值进行判定，当战场情报能够完整、及时、准确地描述敌军目标的位置、路线、力量部署等信息时，可以贡献于任务的完成，就认为它作为指控信息在情报获取阶段这种形式的价值是存在的。

战场情报被传递到各级指挥所，每一条情报所包含的目标信息是单一的、局部的，指挥所内部对大量情报进行整合分析和综合处理，此时便能形成对整个战场战况的整体掌控，对战场态势形成感知。此时，指控信息的形式便不再是战场情报，而是演化成通过综合分析战场情报而得来的态势信息。各指控节点因其任务不同，对态势感知的需求程度也不相同，态势信息的作用便是为不同的指控节点提供其所需要的态势感知。当某部分队所得到的态势信息能够满足某时段的需求，能够很好地表现出所辖战区的态势，并且详略适宜，那么它作为指控信息在态势融合阶段的信息形式也体现了重要的价值。

生成战场态势感知并不是指控活动的目的，指控活动的最终目的是完成任务，而这些任务都是通过制定和执行作战计划完成的。在指控信息价值链的计划生成阶段，态势信息的效能得以完全发挥，态势信息为决策者提供决策的依据，决策者根据态势信息展示出的战场态势感知对战场形势进行估计，根据即时战况制定作战计划。作战计划生成之后，指控信息不再以态势信息的形式表现，而是演化成决策信息。决策信息是指挥机构对作战单位实行指挥控制的载体，它以作战命令的方式下达，包含各个作战单位具体的任务和行动方案，其价值在于为作战单位明确使命任务和详细的行动方案。

作战单位根据决策信息实施作战计划，决策信息的作用被发挥出来。作战过程是否顺利、预期结果是否达成等，都是指挥所需关注的，作战单位应该实时向指挥所反馈执行过程中的突发事件、行动效果等，这样既有利于上级调整行动方案，又收集了行动过程中的战场情报，开始了另一轮的指控过程。指控信息此时演化成反馈信息的形式，这里的反馈信息既包括作战单位行动过程中收集情报，也包括作战单位对行动效果的评估。

指控信息的性质以及其演化机制决定了其价值演化过程具有路径依赖、协同演化和不确定等明显的特征，这些特征导致了指控信息价值的演化具有自身的演化特性。具体如下：

（1）价值演化的路径依赖。路径依赖的概念最早由生物学家提出，指事物一旦进入某一路径发展，惯性的力量会使这一选择不断自我强化，对这种路径产生依赖。路径依赖是指一个具有正反馈机制的体系，一旦在外部性偶然事件的影响下被系统所采纳，便会沿着一定的路径发展演进，即使存在更优异的发展路径，系统也难于被其他潜在的甚至更优的体系所取代。

指控信息价值的演化存在着一种惯性的力量，进入该路线会产生路径依赖，原有方向会在以后发展中得到延续和发展。指控组织在信息化过程中做出的选择，决定了其现在及未来可能的选择。选择良好的路径会对指控组织起到正反馈的作用，通过惯性作用产生飞轮效应，指控信息价值的演化因而进入良性循环；不适合的路径会起到负反馈的作用，指控信息的价值可能会被锁定在某种无效率的状态下而导致停滞。

（2）价值的协同演化。从广义方面理解，协同进化是指生物与生物、生物与环境之间在进化过程中的某种依存关系。协同演化先后要经历互不干扰、互相干扰、共摊和协同演化四个阶段。

指控信息价值是一个共存于统一指控范畴的共同体，指控信息价值无论是以何种形式共存，都要在相互作用中发展和演化。在指控过程的不同阶段，指控信息的价值因素始终贯穿其中，并形成利益共同体，由此实现了指控信息价值的协同演化。

（3）价值演化的不确定性。信息系统演化的另一个重要特征是演化过程的动态均衡性，以及由此引起的演化不确定性。信息系统演化的长期均衡结果往往受到偶发事件的影响，产生速率的紊乱，以及演化路径的变化。从一种状态变化到另一种状态，其中稳定与平衡是运动的一种趋势，而波动、不平衡、矛盾、随机性等才是运动的常态。引起指控信息价值不均衡的因素很多：从外部看，是外界变量的冲击引起环境因子的变迁，导致系统的失衡；从内部看，竞争是引起不均衡的主要因素，竞争使指控信息价值处在动态变化中，并可能最终离开平衡态。推动指控信息价值失衡的动力更多的来源于外界环境变化的冲击，打破原先均衡的状态，使之发生改变。

3.4.3 指控信息价值链的形成

指控过程包括情报获取、态势融合、计划生成和执行控制四个环节。指控信息是在战场环境中衔接指挥控制过程的各个环节的信息，它包括自下向上传递的战场情报和战场态势、自上向下发布的决策计划和方案调整以及部队行动过程中的反馈信息。指控信息是指挥控制的载体和工具，其流通的最终目标在于任务的完成，对指控信息的掌握和运用情况将关系到作战行动的成败。

众所周知，在信息化时代，信息同样创造价值。在军事上，信息种类繁多，但其价值都最终体现在部队效能和战斗力上。作战人员尽可能利用信息创造价值，即战斗力。指控信息的价值同样体现为部队效能的发挥，它具体表现于指控信息在完成任务的过程中所体现出来的作用。指控信息的价值还体现在对特定任务的指控信息的完备性、准确性、及时性、相关性和一致性等的属性上。而具体的，对整个指控过程而言，指控信息的价值在每一个阶段的具体体现是不同的：

（1）在情报获取阶段，大量的战场客观数据涌现，形成战场信息资源，在繁杂的情报中，怎样及时地获取目标信息并对其分析形成情报报告显得尤为重要。由此可见，指控信息的价值体现在对敌我（特别是敌方）目标信息的获取。在这个阶段，指控信息价值的大小取决于在特定任务中获取目标信息是否全面、是否准确和是否及时。

（2）在态势融合阶段，情报信息被传递至指挥机构，根据所接收的各类战场信息对战场战况进行整体评估，生成战场态势并对其进行展现以供综合分析，战场态势的评估结果需要根据需求及时分发到各个指控节点。这是形成"信息优势"过程，此时指控信息的价值体现在其对不同指控节点和作战单位提供对战场态势的感知和评估。在此阶段，指控信息价值的大小取决于情报综合处理和形成态势评估是否高效。

（3）在计划生成阶段，以态势信息为依据进行决策，根据战场态势变化整合出最优的作战计划，以指控信息的形式向下分发并调整，实现由"谋求信息优势"向"谋求决策优势"的转变。在这一阶段，指控信息的价值体现在对各作战单位使命任务的明确。此时指控信息价值的大小取决于计划生成过程中态势情报是否良好展示、参谋作业效率等。

（4）在执行控制阶段，部队执行上级赋予的使命计划，执行针对某指控需求的作战行动。指控信息在这一阶段的作用在于作战行动向上的反馈，以使上级明确该行动的效果，使作战计划趋向更有利的调整。也就是说，指控信息的价值体现在战斗执行过程作战效果的反馈和评估。在这个阶段，指控信息价值的大小取决于任务体制和反馈机制的效率等。

借鉴 OODA 环路对指控过程进行分析，提出了四个紧密连接的指控环节，分析了各个环节中指控信息的表现形式和价值。这是研究指控信息价值链的基础。

信息价值链并不是首先来源于军事，而是由 Poter 提出的价值链进一步发展而来，人们对它的研究主要基于商业考虑，目的在于更大地获取商业利润和提高企业效益。在军事上，借鉴信息价值链的思想，对军事信息活动进行研究，也可提高部队效能，增强打赢能力。

信息时代的到来，使价值越来越建立在数据、信息和知识的基础结构上，价值链模型在信息系统中的应用扩展为虚拟价值链，价值链的研究也从物理价值链转向了虚拟价值链。在虚拟价值链中，价值的创造不仅通过创造物理产品的物理价值链来实现，而且信息同样创造价值。

然而，信息资源数量增长的无限性和人的吸纳能力的有限性之间的矛盾、信息分布和流向的不确定性与用户需求多样化之间的矛盾、信息流动的广度和深度与人为障碍之间的矛盾日益突出。在信息的传递过程中，使合适的信息在合适的时候，以合适的方式传递给合适的人，成为信息价值实现的关键。根据 Poter 的企业基本价值链模型，综合信息处理的过程及信息增值的技术手段和方法，可将企业信息价值链的基本活动分为信息描述概括、信息分类组织、信息标引检索、信息加工传递、信息服务。其辅助活动包括信息技术、企业文化、信息资源等。

以上描述的信息价值链是面向商界企业的，它主要是运用信息活动的竞争保持企业竞争优势、从而最大化产出利润的商业化的运作模式。在军事上，信息价值链运行的最终目的实际上是依靠战场信息域的信息活动及其对物理域和认知域的影响，形成战场信息优势并实现由信息优势向决策优势转变。

指控信息价值链是在指挥控制活动中运行的信息价值链。指控活动的过程由一系列互不相同但又相互联系的阶段性过程组成，包括情报获取、态势融合、计划生成和执行控制四个环节，指控信息在其中流动，以不同的信息形式作用于各个环节，使其形成一个完整的链状结构，即指控信息价值链。

定义 3.1 指控信息价值链（Task Information Value Chain，TIC）是在指控过程中流动的信息链路，它将指控过程的各环节紧密衔接，同时在体现出不同形式指控信息的价值及其演化过程，以此来呈现每一个指控环节的重要作用。

指控信息价值链以指控信息为主体，把指控活动看成一系列过程，这些过程通过指控信息紧密衔接，每个过程中的指控信息在不同方面各有侧重地体现价值。虽然各个环节指控信息的价值体现并不相同，但是每一个环节指控信息价值的大小将会对其他环节的价值增益产生影响。这是不难理解的。例如，如果情报获取阶段对各任务的目标信息的获取达到较高的满意度，那么其下一个阶段（态势融合阶段）对战场态势的评估无疑会更加准确，这一阶段的指控信息价值就更容易增高，同理其他阶段指控信息价值也易于增高；否则，相反。由此可见，指控信息价值链的各个环节是协调统一的，它是指挥控制的手段，通过研究指控信息价值在价值链中不同环节的具体体现，不断提供优化这条链路从而改善指控活动的可能。

指控信息在指控信息价值链各个环节中的价值体现方面不同，其表现形式也不相同。也就是说，指控信息及其价值在价值链中存在着一个演变的过程。在情报获取阶段，指控信息主要表现为战场情报信息，它的价值便体现在敌我目标信息的获取；在态势融合阶段，指控信息主要表现为态势信息，它的价值体现在为指控节点提供对态势的感知；在计划生成阶段，指控信息演变成涵盖作战计划的决策信息，此时它的价值便体现在对作战单位使命任务的确定；在执行控制阶段，指控信息则是作战行动中的反馈信息，其价值体现在战斗执行过程作战效果的反馈和评估。

从对指控信息价值链基本概念的介绍可以看到，指控信息价值链由指控过程和指控过程中不同形式的指控信息组成。其中，指控过程分为情报获取、态势融合、计划生成和执行控制四个环节，各个环节中指控信息的形式分别是战场情报、态势信息、决策信息和反馈信息，它们的价值分别为情报信息价值、态势信息价值、决策信息价值和反馈信息价值。

将指控信息价值链形式化描述为三元组，即

$$TIC =< TP,TIV,U >$$

式中：$TP =< IA,SI,PG,OC >$ 表示指控信息价值链中四个指控环节，其中：

IA 为情报获取；

SI 为态势融合；

PG 为计划生成；

OC 为执行控制。

$TIV =< INV,SIV,DIV,FIV >$ 表示指控信息的价值形式，其中：

INV 为情报信息价值；

SIV 为态势信息价值；

DIV 为决策信息价值；

FIV 为反馈信息价值。

$U =< u_1,u_2,u_3,u_4 >$ 表示在四个指控环节中影响不同形式指控信息价值的因素，u_1、u_2、u_3、u_4 分别依次作用于 TP 的四个过程。

3.5 小　　结

本章主要从熵与信息的发展和融合、信息价值及价值链的发展、指控信息价值的测度和关联关系模型、指控信息价值的演化和价值链条的形成四个方面对指控信息价值链进行了研究。指控信息价值链的研究将会对指控信息的共享机制和精准服务等提供基础理论支撑。

参 考 文 献

[1] 李剑. 信息认识活动逻辑和信息价值的哲学考察[D]. 新乡：河南师范大学，2011.

[2] 马费成，望俊成. 信息生命周期研究述评(I)——价值视角[J]. 情报学报，2010(5).

[3] 师迅东. CALIS 中商业数据库文献信息熵化问题研究[J]. 情报杂志，2007(2).

[4] 望俊成. 网络信息生命周期模型及规律研究[M]. 北京：科技文献出版社，2011.

[5] 马费成，望俊成. 信息生命周期研究述评(II)——管理视角[J]. 情报学报，2010(6).

第4章 指控信息按需搜索方法

在信息时代，互联网是人们日常工作和生活中必不可少的信息来源，它深刻地改变着人们的生产和生活方式，人们可以足不出户完成各种事宜。万维网（World Wide Web，WWW）出现的 10 多年来，伴随互联网的普及，以及信息产生媒体和载体的日益多样化，互联网所包含的数据量呈指数级上升，网络信息如今已经覆盖了人类社会的各个方面。伯克利大学的研究[1]称在 2003 年万维网包含了 532897TB 的数据，这个数量是美国国会图书馆信息量的 5 万多倍。在 2005 年，Google CEO 埃里克·施密特估算互联网包含 5×10^9 GB 数据。2005 年 1 月展开的一项调查表明，当时互联网上存有 115 亿个网页，同年，Yahoo！宣布其搜索引擎索引库包含了 192 亿个文档。另据 IDC（International Data Corporation）报告，全球 2007 年产生的数据为 281×10^9 GB，到 2008 年底，全球数据内容的总量激增为 487×10^9 GB。2009 年 3 月的统计①表明，万维网上的网页数量已超过 252 亿。另据统计，2008 年 10 月，几大主流搜索引擎（Google、Yahoo！、Bing）索引库文档总数达到了 205 亿个，截至 2013 年 8 月，万维网上的网页数量已达 382 亿个。而另一项研究针对 2000 年至 2007 年的互联网页总数统计显示（图 4.1），网页数目增速也在不断提高。可以预知，互联网上的各种应用将把人们吸收在浩瀚的信息空间中。因此，对于一个普通用户而言，他们所面临的棘手问题不在于所需的信息是否存在于网上，而在于如何从海量的数据中"沙里淘金"，快速准确地找到自己需要的信息，这急需相应的理论与方法来处理和发展。因此，学术界和工业界对信息搜索的研究也掀起了一个新的高潮[2, 3]。

然而，"当信息无法被搜索来满足信息需求时，它毫无价值"[4]。因此，在此驱动之下，信息搜索已成为当前信息处理领域中的一个研究热点，形成了一些搜索模型。其中，影响比较大的包括布尔逻辑模型、向量空间模型、语言模型、BM25 模型以及基于机器学习的搜索算法，不断提高信息搜索能力，推动着信息搜索研究的发展。信息搜索固然需要依赖于某个搜索引擎，搜索引擎是一个信息处理系统，它以一定的策略在互联网中搜集、发现信息，对信息进行理解、提取、组织和处理，并为用户提供搜索服务，从而达到信息导航的目的，

---

① http://www.worldwidewebsize.com/。

一般包括信息搜集、信息整理和用户查询三部分。从用户的角度来看，它是帮助人们进行信息搜索获取的工具。搜索引擎已经成为信息领域的产业之一。它用到信息过滤、信息搜索、人工智能、数据库、数据挖掘、自然语言理解等领域的理论和技术，具有综合性和挑战性。当用户输入关键查询词搜索后，由搜索系统程序从网页索引文档集中找到符合关键查询词的所有相关网页。根据查询与文档集中网页的相关度数值排序，相关度越高，排名越靠前。最后，由页面生成系统将搜索结果的链接地址和页面内容摘要等内容组织起来返回给用户。

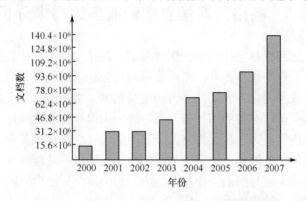

图 4.1　2000 年至 2007 年互联网网页数量统计

　　相同的现象也出现在一些军事背景中，信息技术的创新发展和普及应用，使信息资源成为打赢信息化战争的主导性资源，其开发利用程度可视为衡量国家和军队信息化水平的重要标志。指控信息的按需搜索服务技术能够使信息资源的开发和利用在广度、深度、时效性、准确性等方面得到显著提高，使各类军事用户能更加快捷、方便和准确地利用各类指控信息。

　　面对日益增多的指控信息，如何有效收集、组织、存储，当用户请求信息获取时，把最可能相关的指控信息提供给用户来满足其需求，是亟待解决的问题。网络化环境下：信息种类繁多、数量巨大、物理位置更加分散；信息内容复杂多样、良莠不齐；信息源、信息处理节点以及信息用户的需求动态变化。在这样复杂环境下，信息空间呈现诸多不确定性，如何让指挥员在合适的时间、合适的地点获得合适的信息，给栅格网环境下指控信息共享与有效利用提出了重大的挑战。将形成的高质量指控信息如何快速、合理、高效地传送到需要的指挥员手中，形成信息按需搜索和精准服务能力，是迫切需要解决的问题。

　　另外，基于栅格网的一个重要特征是以能力为核心构建可协同运用的一体化环境，且系统的功能和所需信息在作战应用过程中根据任务需要可确定信息间的特征关系并快速搜索。为了达到这一能力要求，依据任务快速、动态地组织网络上的系统资源和能力，将分散在不同地理位置的、隶属于不同军事组织的作战信息形成一个整体。通过这种快速搜索、相关度排序的方式来实现网络资源共享、灵活配置和信息协同，进而实现作战行动的自同步。对于基于栅格网的信息系统而言，需要根据作战任务动态地从分布的各信息节点中将指控信息抽取出来，从纷繁复杂的信息海洋中发现、过滤、搜索、挖掘出与作战任务相关的有用信息，将这些有用信息快速整合成完整、一致、准确的高质量信息。因此，栅格网上的资源和信息如何能够依据作战任务来确定信息间的特征关系，搜索和排序，通过网络按需形成服务能力，也是迫切需要解决的问题。

4.1　栅格网对信息搜索服务的需求分析

当前，随着我军信息化建设的快速发展，各类硬件平台初具规模，信息的获取与处理能力也在稳步提升，指控信息的有效利用问题日益突出，已成为制约信息化建设成果转化为现实战斗力的重要瓶颈。指控信息按需搜索服务以指控信息需求为牵引，对各类指控信息进行统一组织和有效管理，可以灵活高效地为各级用户指挥决策、机关日常办公和部队遂行任务提供各类所需信息，是沟通各类指控信息资源和用户服务需求的桥梁与纽带，是解决我军信息化条件下战斗力生成的关键与基础支撑，已经成为当前和今后一个时期军队信息化建设必须面对和解决的重大现实问题。

4.1.1　信息搜索服务的需求分析

信息搜索系统是指能够存储、搜索、维护信息的系统[5]。信息搜索可以归结成索引和匹配两个问题：对用户需求和资源文档的索引建立，以及这两个索引结果之间的匹配。和用户需求相匹配的资源文档是返回的搜索结果。信息搜索的首要问题是判断用户的需求，这就是需求分析。用户是信息搜索系统的服务对象，因而用户需求在信息搜索系统中起指导作用。没有准确地分析、把握用户需求，整个信息搜索系统就成为沙滩上的城堡。

在现有研究中，需求的语义分析往往依赖于领域知识，如一个本体[6]。由于自由文本的语义分析效果很差，将需求限制在较小的领域中似乎是唯一可行的选择。然而，依赖本体是一把双刃剑：一方面，将需求限定在小领域中会显著提升分析的准确性；另一方面，这种方法灵活性很差，不在本体中的概念就无法分析。搜索系统，尤其是面向大众的搜索引擎，不能期望用户只使用本体中的词汇构建需求。

当前，研究存在的另一个问题在于，需求分析的研究者没有认真地对待专有名词识别问题，而是寄希望于使用现有的命名实体识别方案。命名实体识别是非常热门的研究主题，而且一些命名实体（如人名）的识别准确率比较高。但是，需求中的命名实体有其特殊性：首先，需求都很简短，因此无法提供足够的上下文用以命名实体识别；其次，需求中的命名实体不仅是常见的传统命名实体（如人名、地名和机构名），还包括一些复杂命名实体。因此，需求中的命名实体识别是需求分析的一个重要有机组成部分。

信息搜索服务源于一般的信息服务概念，信息服务是指综合利用人、资源、信息技术及其他相关知识，为用户提供全方位的相关服务和信息产品，满足用户需求的过程，是信息管理活动的出发点和归宿。信息服务的内涵是对分散在不同载体上的数据进行收集、评价、选择、组织、存储，使之有序化后，将有价值的信息传递给用户，最终帮助用户解决问题。从这一意义上看，信息服务实际上是传播信息、交流信息、实现信息增值的一项活动。

指控信息的搜索服务是信息服务技术结合指控平台的一个具体应用，可定义为"以指控信息需求为牵引、以互联信息网络为依托、以分布式指控信息资源体系为支撑、以指控系统为平台，对各类指控信息资源进行统一组织、管理与服务，根据各级用户需求，为指挥辅助决策任务提供各类所需信息的过程"。简言之，根据用户的需求或提问从各类不同的数据库或信息系统中，迅速、准确地查出与军事用户需求相符合的、一切有价值的资料和数据。从价值演化过程角度上看，指控信息搜索服务是连接指控信息源和用户的一个增值活动，其增值作用表现在经过指控信息搜索服务过程以后，信息在广度、深度、时效性、准确性和关联性等方面有了明显的提高和改进，从而使得用户能更加快捷、方便和准确地获取指控信息。

随着我军信息化建设的不断深入，为作战部队提供高效可靠的信息搜索服务成为发展的基础。经过近几年的发展，我军信息搜索服务基础设施及服务手段建设取得明显进步。但从整体上看信息搜索服务能力还比较薄弱，信息搜索服务设施建设面临着诸多现实问题和长远发展问题。

信息搜索服务的需求分析是信息搜索服务中的核心工作，当今提供信息搜索服务商用搜索系统大都基于布尔模型，用户可以在关键词之间使用逻辑运算符"与""或""非"等来构建需求表达式，以此表达一些复杂的需求。对于用户需求转化成一个需求表达式，需求表达式中的每一个关键词采用一个字符串表示，需求和文档之间的匹配是单纯的字符串匹配。

简单的需求分析处理方法回避了用户需求的分析问题，实质上把需求看作是一组无意义的字符串。这样就把难题完全加载到用户身上，用户选择的关键词的词形不同会引起搜索结果的变化。用户要能一步得到预期的结果，不但需要充分了解搜索引擎的查询语法，还要对搜索引擎的返回结果有所预计，预先在需求构建中排除可能的错误结果。只有有经验的用户才能做到这一些。研究表明，用户在计算机和网络使用上的经验影响了用户需求的构成，越是有经验的用户，其构成的需求就越长、越详细，得到的结果也就相对越好。然而，绝大多数用户缺乏经验，查询时只使用少量关键词（1~3 个），而且很少使用布尔运算符。使用互联网的主体是这部分缺乏经验的用户，如何更好地为他们服务是需求分析所要解决的主要问题。

需求扩展是另一种常见的需求分析处理方法，目的是给需求表达式加入有意义的新搜索项。这个过程既可以是人工的，也可以是自动或半自动的。需求扩展有两个作用：一是增加关键词的同义项，这样能提高查询的覆盖率，如把"电脑"扩展为"计算机"。Krovetz 和 Croft 发现这种需求扩展最有益于需要高查全率的查询。二是增加语境词，能够明确用户的需求，聚焦信息需求的焦点。需求扩展的方法分为局部方法和全局方法。局部方法通过分析结果中相关度评分较高的文档调整需求的构成；全局方法则独立于当前需求及结果，通过其他的一些全局数据源来构建处理方法，如语料、主题词表、本体等。当前需求扩展的研究方法主要可分为基于相关度反馈的方法、语料相关的知识模型和语料无关的知识模型三类。

需求分析的目标是将用户需求分析成表达式形式，以便搜索系统能够更好地理解用户的需求，返回用户满意的搜索结果。信息搜索服务只针对用户的特定需求为其提供可利用的各种信息。信息搜索服务往往在用户已掌握某些信息线索的情况下进行，其关键在于，以此出发获取有关信息，满足用户的特定需求。信息搜索服务是一项涉及面广的服务，涉及指控信息源的组织、指控信息的系统搜集以及各类信息查询工具、系统和网络的综合利用。在指控信息组织这一工作中，应注意以下六个基本环节：

（1）指控信息提供内容的完备性。提供的信息应该内容完备，特别是针对指挥控制活动的信息提供，其完备性尤为重要。作战任务实施中承担不同任务的各类指挥员用户角色必然产生不同的信息需求，这些完备信息的提供在指挥控制中是必不可少的。其完备性的具体要求：对作战任务实施中的各类用户或角色均应满足其信息需求；指控信息提供应包括作战任务实施中的各个环节；指控信息提供中的信息类型应完整无缺；信息所涉及的研究或领域应完备。

（2）指控信息提供技术的适用性。现代信息技术和网络的发展为高效提供指控信息创造了良好的条件，然而这并不意味着对所有的作战任务都应采用最先进的技术，而应针对作战任务的具体情况采取适用性技术提供充分而必要的指控信息。对于指控信息保障采用的技术而言，可以分为采用传统技术的指控信息提供、以现代技术为基础的指控信息提供和传统与现代化技术相结合的指控信息提供。从作战任务实施所需指控信息的来源、载体类型、分布和传递方式出发，确定与此相适应的实用技术，开展有针对性的信息服务。

（3）指控信息来源的可靠性。指控信息来源可靠是指控信息提供的基本原则，对于指控信息的利用和辅助决策活动而言，指控信息的可靠性是十分重要的因素。指控信息的利用和辅助决策具有一定的风险。这就要求必须提供十分可靠的指控信息服务降低辅助决策的风险。目前信息开发利用中信息的可靠性问题仍未引起人们的高度重视,由于利用不可靠信息导致失败的情况屡见不鲜。有关资料表明,军事信息服务开发与利用的失误在很大程度上是由于利用了不可靠的信息,甚至是利用了虚假信息导致决策失误。因此,对于指控信息的利用,必先分析其来源并通过技术手段确认其可靠性程度。

(4) 指控信息提供的及时性。在作战任务中的情报分析领域,一项新成果或技术的及时利用是相当重要的。指控信息的及时收集、开发与利用已成为作战任务顺利完成的重要保障。作战任务中指控信息的及时性:一是指控信息提供及时,二是指控信息利用及时。如果及时获取了指控信息,仅限于掌握而不加以利用,同样会造成严重的后果。

(5) 指控信息提供的规范化。指挥员用户工作的规范化要求规范化指控信息提供过程,只有规范化的组织管理才能产生理想的效果。指控信息的规范化提供应与工作的规范化管理相结合。苏联情报家哥德加美首先提出了这一问题,同时他根据苏联科研管理的需要进行了科研项目信息提供的规范研究。其所建立的项目论证、实施和鉴定三阶段信息保证的规范模式,对于目前的项目信息提供仍具有重要的参考价值。目前,科学技术和信息保障技术的进一步发展对指控信息保障提出了更高、更广泛的要求,需要从作战任务、指控信息保证技术利用和指挥员用户工作等方面出发进行综合研究,在指控信息开发与利用规范总原则下,实现指控信息保障的规范化。

(6) 指控信息提供的便捷性。指控信息提供应以方便用户使用为前提,提供方式和服务只有为用户所接受,才可能得到应用。从某种意义上说,用户是指控信息搜索服务成败的关键。信息搜索服务方便用户,并不意味着"一切工作均以用户的意志为转移",而需要与用户协调、配合,建立高效化的信息搜索服务体系,注重为用户提供获取和传递信息的有效途径与手段。方便用户的另一要求是简化服务的利用程序,实现信息提供中科学化的用户管理,同时讲究实际效果,尽量为用户节省信息保障开支。

总而言之,指控信息的按需搜索服务的要求:能够快速广泛获取各种数据库中各类指控信息资源;能够直接面向各类用户提供准确可靠、符合需求的信息搜索服务。

4.1.2　信息搜索服务的研究现状

信息搜索服务需要将信息按照一定的方式组织和存储起来,并尽可能地提供方便、快捷的方法和途径供信息用户查找,获取所需要的信息。

信息搜索与图书情报学、数据库、人工智能、自然语言处理、机器学习等领域密切相关,并且正在逐步走向融合。信息搜索最初起源于图书情报学,正在成为近年来数字图书馆研究中不可缺少的技术。数据库技术中数据搜索主要面向关系表中的结构化数据作为搜索的对象,以结构化查询语言(如 SQL)定义查询。数据库中无论是查询还是数据都具有明确的语义。表 4.1 是 C. J. van Rijsbergen 对数据库搜索与信息搜索做的比较。

表 4.1　信息搜索与数据库搜索比较

	数 据 库 搜 索	信 息 搜 索
数据	结构化	非结构化
模型	确定的	概率的
推理	演绎	归纳
查询语言	人工语言（SQL）	非人工语言（关键词等）
查询表述	完全	不完全
匹配	完全匹配	部分匹配、最佳匹配
查询目标	匹配	相关
错误敏感度	敏感	不敏感
使用	面向应用	面向用户

　　近年来，由于半结构化 XML 数据的出现使数据库技术和信息搜索技术逐渐融合成为可能，由于新的应用需求不断出现，使数据库技术和信息搜索技术互相渗透成为必然。同时，Web 本体及智能信息 Agent 方面研究使得信息搜索和人工智能相互融合。机器学习研究通过对经验的学习来提高计算机系统的性能。从标注好的例子中学习相关概念，然后进行自动分类；将未标注的例子自动聚集到有意义的不同集合中。机器学习成为信息搜索强有力的工具。自然语言处理的研究关注自然语言文本的语法、语义及语用分析。自然语言处理可以分析短语结构和语义，使得信息搜索可以在短语上或者从语义上进行处理，而不是仅仅基于单个关键词。通过上下文词义消歧来确定一个词在某个特定上下文的语义，通过一些自然语言处理方法获得文档中的一个语言片断，通过自然语言处理方法从文档集合中返回一些问题的答案。总之，自然语言处理的研究对信息搜索提供了极大的帮助。

　　回顾信息搜索发展，1950 年，美国学者 Calvin N. Mooers 在其麻省理工学院的硕士论文中第一次提出了"信息搜索"这一术语，又称信息存储与搜索、情报搜索，是指将信息按一定的方式组织和存储起来，并根据信息用户的需要找出有关的信息的过程和技术，也就是说，包括"存"和"取"两个环节和内容。1958 年，美国学者 Lun 提出了基于统计信息搜索的基本理论和方法。1960年，Marson 和 Kuhns 提出了信息搜索的概率模型。1965 年，美国康奈尔大学的 Gerard Salton 教授及其学生创立了信息搜索的向量空间模型，该模型至今仍然是信息搜索领域最为有效和广泛应用的理论模型，原理是使用 TFIDF 法则将给定的文本转换为一个高维向量，然后利用相似度计算公式进行比较。后来，Roechio 和 Salton 共同提出了相关反馈模型，该模型通过用户和系统之例的交互，有效地提高了搜索的结果的精度。针对网页所具有的特性，Michal Cttlter 结合 HTML 标记的特性，在向量空间模型的基础上提出了基于位置的信息搜索算法，进一步提高向量空间模型的查准率。近年来，许多研究者发现 WWW 上的超链接结构是一个非常丰富而重要的资源，利用这些资源可以极大地提高搜索结果的准确性。其中主要代表有：Kleiberg 提出了 HITS（Hyperlink—Induced Topic Search）超链接主题查找算法，后来 Brin 和 Page 在此算法的基础上提出了经典的 PageRank 算法，该算法广泛应用于目前的搜索引擎中，并取得了很好效果。R. Lempel 和 S. Moran 提出了 SALSA 算法，该算法考虑了用户的兴趣模型，保留了 PageRank 算法的随机特性和 HITS 的 Authority 和 Hub 的思想，取消了 Authority 和 Hub 之间的相互加强关系。

与此同时，国内研究者在该领域也取得了较大进步。南京大学的李振东等将概念图引入到信息搜索中，提出了基于概念的信息搜索模型。在此基础上，中国科学院的赵军等在信息搜索中的两大关键技术（索引和相似度计算）中，引入了语义计算，用浅层语义来指导搜索过程，提高了信息搜索的准确率。本体是研究实体存在性和实体存在本质等方面的通用理论，把现实世界中某个应用领域抽象或概括成一组概念及概念之间的关系，通过构建出这个领域的本体，使计算机对该领域的信息处理大为方便。因此，国内外研究学者和组织提出了一系列基于本体的信息搜索模型及原型系统。当前，基于 Ontology 的语义搜索系统已经得到了广泛的关注和应用，出现了一系列优秀的应用系统，其中典型的是 SWOOGLE——语义网中的基于蜘蛛网的搜索系统，系统从每个搜索到的文本中抽取本体，根据本体之间的相关度来比较文本之间的关系。在语义网中，基于 Ontology 的语义搜索引擎有 SHOE、OntoBroker、Onto—Seek、WebKB、Corese。N. Guarino 等通过建立一个基于 WordNet 的 Ontology，解决了从黄页和产品目录中进行信息搜索的问题，但是黄页与产品目录信息一般来说都具有一定的结构，因此采用的技术不能够很好地应用于自然语言文本的搜索。国防科学技术大学的徐振宁等提出并实现了一个以特定领域的本体作为统一语义模型的关系数据库网上发布与集成系统 DIDSBS，该系统从领域本体出发，提出并实现了形式化本体和 DTD（Document Type Definition），DTD 和关系视图的转换算法并实现了 XML 文档和数据库视图在语义和结构上的对应关系。潘字斌等主要研究通用 Ontology 在信息搜索及自然语言理解中的应用，但是要建立一个能够涵盖所有领域知识的通用 Ontology 是很困难甚至是不可能的。因此，比较现实的方法是建立某个领域的 Ontology，利用它去解决该领域的特定的信息搜索问题。由哈尔滨工业大学自然语言实验室研究开发的面向旅游、体育领域的 InsumQA 系统，该系统通过建立领域本体并结合自然语言处理技术，在保证实时的情况下，搜索的精度比较理想。南京理工大学的丁晟春等从语义搜索和概念空间的内涵入手，分析了现有的两种概念空间形式，重点分析了基于

Ontology 的概念空间的构建方法、描述语言等。在此基础上，分析了基于 Ontology 的语义搜索系统的构建步骤及其关键技术，最后实现了简单的语义搜索。

步入 21 世纪，人们对信息和知识的需求不断增长。文本分类、聚类、信息抽取、多媒体 IR、跨语言信息搜索、文本摘要、问答系统、文本挖掘、Web 挖掘等研究不断升温；各种实验和实用的系统也不断出现；各种评测会议和评测方法进一步推动了相关研究的发展。

2005 年国际信息搜索年会论文仍然主要集中在如何提高互联网搜索结果的精度和智能化、针对互联网搜索的一些全新应用的探索以及信息搜索领域的经典问题的研究。提升互联网搜索精度的研究有"利用层次结构的链接分析""HTML 网页正文中的标题抽取及其在网页搜索中的应用""相关性传播在网络搜索中的应用""通过相似图改进互联网搜索结果"等。除了在提升互联网搜索精度、使搜索结果更加智能化和人性化的技术创新外，信息搜索领域最基本的理论问题——信息搜索模型研究上也取得了重大进展。论文"用于信息搜索的线性判别模型（LDM）"，在 ad hoc 搜索工作中通过使用六个英语和汉语 TREC 测试组得到评估结果显示：大多数测试组中，LDM 的性能大大超越了以前已经存在的信息搜索模型；"基于引力的信息搜索模型"是研究人员受牛顿万有引力定律的启发而提出的。这个模型建立了一个从信息搜索的基本概念（如文档、查询、相关性等）到物理概念（如质量、距离、半径、引力等）的映射，由此为信息搜索问题提供了一个全新的视角。

对搜索模型的研究，国内许多研究机构也进行了深入的探索。中国科学院计算技术研究所、清华大学、北京大学、复旦大学、哈尔滨工业大学、东北大学、北京语言大学等、对信息搜索模型、文档和查询的表示及特征权重计算方法、用户查询相关性的匹配策略、查询结果排序方法、用户相关度反馈机制和查询扩展方法以及相关的文本分类、文本挖掘、Web 挖掘、Web 信息搜索、基于内容的图像搜索以及自然语言处理等方面进行了充分的研究，取得了相当多的研究成果。尤其是中文信息处理方面。此后，随着中文信息处理数据规模的膨胀以及国内外学术交流的增加，国内研究者逐渐认识到评测对于研究的促进作用。国内的相关研究机构：一方面，开始尝试参加 TREC 等各种国际评测，并且取得了不错的成绩；另一方面，推出自己的评测方法网。从此，相继召开了多个面向中文信息处理技术的评测会议，其中比较有影响的是 863 评测、全国搜索引擎和网上信息挖掘会议（SEWM）等。国内研究机构在信息搜索相关领域从基础理论的研究到实际应用系统的开发都做了大量的工作。

互联网的发展明显地促进了信息搜索技术的发展和应用，一大批搜索引擎也随之诞生，为网民提供了很好的快速信息获取和网络信息导航工具。搜索引擎技术中普遍采用了全文信息搜索技术，如 Lucene 的出现，使得搜索引擎开发者可以简单、快捷，并且有针对性地实现相当强大的搜索功能。因此，受到了越来越多的关注，得到了越来越广泛的使用。例如，北京大学计算机系项目组在陈葆珏教授的主持下于 1997 年 10 月在 CERNET 上推出了天网搜索。该系统不断发展，目前已成为中国最大的公益性搜索引擎；几位留学美国的华人学者于 2000 年推出的"百度"商业搜索引擎，一直处于国内搜索引擎的领先地位；慧聪公司也推出了一个大规模搜索引擎；北京易宝北信信息技术有限公司的搜索引擎易宝；中国科学院计算技术研究所开发了 NKI（National Knowledge Infrastructure）知识问答系统，用户可以通过自然语言提问方式对国家地理知识库、天气预报知识库、人物知识库、中医疾病知识库等十几个知识库进行自然语言方式的查询。另外，研究汉语问答系统的还有台湾大学、台湾"中央"研究院等单位。

近年来，Internet 极大发展，人类所拥有的信息资源迅速膨胀，信息空间不断扩展。人们在信息时代生存日益依赖于信息搜索工具，已经到了搜索无处不在的地步。传统的信息搜索模式已经不能适应信息资源的现状和人们对搜索的要求，导致搜索结果无法满足用户的需求，人们对搜索引擎搜来的大量不相关的内容已经厌倦，对搜索的正确性要求越来越强烈。因此，研究者们在提高信息搜索精度方面一直进行着不懈的努力。国内的研究者也不例外，在文本分类、信息搜索模型，包括文档和查询的表示方法、用户查询相关性的匹配策略、查询结果的排序方法、用户进行相关度反馈的机制和查询扩展方法以及基于内容和语义的图像搜索方面都进行了大量的研究。

4.2 按需信息搜索服务的需求模型

信息搜索服务框架通常包括需求模型生成系统、信息搜索系统以及信息文档集三大模块，如图 4.2 所示。当用户收到作战任务时，首先提出信息搜索请求至需求生成系统，由需求生成系统进行需求模型的解析与生成，并最终构造出较为规范的查询，提交至信息搜索服务系统，信息搜索服务系统根据数据集中的索引与查询进行相关股匹配，将部分相关检索结果列表返回至用户，由用

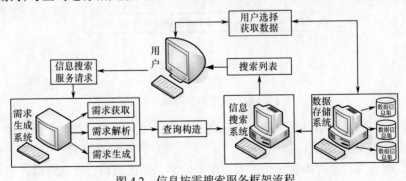

图 4.2 信息按需搜索服务框架流程

111

第 4 章 指控信息按需搜索方法

户判断哪些结果满足需求，并向数据集存储系统发送数据获取请求，并最终获取数据，整个信息搜索服务终止。信息搜索服务质量很大程度上取决于需求模型生成以及信息搜索系统的能力，反映服务质量的指标包括搜索服务响应时间、信息搜索准确率等。

4.2.1　需求模型的概念

"需求"是社会科学研究的基本概念之一，"需求"指能够实际得到满足的需要，信息搜索服务的需求指在特定任务背景下获取与任务相关的信息的一种需要。

在信息搜索服务发展初期，为调和信息搜索服务与成本上升之间存在的矛盾，设计人员通常是从速度和效率上改进信息搜索服务性能，用户需求模型被简化为"剪除了"个性特征的"平均用户"模型；随后，在个性化信息搜索服务的设计的思想影响下，用户需求模型又被处理为无特色的需求列表组成的"积木用户"，实际的用户需求反而被忽视了。这种情况并不符合以用户为中心设计的思想，也不利于信息搜索服务设计的需要。

从需求差异产生的原因来看，信息搜索服务需求模型的结构应包含用户自身的特征信息与对任务属性的特征要求两个方面的内容。用户特征包括用户的基本资料、偏好习惯（反映需求倾向）等；任务属性的特征则是用户对任务信息内容、品质上的要求。用户需求模型是用户需求集合的综合描述，其结构通常包含用户个性特征模型、用户偏好特征模型、设计关联模型三个部分。用户个性特征包含用户类型信息、用户特殊信息等；偏好特征是指用户对任务特征信息相关的要求，包括信息时效性、信息类型、信息来源等的要求。设计关联模型是指用户个性特征与偏好特征之间的属性关系，权重表示，以及用户偏好特征到需求的映射和索引条件。用户需求模型内部结构关系如图4.3所示。

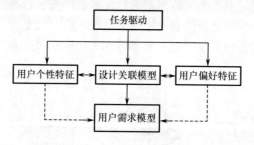

图4.3　用户需求模型内部结构关系

同时，用户需求具有层次性。从客观上讲，用户的信息搜索行为是由一定动机引发的（如任务驱动），而动机又产生于用户的各种需求中，由于需求存在着轻、重、缓、急，因此用户需求存在着内部的层次结构。在这方面，最具代表性的理论是马斯洛的需求层次理论。他认为：需求取决于人们已经得到了什么，尚缺少什么，只有尚未满足的需求才能够激发行为，某一层次需求得到满足后，另一层次的需求才会出现。

用户需求模型的数学表示分为逻辑表示和物理表示。其逻辑表示为用户需求模型的外部表示形式；物理表示为存储结构，用于描述用户需求模型在服务器中的数据结构。用户信息需求模型逻辑表示为（$<t_1, w_1>, <t_2, w_2>, \cdots, <t_m, w_m>$），t 表示用户需求的关键词，w 表示其在整个查询表达式中的权重。用户信息需求模型的物理表示能够提高过滤的效率。借鉴文本检索中的对于文本使用的倒排索引结构，施用于文本过滤中的用户模板。

4.2.2　需求模型构建方法

需求信息的获取为需求模型的建立打下基础。构建需求模型的目的是：借助用户信息搜索服务需求模型，以期能为用户提供真正所需的信息。

在建模过程中，根据用户的参与程度，用户需求构建方法分为用户手工定制建模、示例用户建模和自动用户建模等。

1. 用户手工定制建模

用户手工定制建模是指用户模型由用户自己手工输入或选择的用户建模。例如，用户手工输入感兴趣信息的关键词列表或选择感兴趣的栏目等。该方法是用户按需搜索个性化服务发展早期主要的建模方法。MyYahoo 是用户手工建模的典型代表。由于 Yahoo 站点包含的信息繁多，然而用户真正感兴趣的信息是相当有限的，因此 MyYahoo 使用户能够直接浏览感兴趣的信息来提高用户的访问效率。此外，卡内基·梅隆大学的 WebWatcher 也是采用手工定制建模的方法，该系统要求用户输入感兴趣的关键词，然后系统将用户输入的关键词作为用户模型进行个性化推荐。

该建模方法实现简单，且具有较好的效果。但是也存在一些问题：第一，完全依赖于用户，容易降低用户使用系统的积极性。心理学研究表明，用户不愿意参与对系统的训练，即使用户知道对系统进程训练会给自己带来好处。对用户而言，易用性是衡量服务质量的重要标准，任何一种服务，不管其性能如何，如果享用这种服务需要用户付出很多努力，用户一般都会放弃这种服务，除非别无选择。第二，即使用户乐意手工输入用户模型，用户也难以全面、准确地罗列自己感兴趣的栏目或关键词，从而导致用户兴趣模型不够准确。以 MyYahoo 为例，栏目的结构是网站设计者按照自己的理解组织的，有些栏目里确实包含了用户感兴趣的信息，但是用户根据自己的理解却认为这些栏目不包含自己感兴趣的信息，导致用户不能准确地定制用户兴趣模型。又如，系统要求用户自己输入感兴趣的关键词作为用户兴趣模型，用户可以列出一系列感兴趣主题的关键词，却未必能够详尽。原因是与同一主题相关的关键词很多，用户很难一一列出。第三，当用户兴趣发生变化时，用户必须重新输入用户兴趣模型。用户手工定制的用户兴趣模型是静态的，一旦用户定制完毕，该用户兴趣模型就不会发生任何变化。这种静态的、一成不变的特点显然与用户兴趣固有的渐变特性不符合。经过的时间越长，手工定制的用户兴趣模型与用户真实兴趣的差别就越大。当用户兴趣模型不能很好地反映用户兴趣时，不得不重新手工定制用户兴趣模型，这给用户带来了额外负担。

2. 示例用户建模

示例用户建模是指由用户提供与自己兴趣相关的示例及其类别属性来建立用户模型的建模。由于用户对自己的兴趣和偏好等最有发言权，因而用户提供的自己兴趣的示例最能集中、准确地反映用户的兴趣和偏好等特点。示例一般通过要求用户在浏览过程中对浏览过的页面标注感兴趣、不感兴趣或者感兴趣的程度来得到。浏览过的页面及相应的标注将成为用户建模的示例。从示例中抽取关键词在本质上与文本分类中的特征选择问题相似，都是通过训练样本得到一个较小的特征集合。不同的是：前者的目的是要找出能够表现示例集合的关键词；后者的目的是为了减少分类器的计算量，提高分类器的精度，示例用户建模可以借鉴文本特征选择方法来选择特征。

3. 自动用户建模

自动用户建模是指根据用户的浏览内容和浏览行为自动构建用户模型、建模过程无须用户主动提供信息的建模。在信息搜索服务系统中，采用该方法构建用户兴趣模型的系统主要有卡内基·梅隆大学的 Personal Web Watckr、德国国家研究中心的 ELFI、麻省理工学院的 Letizia 等。Personal Web Watcher 是卡内基·梅隆大学于 1996 年推出的。在用户浏览的过程中，Personal Web Watcher 记录用户浏览的页面，观察用户对页面超链接的选择，推断用户对浏览过的页面是否感兴趣，分别作为训练样本的正例和负例。然后通过计算单词与类别之间的互信息选择反映用户兴趣模型的关键字，构成用户兴趣模型；德国国家研究中心的 ELFI 仅采用用户浏览过的页面作为兴趣页面进行用户建模；麻省理工学院的 Letizia 采用的训练集获取方式，它通过用户的行为推断用户对页面的兴趣。

比如：如果用户保存某个页面，则推断用户对该页面感兴趣；如果用户经常访问该页面，则推断用户对该页面感兴趣；如果用户点击页面中某个超链接而后又快速返回，则可推测用户对该超链接的链接页面不感兴趣；假设用户浏览习惯是从左往右，从上往下，如果用户跳过某个超锻接，则可推测用户对该超链接的链接页面不感兴趣。然后从用户感兴趣的页面中选取一些关键词构成用户模型。

这些自动用户建模方法实际上是改进了示例用户建模方法中的示例获取途径，将其转化为无需用户标注的自动示例获取方法。这种方法虽然实现简单，但容易引入错误干扰项，不利于构建高质量的用户模型。

4.2.3 需求模型质量评估

信息搜索服务需求模型质量可以采用定量分析和定性分析两种评估方法。定量分析是对需求模型的数量特征、数量关系和数量变化进行的分析，依据统计数据，建立数学模型，并用数学模型计算出分析对象的各项指标及数值的方法。信息搜索服务需求模型质量的定量评估可以采用信息搜索的性能指标来衡量，因为信息搜索的性能好坏取决于需求模型构造的质量。定性分析是对需求模型进行质的分析，具体来说就是运用归纳和演绎、分支与综合以及抽象和概括等方法，对需求模型进行质量评估，达到认识事物本质，揭示内在规律。信息搜索服务需求模型质量的定性评估可以结合需求模型自身特点衡量其建模质量，主观性强，可以采用完整性、准确性、复杂性等衡量。

完整性衡量需求模型能否体现用户的所有需求，模型中元素是否满足用户搜索服务的目的，同时，完整性也与信息搜索服务的查全率息息相关。准确性可以体现在两个方面，一是，需求模型中元素的准确性，能够与用户信息搜索服务需求无差错；二是，在需求模型中元素的权重能否准确表达用户的实际意图。复杂性可以根据需求模型表达形式的长度、元素之间的逻辑关系等获取。

此外，可以采用模糊综合评判法评价需求模型。模糊综合评判法的基本原理：首先确定被评判的对象因素集 $U=(x_1, x_2, \cdots, x_m)$ 和评价集 $V=(v_1, v_2, \cdots, v_n)$。其中：$x_i$ 为各单项指标；v_i 为对的评价等级层次。一般可分为五个等级：$V=\{best, better, middle, worse, worst\}$。再分别去定义各个因素的权重及它们的隶属度向量，获得模糊评判矩阵。最后把模糊评判矩阵与因素的权重继承进行模糊运算并进行归一化，得到模糊评价综合结果。模糊综合评判法的缺点：①不能解决评价指标间相关造成的评价信息重复问题；②各因素权重的确定带有一定的主观性；③在某些情况下，隶属函数的确定有一定困难。尤其是多目标评价模型，要对每一目标、每个因数确定隶属度函数，过于繁琐，实用性不强。各种模型评估方法是相辅相成，统一互补的，定性分析和定量分析相结合。定性分析是定量分析的基本前提，没有定性的定量分析是一种盲目的、毫无价值的定量，定量分析使得定性分析更加科学、准确，它可以促使定性分析得出广泛而深入的结论。需求模型的质量需要在搜索服务实践中不断体现。

4.3 指控信息搜索服务的关键技术

指控信息检索服务质量的好坏在一定程度上取决于索引技术和搜索模型的优劣，因此本节将从索引技术和搜索模型两方面介绍指控信息搜索服务的关键技术。

4.3.1　指控信息搜索服务的索引技术

建立一种有效的索引模型，能够加快信息检索的速度，对于信息检索来说有着重要的意义。考察索引模型性能的主要指标有索引的生成时间、查询时间、膨胀比和更新效率等。膨胀比是指索引建立后，检索系统中所有数据所占的存储空间与索引建立前文本库所占的存储空间之比。下面将主要介绍索引的构建、压缩和并行索引技术。

4.3.1.1　索引的构建

信息检索系统中，对文档的词项建立倒排索引的过程称为索引构建，将构建索引的程序或者计算机称为索引器。倒排文档模型是最常用的索引模型。

倒排文档模型是一种面向单词的标引机制，其结构由词汇表和事件表两种元素组成。词汇表是文本中所包含的所有不同单词的集合。词汇表中的每一个单词在文本中出现的所有位置都存储在一个列表中，这些列表的集合称为"事件表"，这些位置可以表示单词和字符。如果表示单词，比如第 i 个位置表示的是第 i 个单词，则单词的位置可以简化短语和相邻查询；如果表示字符，比如第 i 个位置表示第 i 个字符，则字符的位置有利于对匹配文本的位置进行直接存取。

理论上，为一个 n 个字符的文本建立倒排索引需要花费的时间复杂度为 $O(n)$。目前的词汇表大都采用 Trie 树数据结构，文本中的每个单词都在 Trie 树中进行存储和检索，每个单词在文本中的位置则存储在它们的事件表中。建立索引时如果在 Trie 树中没有找到某个单词，则在该 Trie 树中添加一个空的事件表；如果在 Trie 树中找到了这个单词，则在其事件表的末尾添加这个新位置。处理完这个文本后，便将 Trie 树和事件表一起写入磁盘。实际情况一般是将索引文件分为两个文档：一个用来连续存储事件表；另一个则按照词典顺序存储词汇表。词汇表中的每个单词都有一个指向它在事件表中的记录的指针。

倒排文档模型的检索操作遵循三个基本步骤：第一步是词汇表检索，需要建立词典和倒排索引表。将用户查询语句中的单词和模式分离出来，并再对每个单词在词汇表中进行检索。第二步是事件表检索。对于找到的词汇，通过指针到事件表列表中找出该单词出现过的文本及位置。第三步是事件表操作。对各个单词检出的事件表记录进行处理，以实现相邻查询或布尔运算等。

如上所述，在倒排索引上进行检索总是先从词汇表开始，一般将词汇表作为一个独立的文档调入到主存中。对查询字符串中的每个索引项单独在词汇表中进行检索，然后得到它的事件表，对各个索引项的事件表进行求交集操作，从而得出最终的结果集。结果集不为空，表示检索到包含该查询串的文本；结果集为空，表示在源文档库中没有包含该查询串的文本。对单个单词进行检索时，可以使用多种数据结构以加快检索速度，如使用散列技术、Trie 树技术或 B-树技术。如果将单词简单地以词典编写的顺序存储，则可节省大量的空间并提高性能，因为可以对词典采用二分法检索，检索开销为 $O(\log n)$。

倒排索引模型的思想比较简单，建立索引的过程也比较快。检索单个的词时可以直接得出它所在的文档，速度非常快；但是查询短语或句子时，事件表的求交操作需花费大量的时间。另一个缺点是当源文档库中的文档发生变化时，维护和更新它们的索引文件工作量很大，因为发生变化的文本中的词汇在事件表中的记录也发生了变化，需要对文本重新建立倒排文档索引。

上述方法的文档集是静态的，这对于文档集中文档数目少或文档集永远不会改变的情况下，不会出现任何问题。然而，现实中大部分文档集会随着文档的删除、添加或更新而不断改变，这也意味着要将新的词项添加入词典，并对已有词项的倒排索引表进行更新。

最简单的索引构建更新方法是周期性地对文档集从头开始进行索引重构。如果文档数目较少且能够接受新文档检索的延迟，该方法是一个较好的选择。但是如果要求能够及时检索到新文档，那么解决方法就是保持两个索引，一个是大的主索引，另一个是小的用于存储新文档信息的辅助索引，检索时可以遍历两个索引表并进行合并。当辅助索引表很大时，就与主索引表合并成一个新的主索引表。这种机制的最大优点是可以减少随时间推移所需要的磁盘寻道次数。

4.3.1.2　索引的压缩

索引的构建主要是创建词典和倒排记录表两个数据结构，随着文档的不断增加，这两个表的存储空间越来越大，有必要对这两张表进行压缩，因此索引的压缩包括词典和倒排记录表的压缩，这对构建高效的信息检索系统非常关键。压缩显而易见的优点是为了节省磁盘空间。此外，有两个隐含的优点：一是能增加高速缓存技术的利用率，在搜索系统中词典中某些条目及其索引使用比较频繁，当查询词项的信息放在高速缓存时，处理查询时可以不对磁盘操作，只需在内存中完成，可以充分检索系统的应答时间；二是压缩能加快数据从磁盘到内存的传输速度，因此在大部分情况下，使用压缩倒排记录表的检索系统比没用压缩的系统的运行速度要快。下面将介绍词典和倒排记录表的压缩方法。

1）词典压缩

词典压缩的主要目的是将词典放入内存，或者说至少要把大部分词典放入内存，这样才能获得很高的查询吞吐量。

最简单的词典数据结构：整个词典采用定长数组空间来存储且按照一定顺序排序，如字母先后顺序，显然，采用定长方法存储词项存在明显的空间浪费，解决上述缺陷的方法是将所有词项存储成一个长字符串，并给每一个词项增加一个定位指针，它指向下一个词项指针的同时也标志着当前词项的结束，这样仍然可以通过二分查找法定位所需的词项，但是现在的表更小。假设对每一个词项采用 20B 的固定长度，但是通常词项的平均长度为 8B，这样在忽略指向每个词项的指针的消耗空间的情况下，每 20B 就节省了 12B 的空间，相对于定长的存储机制而言节省了近 60%的存储空间。

另一种存储机制是按块存储。可以将上述压缩机制下的词典进一步压缩：将长字符串中的词项首先进行分组，变成大小为 k 的块（每组中词项的个数为 k），然后对每一块只保留第一个词项的指针，用一个额外的字节将每个词项的长度存储在每个词项的首部。这样对每一个块而言，可以减少 $k-1$ 个词项指针，但同时需要存储保存 k 个词项的长度。显然当 k 较小时，存储空间的节省较少，但 k 越大，压缩率也越高。

容易发现词项之间也存在一些冗余信息，实际上按照词典顺序排序的连续词项之间往往具有公共前缀。因此，可以采用前端编码的技术，将公共前缀被识别出来以后，后续的词项中就可以使用一些特殊的字符来表示这段前缀。实验证明，该方法可以进一步节省空间。

2）倒排记录表的压缩

对倒排记录表的压缩主要有按字节压缩和按位压缩两类方法。按字节压缩采用可变字节编码，利用整数个字节来对间距编码。字节的后 7 位是间距的有效编码区，而第一位是延续位，为 1 则表明本字节是某个间距编码的最后一个字节，否则不是。可变字节编码的思想也可以应用于比字节更大或更小的单位上。编码单位越长，所需的位操作次数也就越少，但压缩率会降低；更短的编码单位会得到更高的压缩率，但位操作数会增加。两者需要谋求一个平衡点。对于大多数检索系统来说，可变字节编码的压缩方法能在时间和空间之间达到一个非常好的平衡点。

可变字节编码能够根据间距的大小采用合适的字节来编码，而基于位的编码能够在更细的位粒度上进行编码长度的自适应调整。Gamma 编码是一种较简单的位编码方法，它将间距 G 表示成长度和偏移两个部分进行变长编码。G 的偏移实际上是 G 的二进制编码，但需去掉最前的 1，如 13 的二进制是 1101，将其进行编码，其位移就是 101；G 的长度是指偏移的长度并采用一元编码，即数 n 的一元编码为 n 个 1 后面加个 0 组成的字符串。对于刚才的例子，偏移的长度是 3 位，因此其长度部分编码是 1110，因此 13 的整个 Gamma 编码是 1110101，即长度部分 1110 和偏移部分 101 的连接。对于 Gamma 编码解码时，首先读入一元编码直至 0 结束，比如在对 1110101 解码时，会一开始读入前 4 位 1110，就可以知道后面的偏移部分的长度是 3，因此再读入后续的 3 位编码 101，补上原来去掉的前端 1，最后得到 1101，即为 13。Gamma 编码具有两种适合于索引压缩的性质：首先 Gamma 编码方法是前缀无关码，即一个 Gamma

编码不会是另一个 Gamma 编码的前缀，这也表明，对于一个 Gamma 编码序列来说，只可能有唯一的解码结果，不需要对编码进行切分，如果切分则会降低解码的效率；其次 Gamma 编码方法具有参数无关性。对于很多其他高效编码方式，需要对模型参数进行拟合使之适应于索引中间距的分布情况，而这样做会加大压缩和解压缩的实现复杂性。另外，在动态索引环境下，间距的分布会变化。因此，原有的参数可能不再合适。Gamma 编码则无须考虑上述问题。

4.3.1.3 分布式索引

随着文档集中文档数目的不断增加以及增速的加快，在单机计算机上很难满足高效建立索引的需求，特别是对于万维网来说，对 Web 构建规模合理的索引需要大规模的计算机集群，因此，分布式索引构建方法应运而生。其索引结果也是分布式的，往往按照词项或者文档进行分割后分布在多台计算机上。但对于大部分大型搜索引擎来说，更倾向于采用基于文档分割的索引。

分布式索引构建方法是 Map Reduce 的一个应用。Map Reduce 是一个通用的分布式计算架构，它面向大规模计算机集群而设计，该集群能利用价格低廉的普通计算机解决大型的计算问题。这些计算机只需配备基本的部件，如处理器、内存和硬盘等，而不需像超级计算机那样的专用硬件。这样一个计算机集群包含成千上万台计算机，但每台计算机都有可能在任意时刻失效。因此，需要保障分布式索引构建过程的鲁棒性，就必须把任务分成若干子任务块，在某台计算机失效时能够重新分配任务，集群中负责处理任务在工作计算机上分配和再分配的节点（计算机）称为主控节点。

Map Reduce 中的 Map 阶段和 Reduce 阶段将计算任务划分成子任务块，以便每个工作节点在短时间内快速处理。图 4.4 给出了 Map Reduce 进行索引构建的具体步骤。首先，输入数据（文档）被分成 n 个数据片，数据片大小选择一定保证任务的均匀高效完成，数据片不能太大，通常选择 16MB 或 64MB。各个数据片并不预先分配给各台计算机，而是在运行过程中由主控节点动态分配。一旦一台计算机完成了某个数据片的处理任务，主控节点就会分配下一个数据片给它处理。

通常，Map Reduce 会通过键值对的转换处理将一个大型的计算问题转换成较小的子问题，在索引构建过程中的键值对就是（词项 ID，文档 ID）Map Reduce 的 Map 阶段将输入的数据片映射键值对，因此将 Map 阶段的计算机称为分析器，其输出结果存在本地的中间文件称为分区文件。在 Reduce 阶段，需将相同键（词项 ID）的所有值（文档 ID）集中存储，以便快速处理。给定一个键（词项 ID），将所有值（文档 ID）汇总并组织成倒排表的过程由此阶段中的倒排器完成。主控节点将每个词项分区分配给不同的倒排器，最后每个键对应的所有值要进行排序并写到最终的排序倒排记录表中，至此整个分布式倒排索引的构建才完成。

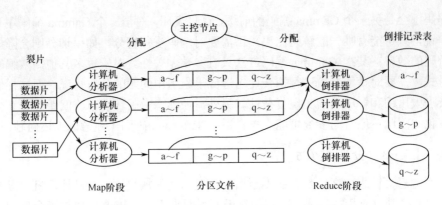

图 4.4　Map Reduce 进行索引构建的具体步骤

需要指出的是，分析器和倒排器可以是相同的机器。主控节点只要发现空闲的机器后会给它分配新的任务。同一台机器在 Map 阶段可以作为分析器，在 Reduce 阶段也可以作为倒排器。在索引构建的同时，计算机也可以运行其他程序或其他不相关的任务。为了减少在倒排器对数据进行 Reduce 之前的写时间，每个分析器都将其分区文件写到本地磁盘。在 Reduce 阶段，主控节点会通知倒排器与之相关的分区文件的位置。在每个分析器上，由于与某个特定倒排器相关的数据已经被分析器写入一个单独的分区文件中，所以每个分区文件仅需要一次顺序读取过程，这样可以使得索引时所需的网络通信开销最小。

Map Reduce 为分布式环境下的索引构建提供了一个较为鲁棒的、较易实现的、概念简介的实现框架。通过提供半自动的方法将索引构建分割成多个子任务，就可以在给定足够规模的计算机集群的情况下，将索引构建到任何规模的文档集上。

4.3.1.4　指控信息混合索引

指控信息的混合索引是指在建立倒排索引等传统索引过程中的一种索引词选择或补充方法与技术。索引词的选择是指控信息检索系统实现的一个重要环节。搜索引擎普遍采用全文索引技术，即网页文档中所有词都选择参与索引。在理想情况下，索引词应该是表达文档内容的语义单位，对应着语言学里的词汇的概念，它是专门表示含义，而其实际意义无法由组合成分相加得到的最小语言单位。但对于自动文档索引过程，识别文档中的词汇，例如短语十分困难，甚至出现误差。

通常，选取语法意义上的最小语言单位为索引词。对英文文档这一过程相对容易。对中文文档的索引过程，首先涉及字词分割、词汇组织、理解等复杂过程。指控信息具有与普通传统互联网文档的差异性：

（1）专业性强，容易引起传统字词分割、理解以及索引技术出现差错，导致指控信息检索准确率低；

（2）时效性强，要求被检索指控信息新。因此，在对指控信息进行索引建立时，除对文档自身信息建立索引外，可以采取人工标记法，即对指控信息进行内容分类和时间标注，来满足检索用户对指控信息准确性和新颖性的要求。

4.3.2　指控信息搜索服务的搜索模型

传统信息检索的目的是，根据用户的查询即关键词从大量的文档中找到满足用户要求的相关文档。信息检索模型是指如何对查询和文档进行表示，然后对它们进行相似度计算的框架和方法，并最终给出文档相关度的排序。本质上是对相关度建模，如图4.5所示。由此可见，信息检索模型主要包括以下三个部分：

（1）文档集。早期文档信息检索基本局限于目录或摘要等，它们的建立一般都采用人工标引方法。这种标引方法需要由标引人员手工对各种信息进行加工处理，给出检索标识。计算机根据这些标引词建立索引，用传统的数据库技术实现管理和检索。因此，标引的工作量大。随着大量且不断变化的各类信息的出现以及相关技术和硬件设备的发展，人们对全文检索系统的需求越来越大，对检索的要求也越来越高。全文检索不同于早期的检索系统，它是将全文本信息作为检索对象，建立文本集，利用计算机抽取标识符，建立索引，再用全文检索技术实现检索。

（2）用户查询。用户提交问题给检索系统，系统将其作为处理目标，搜寻文档集，并判断其中哪一对象与用户的问题相匹配。用户首次提出问题时，对问题的描述也许并不完全，因此，系统还需不断修改或扩充用户提问。用户的问题包括用户感兴趣的关键词、自然语言、逻辑关系式等。这与数据库查询处理不同，数据库中的查询有一定的语义定义，且缺乏真正的自然语言表示。

（3）文本与用户提问相匹配。给定文本集与用户提问的描述，通常要判断该文档集与用户提问之间的匹配程度。匹配处理的技术基础是自然语言处理技术以及能对文档集和用户提问做出严格的表示。相似度计算过程就是查询布尔表达式与数据库中文档的布尔表达式逐一匹配，匹配成功即为用户所需的检索信息，它与传统数据库的匹配检索类似。

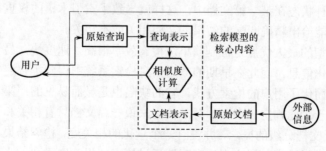

图 4.5　相关度模型

随着信息检索技术的深入研究与发展，根据相关度判别方法的不同，发展出了不同的信息检索模型，信息检索模型是信息检索中的核心内容之一。传统的信息检索模型大体可以分为布尔模型、向量空间模型、概率模型和语言模型。

4.3.2.1 布尔模型

布尔模型[7]是基于集合理论和布尔代数一种简单检索模型。在布尔模型中，文档索引词的权重只有 0 和 1 两种，分别表示文档中不包含该索引词和包含该索引词；用户查询条件是由标准逻辑运算符 AND、OR 和 NOT 将索引词连接起来构成布尔表达式；然后再通过与文档表示表达式进行逻辑比较来检索相关文本。由于集合的概念非常直观，所以布尔模型为信息检索系统的普通用户提供了一种易于掌握的框架。由于布尔模型内部简单、形式简洁，引起了广泛的关注，并且在早期的许多商业书目系统中得以采用。

标准布尔逻辑模型是二元逻辑。在布尔模型中，首先针对文本定义一系列的二元特征变量，这些特征变量一般是从文本中提取出来的文本索引关键词，有时也包括一些更为复杂的特征变量，如数据、短语、私人签名和手工加入的描述词等。其次，使用这些特征变量的集合来表示文本 $d=(t_1, t_2, \cdots, t_n)$。其中：$n$ 为特征项的个数；t_k 为 True 或 False，如果特征项 k 在文本 d_i 内容中出现，就赋予 True 值，反之置为 False。在布尔模型中，用户可以根据检索关键词在文本中的布尔逻辑关系，用"∧"（AND）、"∨"（OR）、"¬"（NOT）等逻辑运算符将多个关键词连接成为一个逻辑表达式来递交查询。匹配函数由布尔逻辑的基本法则确定，通过对文本表达式与用户查询表达式的逻辑比较进行检索，所检索出的文本或者与查询相关，或者与查询无关。

例如，设文本集 $D=(d_1, d_2, d_3, \cdots, d_n)$，$d_i(i=1, 2, \cdots, n)$ 为文本集中某一文档；T 为 d_i 的标引词集合。则：对于形如 $Q=W_1 \wedge W_2 \wedge \cdots \wedge W_k$ 的检索式，如果对于任意 k，都有 $W_k \in T$，则 d_i 为查询 Q 的命中文档，否则 d_i 为 Q 的不命中文档；对于形如 $Q=W_1 \vee W_2 \vee \cdots \vee W_k$ 的检索式，如果至少存在某个 $W_k \in T$，则 d_i 为 Q 的命中文档，否则 d_i 为不命中文档。

布尔模型是文档数据库系统中的主要模型。模型定义索引术语只有出现或者不出现两种状态在某一篇文档中，这样就导致了索引术语的权重都表现为二元性，它只能给出精确匹配的结果，文档相关或不相关。

布尔模型的最大优点是机制简单，检索效率很高，速度快，易于表达一定程度的结构化信息，因此在早期的商用信息检索系统中得到了普遍应用。尽管布尔模型简化了用户的检索方式，它的缺陷也是显而易见的：第一，它的检索策略是基于二元判定标准（如对于检索来说一篇文档只有相关和不相关两种状态），缺乏文档分级的概念，并没有一个量化的相关度，检索结果没有按照文献的重要性进行排序。用户无法直观地通过检索结果获取重要的文献，只能逐一浏览检索结果以此辨别出自己所需的文献，限制了其检索功能。第二，虽然布尔表达式具有精确的语义，但很难将用户的信息需求转换为布尔表达式，实际上大多数用户发现在把所需的查询信息转换为布尔时并不容易。检索词的简单匹配也不能完全反应用户的实际检索需求。

4.3.2.2　向量空间模型

向量空间模型[8]认识到布尔模型二元权重的局限性，从而提出了一个适合部分匹配的框架。对查询和文献中的标引词分配非二值权值，用权值计算文献和查询之间的相似度。对检出的文献按相似度降序排列，以实现查询和文献的部分匹配。向量空间模型由 Salton 等 20 世纪 70 年代提出，并成功应用于著名的 SMART 文本检索系统。它把对文本内容的处理简化为向量空间中的向量运算，并用空间上的相似度表达语义的相似度。将文档表示成向量空间中的向量，通过计算两向量之间的余弦距离便可度量文档间的相似性。VSM 假设文档中各个特征词之间是独立的、互不影响的，查询和文档都可以用标有权重的特征词向量来表示。向量空间模型广泛应用于信息检索领域，主要原因是它具有概念简单、应用方便以及利用空间相似性来逼近语义相似性等优点。

在向量空间模型中，文档使用特征项构成的加权向量表示：$D_i=(t_1, w_{i1}; t_2, w_{i2}; \cdots; t_n, w_{in})$。其中：$n$ 为特征项的数目；特征项 t_k 与布尔模型中类似；w_{ik} 为特征项 t_k 在文档 D_i 中的权重。查询 Q 的向量可以表示成 $Q=(t_1, w_{iq}; t_2, w_{iq}; \cdots; t_n, w_{iq})$。其中：$w_{iq}$ 为特征词；t_k 为查询 Q 中的权重。图 4.6 为向量空间模型示意图，形象地描述了向量空间模型的基本原理。

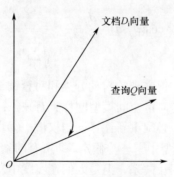

图 4.6　向量空间模型示意图

确定权值 w_{ik} 有两种方法：一种是由专家或者用户根据自己的经验与所掌握的领域知识人为的赋予权值，这种方法随意性很大，而且效率也很低，很难适用于大规模文本集的处理。另一种是运用统计学的知识，即用文本的统计信息（如词频、词之间的同现频率等）来计算项的权重，大部分的统计方法都基于香农信息学理论：①如果特征项在所有文本中出现的频率越高，它所包含的信息熵也就越少；②如果特征项只在少量文本中有较高的出现频率，该特征项就会拥有较高的信息熵。

向量空间模型中通常采用 TF×IDF 的方式获取特征词权重，即 $w_{ik}=TF_{ik}\times IDF_{ik}$。其中：TF 为特征词在文档中的出现次数，通常将一篇文档中的所有特征词的 TF 值归一化到[0, 1]之间；IDF 为逆文档频率，是文档频率 DF 的倒数，文档集合中出现特征词的文档篇数 DF 的反映了特征词在全部文档集合中出现的文档篇数。DF 反映了特征词的区分度，DF 越高，表示特征词越普通，其区分度就相对越低；反之，DF 越低，其区分度就相对越高。常用 TF 归一化方法如下：

$$TF_i \leftarrow \frac{TF_i}{\max(TF_i)} \tag{4-1}$$

$$TF_i \leftarrow 0.5 + 0.5 \times \frac{TF_i}{\max(TF_i)} \tag{4-2}$$

$$TF_i \leftarrow \frac{TF_i}{\sqrt{\sum_i TF_i^2}} \tag{4-3}$$

IDF 的计算公式为

$$IDF \leftarrow \log\frac{N}{DF} \tag{4-4}$$

式中：N 为文档集中所有文档的数目。

于是，计算文档向量与查询向量之间的相似度（相关程度）通常用两向量的余弦函数来表示，即

$$sim(d_j,q)=\cos(d_j,q)=\frac{d_j \cdot q}{|d_j||q|}=\frac{\sum_i^t w_{ij} \times w_{iq}}{\sqrt{\sum_i^t w_{ij}^2} \times \sqrt{\sum_i^t w_{iq}^2}} \tag{4-5}$$

向量空间模型可以实现文档的自动分类和对查询结果的相似度排序，能够有效提高检索效率。但是向量空间模型同样具有缺点：①向量空间模型计算量大，当有新文档加入时，必须重新计算词的权值；②查询词权重的设定受人为因素的影响等；③在该模型中有一个假定，即所有的索引项之间是互相独立的，没有考虑索引项之间的相互关系。但是人们在实践中发现，自然语言中，词之间存在着十分密切的联系，独立假设对计算结果会一定的影响。这些索引项的相互依赖性对系统的性能造成影响。因为在某些文档中，很多索引项都是相互独立的，如果对它们不加选择地应用于语料库中所有的文档，必将损害系统的性能。同时，向量空间模型简单直观，可应用到其他很多领域，如文本分类、生物信息学等。与布尔模型相比，向量空间模型的主要优点：①该模型的权重计算方法能够提高系统的检索性能，改进检索效果；②模型能够检索出与用户

的查询输入条件"近似"的文档,其部分匹配的策略允许检索出与查询条件不一定完全匹配的文献;③在模型中用余弦的方法进行距离度量,于是可以根据检索出的结果与查询条件的相关程度对结果进行排序。由于向量模型简单、计算方便,因此已经成为流行的信息检索模型。

4.3.2.3 概率模型

信息检索系统与其他类型的信息系统的主要区别在于信息检索的内在不确定性:一方面所需要查询的信息不能被精确的表示;另一方面没有清晰的过程来判别一个数据对象是否是所需要的。而处理非确定性的最成功的方法是概率模型。

Roberston 和 Spack Jones 于 1996 年提出经典的概率模型[9],是为了解决检索中存在的一些不确定性而发展起来的,以数学理论中的概率论为原理的一种检索模型。概率模型中文献与查询的相似度计算基于概率排序原理,即通过估计文献与用户查询的相关概率对文献集合进行排序。概率模型的优势在于有很多形式,采用严格的数学理论为依据,能够按照相关度概率来对检索结果进行排序。它的检索效率明显优于布尔模型。

概率模型的基本思想:对于用户的每一个检索请求,检索系统中都存在与之相对应的理想命中集合 R。但在用户检索之初,系统并不确定 R 的具体特性。所以,在检索开始时,系统依据用户的检索请求对 R 做出初步的猜测,从而获得一个原始的结果命中集合。在该原始结果命中集合的基础上,检索系统对该集合中的文档的相关性做进一步的判断,从而使原始结果命中集合不断趋向于 R。

在该模型中,用户的检索词序列及 Web 文档都是用向量形式表示。R_c 表示 R 的补集,即与用户检索请求不相关的 Web 文档集合。$P(R/d_j)$ 表示文档 d_j 与理想命中集合 R 相关的概率。$P(R_c/d_j)$ 表示 d_j 与 R 不相关的概率。d_j 与用户检索请求之间的相似度函数为

$$\text{sim}(d_j, q) = \frac{P(R/d_j)}{P(R_c/d_j)} \tag{4-6}$$

由贝叶斯定理可将式(4.6)改为

$$\text{sim}(d_j, q) = \frac{P(d_j/R) \times P(R)}{P(d_j/R_c) \times P(R_c)} \tag{4-7}$$

检索向量中查询词权重的计算可通过已知样本集合推理得到:

$$w = \frac{r/(R-r)}{(n-r)/[N-n-(R-r)]} \tag{4-8}$$

式中:N 为样本集合的文档总数;n 为集合中包含该检索词的文档数;R 为与查询相关的文档数;r 为与查询相关且包含该检索词的文档数。

由此可将查询 q 表示成 $(w_1, w_2, \cdots, w_i, \cdots, w_t)$，文档 d 可表示成 $(x_1, x_2, \cdots, x_i, \cdots,$ $x_t)$，x_i 的值取 1 或 0，即若相应的检索词存在，则取 1，否则取 0。q 和 d 之间的相似度函数为

$$\text{sim}(d,q) = \sum_{k}^{t} x_k w_k \qquad (4\text{-}9)$$

概率模型是一种不断靠近并最终确定检索文档集合特征的算法，它采用了某些归纳学习的方法以优化和完善检索结果。概率检索模型具有简单、直观等特点，为信息检索的实践提供了有利的指导。概率模型的主要优点：①采用严格的数学理论为依据，为人们提供了一种数学理论基础来进行检索决策，其中没有应用用户难以运用的布尔逻辑方法，在操作过程中使用了词的依赖性和相互关系；②文献根据它们与检索的相关概率值大小按递减的顺序进行排序。缺点是：①开始时需要将文献分成相关的集合和不相关的集合；②不考虑标引词在文献中出现的频率，所有的权值非 0 即 1；③假设标引词互相独立；④存储和计算的开销很大，参数估计有一定的困难。此外，各种参数的设置含有一定人为因素的干预；文档向量中关键词的权重取值单纯用 0 或 1 表示，忽略了词频对其的影响；不考虑关键词之间的关联关系等。

4.3.2.4　语言模型

1998 年，Ponte 和 Croft 将语言模型（Language Model，LM）[10]应用到信息检索（Information Retrieval，IR）中。语言模型在应用于信息检索之前，已经成功应用于语音识别、机器翻译以及中文分词等领域。使用语言模型进行信息检索的框架与一般的信息检索相同，如图 4.7 所示。

图 4.7　语言模型应用于信息检索的框架表示

统计语言模型是关于某种语言所有语句或者其他语言单位的分布概率。也可以将统计语言模型看作生成某种语言文本的统计模型。一般来说，语言模型的研究任务是:已知文本序列中前面 $i-1$ 个词汇，第 i 个词汇为单词 w 的可能性有多大?在信息检索研究中，一个句子的概率常常被分解为若干 n-gram 概率的乘积，也就是 n 元语言模型。

假设 S 代表某个长度为 k 的特定单词序列，$S=w_1, w_2, \cdots, w_k$，n 元语言模型将词汇序列 S 看作是具有以下概率值的马尔可夫过程：

$$P(S) = \prod_{i=1}^{k} P(w_i \mid w_i, w_2, \ldots, w_{i-n+1}) \tag{4-10}$$

式中：n 为马尔可夫过程的阶数。

当 $n=2$ 时，常称为二元语言模型。它利用词汇对的同现信息进行相关参数的概率估计。当 $n=1$ 时，称为一元语言模型。它利用了每个词汇的出现频率作为参数进行概率估计。在语音识别或者机器翻译中，词汇序列是很重要的信息，所以常采用高阶的语言模型。在信息检索领域，词汇序列的作用还不是很清楚，所以经常采用的是一元语言模型。

Ponte 和 Croft 最初提出的语言模型检索方法现在常称为"查询条件概率模型"。这个模型假设用户头脑中有一个能够满足其信息需求的理想文档，用户从这个理想文档中抽取词汇作为查询条件，用户所选择的查询条件词汇能够将这个理想文档与文档集合中其他文档区分开来。这样查询条件可以看作由理想文档生成的、能够表征该理想文档的文本序列。由这个假设可以看出，信息检索系统的任务被转化为判断文档集合中每个文档与理想文档哪个最接近的问题。也就是说，需要计算：

$$\arg\max_{D} P(D \mid Q) = \arg\max_{D} P(Q \mid D) P(D) \tag{4-11}$$

式中：Q 代表查询条件；D 代表文档集合中某个文档。

先验概率 $P(D)$ 对于文档集合中每篇文档来说都是相同的，所以关键是估计每篇文档的语言模型 $P(Q|D)$。换句话说，首先估计每篇文档的词汇概率分布，然后计算从这个分布抽样得到查询条件的概率，并按照查询条件的生成概率对文档进行排序。查询条件生成概率 $p(Q|D)$ 可以转化为生成查询条件词汇概率和没有生成查询条件词汇概率的乘积，即

$$P(Q \mid D) = \prod_{w \in Q} P(w \mid D) \prod_{w \notin Q} (1.0 - P(w \mid D)) \tag{4-12}$$

式中：$P(w|D)$ 利用包含词汇 w 的所有文档的平均概率和风险因子来计算。对于没有出现的词汇，使用文档集合的全局概率来计算。

实验数据表明，尽管 Ponte 等提出的语言模型只是很简单的模型，但是在检索效果方面已经与目前性能最好的概率检索模型相当或更好。但是，统计语言模型研究中面临的数据稀疏问题在检索中显得更突出。事实上，每篇文档所包含的词汇数量并不多，利用如此少的数据量来对参数进行经验估计产生的结果并不理想，它低估了出现频率少的词汇概率，而相应地高估了高频词汇的概率。为了减小上述问题的影响，研究人员提出了不同的数据平滑方法来对式（4-12）的经验估计值进行调整。常用的平滑方法有贝叶斯平滑方法、线性插值平滑方法等。

与传统信息检索模型相比，语言模型检索方法具有的优点：①能够利用统计语言模型估计与检索有关的参数；②可以通过对语言模型更准确的参数估计或使用更加合理的语言模型获得更好的检索性能；③语言模型检索方法对于文档中的子主题结构和文档间的冗余度建立统计模型也是有帮助的。语言模型还存在一定的缺点：①该方法隐含词汇相互独立关系，没有考虑词汇间的相互影响；②传统检索模型中常用的查询反馈技术在概念层面融入语言模型框架比较困难。

信息检索模型除上面几种模型外，还有其他一些模型[11-15]，例如：基于集合理论的模型有模糊集合模型、扩展布尔模型；基于代数理论的模型有广义向量空间模型、潜语义标引模型、神经网络模型。此外，还有一些概率模型，如贝叶斯模型、推理网络模型、信任度（贝叶斯）网络模型等。

4.4　指控信息按需搜索方法

指控信息检索的实质就是一个排序问题，即根据检索用户的输入查询词，返回相关指控信息的一个过程。近年来，排序算法模型研究在互联网背景下依然存在不少挑战。在 Internet Web Search 中的排序问题：在信息检索过程中，系统根据用户提交的查询短语计算查询与文档的相关度，并由相关度大小给出文档的排序列表，文档排序位置越前，越与查询相关。文档的相关度排序直接反映了检索系统的质量。

因此，指控信息检索过程中的排序问题可进一步用如下模型描述：给出训练数据集 D，其组成元素为查询和文档以及对应相关度的组合 pair_1，即 pair_1 $=<q,d,r>$。其中：q 代表检索用户输入的查询短语，可进一步由一组单词 t_i 构成，$q=\{t_1,t_2,\cdots,t_n\}$；d 表示指控信息文档，由一组特征值 f_j 构成，$d=\{f_1,f_2,\cdots,f_m\}$；r 为两者的相关度，由一组离散值（比如 0，1，2 等）给出，值越大表示查询与文档越相关。

通过训练集数据，构建查询与文档相关度的判断模型 M。在测试阶段，给出测试数据集 T，其组成元素为查询和文档的组合 pair_2，但两者相关度未知，即 pair_2 $=<q,d,?>$，其中，q、d 已知。利用训练阶段产生的判断模型 M，计算各个文档和查询的相关性估计，由该估计值大小给出最终的文档排序。

在这个过程中，用户对系统给出的若干文档进行相关性判断作为反馈信息返回检索系统，检索系统利用该反馈信息再次进行检索，重新给出文档排序列表，直至用户检索满意为止。该思想逐步用于一些商用搜索引擎中。图 4.8 给出了基于指控信息检索用户反馈信息的指控检索过程。结合检索用户的反馈信息，下面将介绍三种指控信息搜索方法，即基于规则的指控信息搜索方法、基于主成分分析和逻辑回归的信息检索方法和基于主动学习的指控信息搜索方法。

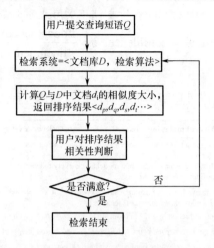

图 4.8　基于指控信息检索用户反馈信息的指控检索过程

4.4.1　基于规则的指控信息搜索方法

基于规则的指控信息搜索方法考虑查询短语与文档构成的特征对与用户相关反馈之间存在的同质性，在机器学习算法基础上，通过提取训练样本的主要特征进行有效聚类，并结合用户的相关反馈获取各个类中相关度判断的置信值，形成相似度判定规则模型，应用该模型来对测试样本进行相关度排序。该方法无须复杂的数据预处理工作和手动设定算法参数。图 4.9 给出了基于规则的指控信息检索模型的训练阶段和测试阶段流程。

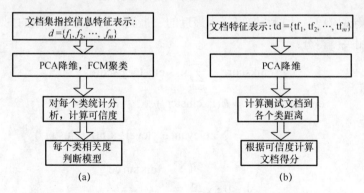

图 4.9　基于规则的指控信息搜索模型训练阶段和测试阶段流程

（a）训练阶段；（b）测试阶段。

基于规则的信息搜索方法提出假设条件：用户的相关反馈，即对查询与文档的相关度判断是正确的。首先，在查询和文档的特征层次进行聚类分析，同时为减少计算复杂度，采用主成分分析对特征矩阵进行降维，再结合用户相关反馈信息，计算各个类中对不同查询文档相关度水平判断的可信值：

$$\hat{p}(r\,|\,cluster_j) = confidence\_ij = \frac{\#document\ of\ level\_i}{\#document\ in\ cluster_j} \tag{4-13}$$

其中：# 为统计数目。

即为判断模型，该过程即为训练阶段，其具体过程如图 4.10 所示。

Training Algorithm:Training dataset ——► Cluster relevance estimation model

Input: Query-document feature pairs D with corresponding relevance R and cluster numbers k;

Output: Cluster relevance estimation model that is every relevance level with its confidence of each cluster.

1: Loading query-document feature matrix D with m × n, row represents examples while column represents features ;

2: Dimension reduction by PCA, producing matrix $D\_reduced$ with m × 2;

3: Clustering in lower space by FCM (fuzzy C-means), producing k clusters;

4: Computing each relevance confidence of each cluster ;

5: for cluster $i = 1$ to k

6:     for relevance level $j = 0$ to 2

7:         computing confidence $\_0$ ◄—— $\dfrac{number\ of\ examples\ with\ relevance\ 0}{total\ number\ of\ examples\ in\ the\ cluster}$

8:         computing confidence $\_1$ ◄—— $\dfrac{number\ of\ examples\ with\ relevance\ 1}{total\ number\ of\ examples\ in\ the\ cluster}$

9:         computing confidence $\_2$ ◄—— $\dfrac{number\ of\ examples\ with\ relevance\ 2}{total\ number\ of\ examples\ in\ the\ cluster}$

10:     end for

11: end for

12: Return cluster relevance estimation model with confidences of each level .

图 4.10 训练阶段模型生成算法

在测试阶段，计算获取离样本最近的三个类，利用这三个类的判断模型计算文档相关度得分：

$$rankscore_i = \sum_{i=1}^{3} w_i \times cluster\_score_i \tag{4-14}$$

$$cluster\_score_i = E(r\,|\,cluster_j)$$
$$= \sum_j relevance\_level_j \times \hat{p}(r\,|\,cluster_j) \tag{4-15}$$

$$w_i = 0.5 \times \frac{\sum\limits_{j \in (\{1,2,3\}\backslash i)} distance_j}{\sum\limits_{i=1}^{3} distance_i} \tag{4-16}$$

其中：w 为反映某个类对排序总得分的权重，由样本离类中心距离决定，如式（4-16）；$cluster\_score_i$ 由不同类判断模型计算而得，如式（4-15）；最后计算排序文档的总得分 $rankscore_i$，如式（4-14）。根据 $rankscore_i$ 得分大小给出文档排序，其具体算法如图 4.11 所示，最后通过对标准测试数据集的实验验证本文算法的有效性和可行性。

Testing Algorithm: Testing dataset ⟶ Ranking list

Input: Query-document feature pairs T with no relevance R;

Output: A ranking list of documents sorted according to their relevance to a given query.

1: Loading query-document feature matrix T with $m_2 \times n$;

2: $T\_reduced$ = PCA(T); $T\_reduced$ represent documents in a 2-D space;

3: Computing distance between every input example and each cluster center. Choosing three nearest clusters as relevance estimation model and take down their distance $d1,d2,d3$;

4: Scoring documents associated with given query using the distance as weight;

5: for document $i = 1$ to M

6: $rankscore_i = \sum_{i=1}^{3} w_i * cluster\_score_i$;

7:   while $w_i = \dfrac{\sum_{j:\{1,2,3\}\setminus i} dis\tan ce_j}{\sum_{i=1}^{3} dis\tan ce_i}$

           $cluster\_score_i = \sum_j relevance\_level_j * confidence_j$

8: end for

9: Return a ranking list of documents sorted according to their relevance estimation result to a given query.

图 4.11　测试阶段文档排序算法

利用该方法在对亚洲微软研究院提供的 OHSUMED 测试集进行测试结果表明，如图 4.12 和图 4.13 所示，返回结果中位置靠前的文档与查询短语相似度较大，满足网络用户信息检索需求。在性能指标上，该方法与本领域其他算法相比结果也有提高，如平均准确率均值（MAP）提高近 2.5%，k 准确率提高近 10%。

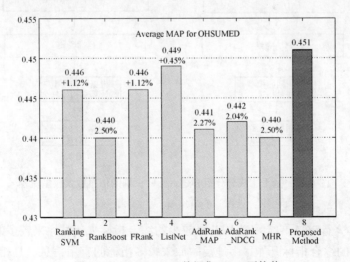

图 4.12　OHSUMED 数据集 MAP 平均值

第 4 章　指控信息按需搜索方法

131

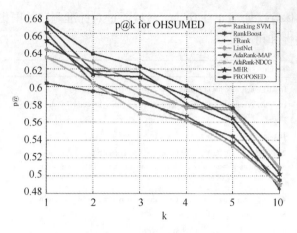

图 4.13　OHSUMED 数据集 P@k 指标

4.4.2　基于主成分分析和逻辑回归规则的信息搜索方法

随着文档特征和文档数目的增加，计算复杂度不断提升，同时有些文档特征之间存在很大的相关性和依赖性，因此有必要利用一些特征选择技术选取具有代表性的文档特征[16-20]。这样不仅能够降低计算复杂度，减少信息检索响应时间，还能提高信息检索准确率。基于主成分分析和逻辑回归的信息搜索方法首先采用主成分分析[21]提取文档的主要代表性特征，这些特征之间彼此独立，然后结合用户的相关反馈，利用逻辑回归分析生成文档相关度判断模型，利用该模型计算文档和查询之间的相关度并进行排序。基于主成分分析和逻辑回规规则的信息搜索模型流程如图 4.14 所示。

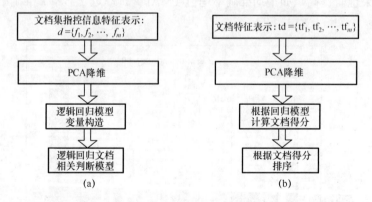

图 4.14　基于主成分分析和逻辑回归规则的信息搜索模型流程
（a）训练阶段；（b）测试阶段。

统计学上 PCA 的定义为用几个较少的综合指标来代替原来较多的指标，而这些较少的综合指标既能尽多地反映原来较多指标的有用信息，且相互之间又是独立的。PCA 运算是一种确定一个坐标系统的直交变换，在这个新的坐标系统下，变换数据点的方差沿新的坐标轴得到了最大化。这些坐标轴称为主成分。PCA 运算是利用了数据集的统计性质的特征空间变换，这种变换在无损或很少损失数据集的信息的情况下降低数据集的维数。

主成分分析的计算步骤如下：

（1）将所获得的 n 个指标（每一指标有 m 个样品），也称特征的一批数据写成一个 $m \times n$ 维数据矩阵

$$A = \begin{pmatrix} a_{11} & \cdots & a_{1n} \\ \vdots & \ddots & \vdots \\ a_{m1} & \cdots & a_{mn} \end{pmatrix}$$

式中：m 样本数；n 特征数。

（2）对矩阵 A 做标准化处理，即对每一个指标分量进行标准化处理，利用下式得到 $X = (x_{ij})_{m \times n}$：

$$X_{ij} = \frac{A_{ij} - \bar{A}_j}{S_j} \tag{4-17}$$

$$\bar{A}_j = \frac{1}{m} \sum_{i=1}^{m} A_{ij} \tag{4-18}$$

式中：$\bar{A}_j$ 为样本均值，即

S_j 为样本标准差，即

$$S_j = \sqrt{\frac{1}{m-1} \sum_{i=1}^{m} (A_{ij} - \bar{A}_j)^2} \tag{4-19}$$

（3）计算样本矩阵的相关系数矩阵，即

$$R = \frac{1}{m-1} X^{\mathrm{T}} \cdot X = (r_{ij})_{n \times n} \tag{4-20}$$

（4）运用雅可比迭代方法计算 R 的特征值 $\lambda_1, \cdots, \lambda_n$，即对应的特征向量 $v_1, \cdots, v_n$。

（5）特征值按降序排序（通过选择排序）得 $\lambda_1' > \cdots > \lambda_n'$ 并对特征向量进行相应调整得 $v_1', \cdots, v_n'$。

（6）通过施密特正交化方法单位正交化特征向量，得到 $\alpha_1, \cdots, \alpha_n$。

（7）计算特征值的累积贡献率 $B_1, \cdots, B_n$，根据给定的提取效率 p，如果 $B_t \geqslant p$，则提取 t 个主成分 $\alpha_1, \cdots, \alpha_t$。

（8）计算已标准化的样本数据 X 在提取出的特征向量上的投影 $Y = X \cdot \alpha$，其中 $\alpha = (\alpha_1, \ldots, \alpha_t)$。

所得的 Y 即为进行特征提取后的数据也就是数据降维后的数据，降维后的特征之间相互独立。

在回归分析中，因变量 y 有两种情形：①y 为定量的变量，这时用通常的 regress 函数对 y 进行回归；②y 为定性的变量，如 y 为 0 或 1，在获取文档的主要特征后，文档集中的文档可以进一步表示成 $X' = (x_1, x_2, \cdots, x_m)$，其中，$m$ 为主成分分析后提取的文档特征数目。逻辑回归的基本思想：不是直接对 y 进行回归，而是先定义一种概率 $P(R = 1 \mid X) = P(R = 1 \mid x_1, x_2, \cdots, x_m) = \pi(X)$，其中，$R$ 为相关度等级。此时，如果直接对 $\pi(X)$ 进行回归比较困难，于是，改为考虑

$$\frac{1 - \pi(X)}{\pi(X)} = \frac{\text{probability}(R \neq 1)}{\text{probability}(R = 1)} = k \tag{4-21}$$

再有

$$\log\frac{1 - \pi(X)}{\pi(X)} = \log\frac{1 - \dfrac{\mathrm{e}^{f(X)}}{1 + \mathrm{e}^{f(X)}}}{\dfrac{\mathrm{e}^{f(X)}}{1 + \mathrm{e}^{f(X)}}} = -f(X) \tag{4-22}$$

式中

$$f(X) = \beta_0 + \beta_1 x_1 + \beta_2 x_2 + \cdots + \beta_m x_m \tag{4-23}$$

最后结合文档特征 $X^{\mathrm{T}} = (x_1, x_2, \cdots, x_m)$ 和用户相关反馈 R，对 $\dfrac{1 - \pi(X)}{\pi(X)}$ 进行逻辑回归分析，得到相关度判断模型 M，并由 M 计算查询和文档的相关度得分，完成排序。表 4.2、表 4.3 给出了利用该方法与传统方法对标准数据库 MQ2007 和 MQ2008 进行测试的实验结果比较分析，平均准确率均值上分别有近 10%、20% 的提高，验证了该方法的有效性。

表 4.2　MQ 2007 试验结果，衡量指标 MAP

模　型	实验 1	实验 2	实验 3	实验 4	实验 5	平均值	提高比率（%）
Ranking SVM	0.4894	0.4573	0.4676	0.4401	0.4680	0.4645	+9.26
RankBoost	0.4891	0.4647	0.4694	0.4384	0.4692	0.4662	+8.86
ListNet	0.4884	0.4565	0.4642	0.4452	0.4716	0.4652	+9.09
AdaRank-MAP	0.4817	0.4510	0.4579	0.4363	0.4618	0.4577	+10.88
AdaRank- NDCG	0.4858	0.4509	0.4579	0.4361	0.4705	0.4602	+10.28
Proposed REVF	0.5169	0.5113	0.5082	0.4870	0.5140	0.5075	—

表 4.3　MQ 2008 试验结果，衡量指标 MAP

模　型	实验 1	实验 2	实验 3	实验 4	实验 5	平均值	提高比率（%）
Ranking SVM	0.4502	0.4213	0.4529	0.5284	0.4950	0.4696	+16.76
RankBoost	0.4666	0.4380	0.4472	0.5342	0.5016	0.4775	+14.83
ListNet	0.4884	0.4565	0.4642	0.4452	0.4716	0.4652	+17.86
AdaRank-MAP	0.4627	0.4232	0.4582	0.5180	0.5198	0.4764	+15.09
AdaRank-NDCG	0.4638	0.4353	0.4560	0.5366	0.5201	0.4824	+13.66
Proposed REVF	0.5474	0.5170	0.5334	0.5757	0.5678	0.5483	—

4.4.3　基于主动学习的指控信息搜索方法

信息检索模型的生成以及参数的调准依赖于对训练样本的学习[22-26]。虽然训练样本的增加有助于模型参数的选择,但是样本数目增加加大了计算复杂度[27-31];同时当样本达到一定数目时,信息检索的性能并不能提高。因此,如何从大量训练样本中选取具有代表性的样本进行学习,既能降低计算复杂度又能提高信息检索性能,是信息检索领域乃至机器学习领域一个研究热点。近年来,研究人员通过机器学习中的主动学习有效地选择了有价值的样本,使检索正确率有所提高[32-38]。基于主动学习的信息检索模型实现流程如图 4.15 所示。

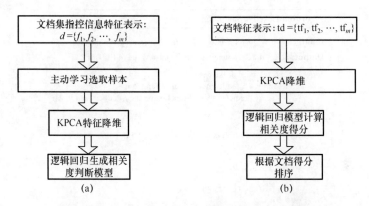

图 4.15　基于主动学习的信息搜索模型实现流程

(a)训练阶段;(b)测试阶段。

基于主动学习的信息搜索方法主要包括文档选择、特征降维以及利用逻辑回归生成模型。选取文档的原则是期望损耗最大化原则(ELM)[39],即如果某个文档没有被选择,将导致最大的折损累计增益期望(Expected Discounted Cumulative Gain,EDCG)。首先定义损耗函数 $l(a,y)$,表示当输出为 y 时,由行为 a 导致的损耗。根据贝叶斯理论,定义贝叶斯损耗期望为

$$EL(a) = \int_y l(a,y)P(y\,|\,x,D)\,\mathrm{d}y \qquad (4\text{-}24)$$

式中: $P(y\,|\,x,D)$ 为在训练集 D 下样本 x_i 输出 y 的预测概率分布;训练集 D 的形式是 (x_i, y_i) , y_i 是样本 x_i 的相关度标记。

对于某个关于查询 q 的文档集 $X_q = (d_1, d_2, \cdots, d_n)$,其相关度标记为 $Y = (y_1, y_2, \cdots, y_n)$,ELM 选取文档需要满足

$$\max_{d \in D} E_{P(Y|X_q,D)}[\max_{\pi} M(\pi(X_q), y) - M(R(X_q), y)] \qquad (4\text{-}25)$$

其中: $M(r, y)$ 为衡量排序结果的性能指标; $\pi(X_q)$ 、 $R(X_q)$ 分别为最佳的和当前的排序列表。

当评价指标选择 EDCG 时,损耗函数变为

$$l(\pi,Y) = \max_{\pi'} DCG(\pi',Y) - DCG(\pi,Y) \tag{4-26}$$

式中： $DCG(\pi,Y) = \sum_i \dfrac{2^{y_i} - 1}{\log_2(1 + \pi(i))}$

其中： $\pi(i)$ 为第 i 个文档的位置； y_i 为其相关度标记。

主动学习选取训练样本过程如图 4.16 所示。图 4.16 中一些标记计算如下：

$G(s) = 2^s - 1$ ； $\langle \cdot \rangle$ 是指计算平均值； $BDCG(\{g_j\}) = \sum_j \dfrac{g_j}{\log_2(1 + \pi^*(j))}$ ， π^*

是指将 g_j 按降序排列。

Algorithm 1: Active Sampling

Input: candidate documents $X_q = (d_1, d_2, \cdots, d_n)$ for a given query q

Output: Select the document with the highest value of EL(j):

for i=1,...,N (N=size of the ensemble)
    Subsamples L and learn a relevance function;
    $S_j^i \leftarrow$ score predicted by that function on the j-th document in X_q.
end for

for all $j \in X_-$
    $EL(j) \leftarrow 0$ % Expected loss for the j-th document
    for i=1,...,N do
        $t_k \leftarrow s_k^i, \ \forall k \neq j$
        for p=1,...,N do
            $t_j \leftarrow s_j^p$
            $d_p \leftarrow BDCG(\{G(t_k)\})$
        end for
        $g_k \leftarrow G(s_k^i), \ \forall k \neq j$
        $g_j \leftarrow \langle G(s_j^i) \rangle$
        $EL(j) \leftarrow EL(j) + \langle d_p \rangle - BDCG(\{g_k\})$
    end for
end for
Return the document with the highest value of EL(j):

图 4.16　主动学习选取训练样本过程

在选取合适的训练样本后，采用核主成分分析（KPCA）[40]进行特征降维。KPCA 方法的基本思想：通过某种隐式方式将输入空间映射到某个高维特征空间，并且在特征空间中实现 PCA 降维。

KPCA 的处理过程如下：

（1）将所获得的 n 个特征（每一指标有 m 个样品）的一批数据写成 $m \times n$ 维数据矩阵，即

$$A = \begin{pmatrix} a_{11} & \cdots & a_{1n} \\ \vdots & \ddots & \vdots \\ a_{m1} & \cdots & a_{mn} \end{pmatrix}$$

（2）计算核矩阵。先选定高斯径向核函数中的参数（ σ ），再计算核矩阵 $K_{\mu\nu}$ ，即

$$K_{\mu\nu} := (\Phi(x_\mu) \bullet \Phi(x_\nu)) \tag{4-27}$$

其中：高斯径向基函数（RBF）核函数 $K(x, x_i) = \exp\left(-\dfrac{\|x - x_i\|^2}{\sigma^2}\right)$。

（3）通过下式修正核矩阵得到 KL，即

$$K_{\mu v} \to K_{\mu v} - \frac{1}{M}\left(\sum_{w=1}^{M} K_{\mu w} + \sum_{w=1}^{M} K_{wv}\right) + \frac{1}{M^2}\sum_{w,\tau=1}^{M} K_{w\tau} \tag{4-28}$$

（4）运用雅可比迭代方法计算 KL 的特征值 $\lambda_1, \cdots, \lambda_n$ 即对应的特征向量 $v_1, \cdots, v_n$。

（5）特征值按降序排序（通过选择排序）得 $\lambda_1' > \cdots > \lambda_n'$ 并对特征向量进行相应调整得 $v_1', \cdots, v_n'$。

（6）通过施密特正交化方法单位正交化特征向量，得到 $\alpha_1, \cdots, \alpha_n$。

（7）计算特征值的累积贡献率 $B_1, \cdots, B_n$，根据给定的提取效率 p，如果 $B_t \geqslant p$，则提取 t 个主分量 $\alpha_1, \cdots, \alpha_t$。

（8）计算已修正的核矩阵 X 在提取出的特征向量上的投影 $Y = \text{KL} \cdot \alpha$，其中 $\alpha = (\alpha_1, \cdots, \alpha_t)$。所得的投影 Y 即为数据经 KPCA 降维后所得数据。

完成上述步骤以后，按照 4.4.2 节方法进行逻辑回归生成相关度判断模型，并利用模型进行计算查询与文档的相关度得分进行排序。

4.4.4　指控信息搜索结果的评价

常用的信息检索系统评价方法主要是围绕相关和不相关文档的概念来展开，对于每个用户的信息需求，将文档集中的文档相关性判定为相关或者不相关，这个相关性判定是基于信息需求的而非基于查询来进行的。

目前，对无序信息检索结果的性能评估已有不少衡量指标，如查准率（Precision）、查全率（Recall），返回的文档搜索结果是不考虑先后顺序的。查准率是指返回的结果中相关文档所占的比例，也称正确率，其定义为

$$\text{查准率} = \frac{\text{返回结果中相关文档的数目}}{\text{返回结果的数目}} \times 100\%$$

而查全率是指返回结果中相关文档占所有相关文档的比例，其定义为

$$\text{查全率} = \frac{\text{返回结果中相关文档的数目}}{\text{所有相关文档的数目}} \times 100\%$$

通常，采用查准率和查全率两个指标同时度量一个信息检索系统。例如，对于一次查询检索，文档库中于此查询词相关的文档数目为 20 个，检索系统返回 10 个检索结果，其中 7 个为相关结果，3 个不相关，因此检索性能查准率为 7/10=70%，查全率为 7/20=35%。典型的 Web 检索用户希望第一页的所有的结果都是相关的，也就是说比较关注高准确率；而一些专业人士，如律师等，则关注高查全率。通常来说，能容许较小的错误率，也就是达到较高的正确率的同时达到一定的查全率。

　　融合了查准率和查全率的指标是 F，它是查准率和查全率的调和平均数，定义为：

$$F = \cfrac{1}{\alpha \times \cfrac{1}{P} + (1-\alpha) \times \cfrac{1}{R}} = \frac{(\beta^2+1)PR}{\beta^2 P + R}$$

式中

$$\beta^2 = \frac{1-\alpha}{\alpha}$$

当 $\beta = 1$ 时，F 的计算公式可简化为

$$F = \frac{2PR}{P+R}$$

α、β 的取值并不是唯一的，$\beta < 1$ 表示强调查准率，$\beta > 1$ 表示强调查全率。查准率、查全率和 F 值三个指标的取值范围都是[0, 1]。

　　然而，当面对诸如搜索引擎等系统输出的有序结果时，则需采用某些有序评价指标来衡量检索效果。国际文本检索会议 TREC 中最常用的指标是平均准确率均值（Mean Average Precision，MAP），在众多评价指标中，MAP 被证明具有非常好的区别性和稳定性。对于单个信息需求，在返回结果中，截至每篇相关文档所在位置，正确率的平均值称为平均正确率，然后对所有信息需求再平均即可得到 MAP。用数学形式表示，假设 $q_j \in Q$，对应所有的相关文档集合为 $\{d_1, d_2, \cdots, d_{mj}\}$，$R_{jk}$ 是返回结果中指导遇见 d_k 后其所在位置前（含 d_k）的所有文档集合，则有

$$\text{MAP}(Q) = \frac{1}{|Q|} \sum_{j=1}^{|Q|} \frac{1}{m_j} \text{Precision}(R_{jk})$$

如果某篇相关文档没返回，则对于该信息请求，正确率为 0。例如：假设有两个查询 Q_1 与 Q_2，Q_1 有 4 个相关文档，Q_2 有 5 个相关文档。检索系统对于 Q_1 检索出 4 个相关文档，其位置 rank 分别为 1、2、4、7；对于 Q_2 检索出 3 个相关文档，其位置 rank 分别为 1、3、5。对于 Q_1，平均准确率为(1/1+2/2+3/4+4/7)/4=0.83。对于 Q_2，平均准确率为(1/1+2/3+3/5+0+0)/5=0.45。因此平均准确率均值 MAP=(0.83+0.45)/2=0.64。

　　但对于一些重要应用，用户只关注检索返回结果的前面若干文档，特别是 Web 搜索，用户看重的是第一页或前三页中有多少相关结果。据 iProspect Blended Search Results Study[①]2008 年 4 月的统计结果（图 4.17），越来越多网络用户只会浏览排序靠前的数个网页。因此，需要在较少检索返回结果中计算正确率衡量排序性能。该正确率称为前 k 个结果的正确率（Precision@k, P@k），如下：

---

① http://www.iprospect.com。

$$P@k = \frac{\text{relevant\_num}_k}{k} \quad (k=1,2,3,\cdots)$$

其中：$relevant\_num_k$ 为返回前 k 个结果中相关文档的数目。

该指标优点在于不需要计算所有相关集合的数目，但通常不稳定（因为文档集中相关文档的总数会对该指标有很大影响）。还是上述实例：假设有两个查询 Q_1 与 Q_2，Q_1 有 4 个相关文档，Q_2 有 5 个相关文档。检索系统对于 Q_1 检索出 4 个相关文档，其位置 rank 分别为 1、2、4、7；对于 Q_2 检索出 3 个相关文档，其位置 rank 分别为 1、3、5。对于 Q_1，$P@1 = 1/1 = 1$，$P@2 = 2/2 = 1$，$P@3 = 2/3 = 0.6667$，$P@4 = 3/4 = 0.75$，$P@5 = 3/5 = 0.6$；对于 Q_2，$P@1 = 1/1 = 1$，$P@2 = 1/2 = 0.5$，$P@3 = 2/3 = 0.6667$，$P@4 = 2/4 = 0.5$，$P@5 = 3/5 = 0.6$。因此，该检索系统的评价指标 $P@k$ 是，$P@1 = (1+1)/2 = 1$，$P@2 = (1+0.5)/2 = 0.75$，$P@3 = (0.6667+0.6667)/2 = 0.6667$，$P@4 = (0.75+0.5)/2 = 0.625$，$P@5 = (0.6+0.6)/2 = 0.6$。

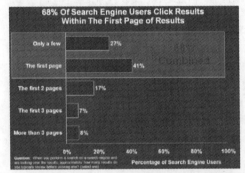

	2008	2006	2004	2002
Only a few	27%	23%	24%	16%
The first page	41%	39%	36%	32%
The first 2 pages	17%	19%	20%	23%
The first 3 pages	7%	9%	8%	10%
More than 3 pages	8%	10%	12%	19%

图 4.17　2008 年和近年来网络用户点击检索返回结果位置分布统计

近年来，基于机器学习排序算法中的指标归一化折损累积增益（Normalized Discounted Cumulative Gain，NDCG）逐渐应用于信息检索中，NDCG 是针对非二值相关（相关度通常分为 4、3、2、1、0 五个等级）情况下的指标，与 $P@k$ 一样，NDCG 也基于前 k 个检索结果进行计算

$$\mathrm{NDCG}(Q,k) = \frac{1}{|Q|} \sum_{i=1}^{|Q|} Z_k \sum_{j=1}^{k} \begin{cases} 2^{r(j)} - 1, & j=1 \\ \dfrac{2^{r(j)} - 1}{\log_2(j)} & j > 1 \end{cases}$$

其中：$r(j)$ 为评价人员给出的相关度得分；Z_k 为归一化因子，用于保证对于查询 i 最完美系统的 NDCG@k 得分是 1。

例如，假设有四个不同级别的相关度 0、1、2 和 3。其中，3 代表最相关；0 表示不相关。有一个由上述文档组成的序列，其各个位置上的文档相关度分别为 Rel = <3, 2, 3, 0, 0, 1, 2, 2, 3, 0>，这样，到第 i 位累计的贡献是从第 $1\sim i$ 位的贡献值之和。记为 CG，CG = <3, 5, 8, 8, 8, 9, 11, 13, 16, 16>，考虑到文档所排的位置越靠后，其重要性就越小。因此，对于具有相同贡献值的文档，其所在的位置越靠后，加在 CG 上的值应该越小。通过其贡献值上除以位置值的对数函数得到了 DCG，DCG $= <v_1, v_2, \cdots, v_k> = <3, 5, 6.89, 6.89, 6.89, 7.28, 7.99,$ $8.66, 9.61, 9.61>$，而根据同样步骤计算最优相关度排序 Rel' $= <3, 3, 3, 2, 2, 2, 1,$ $0, 0, 0>$的 DCG 序列为 DCG $= <i_1, i_2, \cdots, i_{10}>$，则这个排序对应的 NDCG $= <v_1/i_1,$ $v_2/v_2, \cdots, v_{10}/i_{10}> = <1.00, 0.83, 0.87, 0.78, 0.71, 0.69, 0.73, 0.77, 0.83, 0.81>$。

4.5 小　结

本章依据 Internet 信息检索相关技术相关研究背景，介绍了面向指控信息的按需搜索方法，主要从栅格网对指控信息检索的需求分析出发，阐述指控信息按需搜索需求模型，分析了指控信息搜索服务的关键技术和按需搜索方法，并通过信息检索相关测试指标衡量面向指控信息检索服务性能。

参 考 文 献

[1] Lyman P, Varian H, Dunn J, et al. How Much Information Project[R]. Technical report, University of California, Berkeley, 2003.

[2] 王继成, 萧嵘. Web 信息检索研究进展[J]. 计算机研究与发展, 2001, 38:187-193.

[3] 许静芳. 分布式信息检索模型与算法研究[D]. 北京：清华大学, 2007.

[4] Manning Christopher D, Raghavan Prabhakar, Schütze Hinrich. Introduction to Information Retrieval[M]. Cambridge University Press, 2008.

[5] Frakes W B, Baeza-Yates R. Information retrieval: Data structures and algorithms[R]. Engelwood Cliffs, NJ: Prentice-Hall, 1992.

[6] 陈洪辉. 作战任务和资源匹配模型及求解算法研究[J]. 系统工程与电子技术, 2008(9)1712-1716 页.

[7] Baeza-Yates R, Ribeiro-Neto B. Modern information retrieval[M]. Addison Wesley, 1999.

[8] Salton G. The SMART retrieval system-experiments in automatic document processing[R]. Prentice-Hall, NJ, USA, 1971.

[9] John Lafferty and Chenxiang Zhai. Document Language Models, Query Models, and Risk Minimization for Information Minimization for Information Retrieval[C]. Proceedings of the 24th Annual International ACM SIGIR Conference on Research and Development in Information Retrieval. 2001. page 111:119.

[10] "Overview of the Okapi projects", Journal of Documentation, 1997, Vol. 53 Issus I pp. 3-7.

[11] Burges Chris, Shaked Tal, Renshaw Erin, et al. Learning to rank using gradient descent[C]. ACM ICML, 2005:89-96.

[12] Lafferty J, Zhai C. Document language models, query models, and risk minimization for information retrieval[C]. ACM SIGIR, 2001:111-119.

[13] Gao Jianfeng, Qi Haoliang, Xia Xinsong, et al. Linear discriminant model for information retrieval[C]. ACM SIGIR, 2005:290-297.

[14] Cao Z, Qin T, Liu T, et al. Learning to rank: from pair-wise approach to list-wise approach[C]. ACM ICML, 2007:129-136.

[15] Adriano Veloso, Marcos A. Goncalves, Wagner Meira Jr, et al. Learning to rank using query-level rules [J]. Journal of Information and Data Management, 2010, 1(3): 567-581.

[16] Tian Aibo, Lease Matthew. Active learning to maximize accuracy vs. effort in interactive information retrieval[C]. In: Proceedings of the 34th Annual International ACM SIGIR Conference on Research and Development in Information Retrieval, 2011: 145-154.

[17] Chapelle Olivier, Chang Yi, Liu T-Y. Future directions in learning to rank[J]. Journal of Machine Learning Research, 2011(14): 91-100.

[18] Taylor Michael, Guiver John, Robertson Stephen, et al. SoftRank: Optimizing non-smooth rank merits[C]. In: Proceedings of the International Conference on Web Search and Web Data Mining, 2008: 77-86.

[19] Liu Chao, White Ryen W, Dumais Susan. Understanding web browsing behaviors through weibull analysis of dwell time[C]. In: Proceedings of the 33rd Annual International ACM SIGIR Conference on Research and Development in Information Retrieval, 2010: 379-386.

[20] Liu Chang, Liu Jingjing, Belkin Nichoals, et al. Using dwell time as an implicit measure of usefulness in different task types[C]. In: Proceedings of the American Society for Information Science and Technology, 2011, 48(1): 1-4.

[21] Jolliffe I T. Principal Component Analysis[M]. Springer, 2002.

[22] Liu T-Y. Learning to Rank for Information Retrieval[M]. Springer, 2011.

[23] Bennett Paul N, Svore Krysta, Dumais Susan T. Classification-enhanced ranking[C]. In: Proceedings of International World Wide Web Conference Committee, 2010: 111-120.

[24] Wei Yuan, Prasad Vibha, Son Sang H. Prediction-based QoS management for real-time data streams [C]. In Proceedings of the 27th IEEE International Real-Time Systems Symposium (RTSS'06).

[25] Veloso Adriano, Almeida Humberto M, Gonçalves Marcos, et al. Learning to rank at query-time using association rules[C]. In: Proceedings of the 31st Annual International ACM SIGIR Conference on Research and Development in Information Retrieval, 2008: 267-274.

[26] Geng Xiubo, Liu T Y, Qin Tao, et al. Query dependent ranking using K-nearest neighbor[C]. In: Proceedings of the 31st Annual International ACM SIGIR Conference on Research and Development in Information Retrieval, 2008: 115-122.

[27] Qin T, Liu T Y, Tsai M F, et al. Learning to search web pages with query-level loss functions[R]. Technical Report MSR-TR-2006-156, 2006.

[28] Freund Y, Iyer R, Schapire R, et al. An efficient boosting algorithm for combining preferences[J]. Journal of Machine Learning Research, 2003(4):933-969.

[29] Xu Jun, Li Hang. AdaRank: A boosting algorithm for information retrieval[C]. In: Proceedings of the 30th Annual International ACM SIGIR Conference on Research and Development in Information Retrieval, 2007: 391-398.

[30] Zheng Z, Zha H, Zhang T, et al. A general boosting method and its application to learning ranking functions for web search[C]. In: Advances of the 22nd Annual Conference on Neural Information Processing System, 2008: 1697-1704.

[31] Joachims T. Optimizing search engines using clickthrough data[C]. In: Proceedings of the eighth ACM SIGKDD International Conference on Knowledge Discovery and Data Mining, 2002: 133-142.

[32] Christopher D. Manning, Prabhakar Raghavan, Hinrich Schütze. An Introduction to Information Retrieval[M]:

142

Cambridge University Press, 2009.

[33] Li P, Burges C, Wu Qiang. McRank: Learning to rank using multiple classification and gradient boosting[C]. In: Proceedings of the 21st Annual Conference on Neural Information Processing System, 2007: 845-852.

[34] Xu J, Liu T Y, Lu M, et al. Direct optimizing evaluation measures in learning to rank[C]. In: Proceedings of the 31st Annual International ACM SIGIR Conference on Research and Development in Information Retrieval, 2008: 107-114.

[35] Phophalia Ashish. A Survey on learning to rank (LETOR) approaches in information retrieval[C]. In: Proceedings of International Conference on Current Trends in Technology, 2011: 1-6.

[36] Cao Z, Qin T, Liu T Y, et al. Learning to rank: from pairwise approach to listwise approach. [C] In: Proceedings of the 24th International Conference on Machine Learning, 2007: 129-136.

[37] Lafferty J, Zhai C. Document language models, query models, and risk minimization for information retrieval[C]. In: Proceedings of the 24th Annual International ACM SIGIR Conference on Research and Development in Information Retrieval, 2001: 111-119.

[38] Burges C, Shaked T, Renshaw E, et al. Learning to rank using gradient descent[C]. In: Proceedings of the 22nd International Conference on Machine Learning, 2005: 89-96.

[39] Long Bo, Chapelle Olivier, Zhang Ya et al. Active learning for ranking through expected loss optimization [C]. SIGIR'10, July 19-23, 2010.

[40] Scholkopf Bernhard, Smola Alexander J, Learning with Kernels [M]. UK: Cambridge, Massachusetts, 2001.

第 5 章 信息特征捕获方法

随着信息技术的飞速发展以及网络应用的高度普及，指控信息的承载形式发生了巨大的变化，信息呈现多样化和复杂化的发展趋势，信息数据的高维性和复杂性为指控信息的精准服务带来了巨大的挑战。信息特征捕获作为数据挖掘和信息利用的一项关键技术，对于提高指控信息的精准服务能力具有显著的作用。

5.1 概　　述

5.1.1 信息特征捕获的概念

随着计算机网络与通信技术的飞速发展，网络上信息的数量迅速增长，如何收集与整理所需的信息资源成为一个重要课题。近年来，一些有关统计学、机器学习的理论已经应用到语言的智能信息处理中，使得信息分类成为处理和组织大规模信息的一项关键技术。信息分类是指从预定义的类别集合中选择一个或多个类别标号分配给信息，其中的一项关键技术就是特征捕获。

指控信息特征捕获是指根据某种评估标准从信息中获取能够最优反映信息主题的特征的过程。其目的是：寻求获取信息的特征向量，并通过有限维度的特征向量表示来完整描述信息内容和信息特性。其支撑技术包括文本分析、图像分析、视频分析、音频分析及相似度匹配等多种技术。

特征选择通过删除无关、冗余或噪声特征得到更稳定的特征表示，提高分类任务的效率，改善预测精确度等性能指标，同时增强了分类结果的可解释性。目前的特征选择方法以文本特征选择方法为主，分为两类：一类为有监督的特征选择，包括信息熵、χ^2 统计、互信息等；另一类为无监督的特征选择，主要包括文档频数、单词权等。

特征抽取也是一种常用的降维方法，与特征选择是两个容易混淆的概念。特征抽取也可称作特征重参数化，通过对原始特征空间进行旋转、拉伸或者扭曲等变换，得到一个新的低维空间，以达到降维的目的。变换后的特征称为二次特征，是原始特征的某种组合，可看作是用一个新的特征空间描述文本内容。常用的特征抽取方法有：主成分分析、潜在语义索引（latent Semantic Indexing，

LSI）和非负矩阵分解（Non-negative Matrix Factorization，NMF）等。

如上所述，军事信息特征捕获涉及部分特征选择方法，但与特征选择和特征抽取相比，军事信息特征捕获方法有所不同。其原因如下：

（1）特征捕获是通过分析信息，选出表达信息意义的特征向量，直观地解释信息的主题和内容，而不改变信息本身；特征选择是直接选出原始特征集的子集，不改变原始空间的性质，并且特征代表的意义也未改变，这点与特征捕获类似；而特征抽取则是基于原始特征集，通过代数转换等运算对信息进行处理以生成新的特征集。

（2）军事信息特征捕获针对军事领域的信息应用，旨在解决军事信息栅格中各种情报信息、通信信息以及火力打击信息等各种信息的共享使用和精准服务问题，特征捕获具有较强的目的性，特征向量的选择上也具有较高的针对性。

（3）军事信息特征捕获结束后，对该信息的使用仅需基于被选中的特征，进而过滤出重要变量，剩余的无关、冗余或噪声特征可以忽略不计，因而可以有效降低信息的维度，减少计算代价；而特征抽取需要不断收集所有的特征信息进行组合，计算复杂度较高，在大规模数据的分析上常由于条件限制造成特征的测量无法持续进行，进而导致特征抽取无法正常使用。

5.1.2　特征捕获框架设计

指控信息特征捕获主要包括信息特征捕获及用户偏好特征捕获两个方面，具体来说，在信息特征捕获方面，主要包括通过任务类型分析实现指控信息固有描述特征获取，及通过指控信息内容分析实现指控信息具体特征获取；在用户偏好特征捕获方面，主要包括通过用户角色分析实现用户角色固有偏好获取，及通过用户偏好表示与用户偏好采集实现用户个性偏好特征获取。指控信息特征捕获机制总体框架如图 5.1 所示。

进一步，与指控信息精准服务原型系统的设计相结合，对特征捕获功能模块进行了工作流程设计，如图 5.2 所示。

如图 5.2 所示，特征捕获模块主要完成信息精准服务过程中的特征提取功能，包括指控信息的特征捕获以及用户的特征捕获。

特征捕获主要依照以下步骤进行：

（1）当用户需求到达时，首先分析任务的类别。由于不同任务条件下对信息的需求有着明显的区别，一类任务往往对应于一类信息，因此本阶段主要工作是提取任务的固有属性以及该种任务对信息的固有偏好，形成任务固有特征向量，并存入特征数据库。

（2）分析用户的角色及权限信息。由于不同的人员对信息的关注角度有所不同，且权限的区别也对信息的获取粒度产生影响，因此本阶段的工作主要是获取用户的角色及权限信息，形成用户固有偏好特征向量，并存入特征数据库。

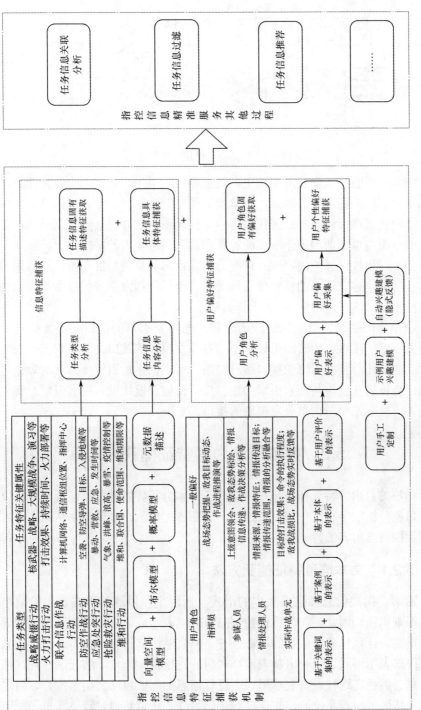

图 5.1 指控信息特征捕获机制总体框架

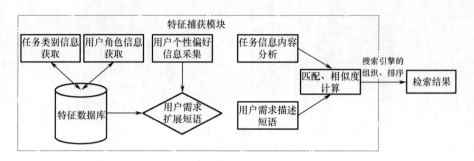

图 5.2　特征捕获模块工作流程

（3）在固有特征向量的基础上，还应考虑同类用户之间的个体化差异，以提高信息利用的精准度。因此，本阶段提供用户注册以及个性化偏好采集两大功能，通过表格或问卷形式采集用户的个性化需求，并进行形式化描述，最终形成的结果与以上两项工作形成的特征向量共同对用户的需求进行扩展。

（4）对指控信息的内容进行详细分析，得出信息的特征向量，并与用户需求进行匹配，建立适当的相似度计算公式，而后在搜索引擎的排序及组织功能的支持下提供满足用户的 top-k 个检索结果。

该模块的主要接口包括用户需求描述与搜索引擎的接口、特征捕获模块与搜索引擎的接口、检索结果显示与信息分发模块的接口。初步的设计方案：用户需求描述与搜索引擎的接口通过将用户需求描述短语转变为查询短语进行实现；特征捕获模块与搜索引擎的接口将特征捕获模块嵌入搜索引擎，实现无缝接入；检索结果与信息分发模块的接口。

5.2　指控信息内容特征捕获方法

指控信息内容特征捕获是一项集成了文本分析、图像分析、音频分析以及用户角色分析等多种工作的复杂过程，如图 5.3 所示。本节分别从这四个方面介绍指控信息内容的特征捕获方法。

5.2.1　文本信息特征捕获方法

通常，指控信息都是以文本的形式表示出来，以这种形式表示的信息计算机很难识别。因此，如何将指控信息有效地表示成计算机可识别的知识显得尤为重要。计算机理解信息的核心任务是将自然语言语句（文本）转换成某种机器内部表示形式。这种内部表示形式应能完整地刻画句子的词法、句法或语义信息，然后在这种内部表示形式上进行信息抽取（自动文摘系统）、问题求解（自然语言问答系统）、知识推荐、向另外一种自然语言转换（机器翻译系统）。显然，文本的数字化表示是一切智能化信息处理的基础。

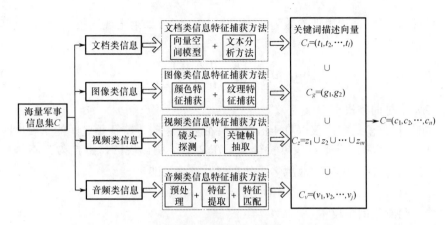

图 5.3　军事信息内容特征捕获方法的研究框图

与一般数据库中的结构化数据相比，文本使用自然语言，没有标准结构，计算机难以直接处理。因此，首先要对文本进行预处理，抽取代表其本质特征的元数据（又称特征项），以结构化形式保存，这就是文本表示，也称目标表示。

组成文本的语言单位包括字、词、短语、句子及句群等，这些语言单位都可以作为文本的特征项，还可以选择相应词语或短语的语义概念类作为文本的特征项。根据实验结果，目前普遍认为选取词作为特征项要优于字和词组。

通常有三种文本表示模型，即向量空间模型、布尔模型和概率模型。在向量空间模型中，自然语言形式的文本表示为对应的特征空间中的一个向量，这个向量也称为文本向量。文本向量中每一维对应于文本中的一个特征项，它的权值为该维所对应的特征项在语料库中的权值，采用某种加权方法计算。在向量空间模型中，可以通过计算对应文本向量的夹角余弦得到两篇文本的相似度。布尔模型可以看作是向量空间模型的一种特例。在布尔模型中，根据特征是否在文本中出现，该特征项的权值只能取 1 或 0。概率模型中假定待分类文本为 D，待分的类别集合为 $\{c_1, c_2, \cdots, c_n\}$。使用概率模型分类，就是对 $1 \leqslant i \leqslant n$ 求条件概率，取与该文本的条件概率最大的类别作为文本的所属类别。

5.2.1.1　文本特征项权重计算

在文本集合 D 中，d_i 表示集合中的第 i 篇文本，t_k 代表集合中的一个特征项；$\mathrm{tf}(t_k, d_i)$ 表示特征项频率，定义为特征项 t_k 出现在文本 d_i 中的次数；$\mathrm{df}(t_k)$ 表示文本频率，定义为在文本集合 D 中出现过特征项 t_k 的文本数；$|D|$ 表示文本集合 D 中所有文本的总数；以 $w(t_k, d_i)$ 表示特征项 t_k 在文本 d_i 中的权重值。则各种文本特征权重定义如下：

1）布尔权重

布尔权重是最简单的一种加权方法，直观地表示特征项 t_k 是否在文本 d_i

中出现：如果特征项出现次数为 0，则其权重为 0；如果出现次数大于 0，则其权重为 1。即

$$w(t_k, d_i) = \begin{cases} 1, & \text{tf}(t_k, d_i) > 0 \\ 0, & \text{tf}(t_k, d_i) = 0 \end{cases} \quad (5\text{-}1)$$

2）绝对词频权重

布尔权重模式中，仅以 0-1 值标记特征项，忽略了特征项之间的重要性区别；而绝对词频权重则直接以特征项 t_k 在文本 d_i 中出现的次数作为文本特征项的权重，特征项出现次数越多，其重要性越强。即

$$w(t_k, d_i) = \text{tf}(t_k, d_i) \quad (5\text{-}2)$$

3）归一化词频权重

以绝对词频作为权重，文本越长，特征项的词频倾向于越大，与短文本之间的特征差异加大；归一化词频模式则以文本 d_i 的长度（d_i 中特征项的词频总数），对各特征项的绝对词频进行归一化处理，即

$$w(t_k, d_i) = \frac{\text{tf}(t_k, d_i)}{\sum\limits_{t_k} \text{tf}(t_k, d_i)} \quad (5\text{-}3)$$

4）TFIDF 权重

以上三种权重模式都是基于文本的局部信息做的简单加权处理，忽略了各特征项在整个文本集合 D 中的分布信息。TFIDF 权重则利用了各特征项在文本 d_i 中出现的局部特征项频数 $\text{tf}(t_k, d_i)$，与在文本集合 D 中出现过的全局文本频数 $\text{df}(t_k)$，进行综合加权。标准的 TFIDF 计算形式为

$$\text{tfidf}(t_k, d_i) = \sqrt{\text{tf}(t_k, d_i)} \log\left(\frac{|D|}{\text{df}(t_k)}\right) \quad (5\text{-}4)$$

式（5-4）中，对原始词频 $\text{tf}(t_k, d_i)$ 进行开方处理，以对高词频的特征项进行平滑，从而形成一个较平衡的特征项权值分布。为了使特征项权重与文本长度无关，通常在每个文本 d_i 内，对各个特征词项的 TFIDF 值进行余弦归一化处理，使最终得到的 TDIDF 权重值在[0，1]区间内：

$$w(t_k, d_i) = \frac{\text{tfidf}(t_k, d_i)}{\sqrt{\sum\limits_{t_j} (\text{tfidf}(t_k, d_i))^2}} = \frac{\sqrt{\text{tf}(t_k, d_i)} \log\left(\frac{|D|}{\text{df}(t_k)}\right)}{\sqrt{\sum\limits_{t_k} \left(\sqrt{\text{tf}(t_k, d_i)} \log\left(\frac{|D|}{\text{df}(t_k)}\right)\right)^2}} \quad (5\text{-}5)$$

5.2.1.2　文本特征选择

文本的特征向量会达到上万维甚至数十万维，在这样一个高维空间上对文本分类所使用的学习算法进行训练，既不经济又无必要，因此必须通过特征

选择进行维数压缩。目前，对文本的特征空间采取的特征选择算法一般是构造一个评价函数，对特征集中的每个特征进行独立的评估。这样每个特征都获得一个评估分，然后对所有的特征按照其评估分的大小进行排序，选取预定数目的最佳特征作为结果的特征子集。

在文本的特征选择中，各种评估函数分为有监督的特征选择算法和无监督的特征选择算法。其中：有监督的特征选择算法包括信息增益、期望交叉熵、互信息、χ^2；统计法（CHI）、文本证据、概率比等；无监督的特征选择算法包括文档频率、单词权、单词熵等。

文本分类因为有训练数据，所以能够得到各个特征项在不同类上的分布情况，从而计算出特征项的类区分力。因此，在文本分类上的特征选择算法的研究相当广泛，Yang 和 Pederson 做了一系列基于 k-近邻和线性最小方差的分类实验，比较了包括文档频数、信息熵、χ^2 统计、互信息和单词权的最为常用的特征选择算法。由此发现：首先，信息熵和 χ^2 统计算法最为出色，能在不降低分类精度的前提下移走最多高达 98% 的单词；其次，文档频数高的单词比文档频数低的单词对文本分类来说更为重要。尔后，Rogati 和 Yang 又进一步检验了各种特征选择算法及其相互组合对各种分类算法的影响，并得出 χ^2 统计和信息熵或文档频数的组合所表现出来的性能最优，它们在所有参与实验的任何分类器、任何文本数据集和任何分类评价标准上都得到了比其他特征选择算法组合更好的分类结果。另外，文本聚类因为缺乏类信息而无法使用有监督的特征选择算法，只能使用无监督的特征选择算法，所以在聚类上的特征选择研究并不多。

首先采用关键词匹配的方法过滤文档信息，即用词库中的信息关键词和文档中的词汇对比匹配，只保留必要的实词项 $(t_1, t_2, \cdots, t_i, \cdots, t_k)$，其中，$k$ 为实词项数目。

之后使用向量空间模型把文档信息描述为以项的权重为分量的向量表示。把文档信息 I 中的每一个元素具体化为向量空间模型中的特征向量。在向量空间模型中，把信息 I 看成一个规范化特征矢量 $V(I) = (((t_1, W_1(I)), (t_2, W_2(I)), \cdots, (t_i, W_i(I)), \cdots (t_k, W_k(I)))$，其中，$W_i(I)$ 为 t_i 在 I 中的出现频率的函数，利用文本的统计信息（如词、词频之间的同现频率等）来计算项的权重。其计算公式为

$$W_i(I) = \text{tf}_{t_i} \times \text{idf}_{t_i} \tag{5-6}$$

式中：tf_{t_i} 为项 t_i 在信息 I 中的文本频数，idf_{t_i} 为项 t_i 出现的文本频数的反比，idf_{t_i} 采用下面的公式计算，即

$$W_i(I) = tf_{t_i} \times \log\left(\frac{N}{n_{t_i}} + 0.01\right) \tag{5-7}$$

其中：N 为全部训练集的文本数；n_{t_i} 为训练文本中出现项 t_i 的文本数量。

最终得到文档信息特征描述向量为权重排名最高的 l 个实词项，即 $C_t =$

$(t_1, t_2, \cdots, t_l)$

5.2.2 图像信息特征捕获方法

对于图像类信息，从颜色特征和形状特征两个方面捕获图像信息特征。

颜色特征是表征态势信息的重要特征，首先对图像使用 RGB 颜色空间模型进行量化，设置量化的颜色数目 M；而后，对图像中的每一种颜色进行 RGB 空间到 Lab 空间（L 为亮度，a 为从洋红色至绿色的范围，b 为从黄色至蓝色的范围）的转换，得到每种颜色的 L、a、b 值，并统计相应的像素数值，记为 $S(x_i)$，x_i 代表图像中量化后的某一种颜色，$i \in [1, M]$；对 $S(x_i)$ 进行归一化处理，得到每一种颜色的概率分布 $h(x_i)$：

$$h(x_i) = \frac{S(x_i)}{\sum\limits_{i=1}^{M} S(x_i)} \tag{5-8}$$

得到信息 I 的颜色特征概率分布为 $[h(x_1), h(x_2), \cdots, h(x_i), \cdots, h(x_M)]$；采用欧氏距离测算法计算信息 I 的颜色特征概率分布与图像库中的作战背景图片的颜色特征概率分布相似度，取相似度最高的图像库中的作战背景关键词描述向量为颜色特征描述向量 $\boldsymbol{g}_1$，$\boldsymbol{g}_1 \subset$ (冰原，沙漠，丛林，海洋)，用以描述目标背景信息。

形状特征是区分军事目标形状和类型的重要特征，首先采用现有边缘信息检测方法捕获图像中目标的形状信息，而后与目标库中的目标形状做匹配，匹配成功的目标形状的关键词构造形状特征描述向量 $\boldsymbol{g}_2$，$\boldsymbol{g}_2 \subset$ (作战飞机，舰船，导弹，装甲车，坦克，无人作战平台)，用以描述目标形状信息。最后，得到图像信息特征描述向量 $\boldsymbol{C}_g = (\boldsymbol{g}_1, \boldsymbol{g}_2)$。

5.2.3 视频信息特征捕获方法

视频信息特征捕获方法如下：

（1）进行视频镜头探测。对于突变镜头探测，计算连续帧间像素级的视觉特征差异，并与预先设定的阈值进行比较判断镜头的变换；对于渐变镜头探测，记录较长一段时间的颜色变化，确定边界帧。

（2）抽取镜头中的关键帧。计算镜头中每帧图像的 RGB 颜色直方图 $\text{Hist}_i(r, g, b)$，然后计算相邻镜头间的颜色直方图差 $\text{Diff}(r, g, b)$，记录帧序号并根据颜色直方图差的和作图，得出颜色直方图差的转折点，即为镜头内的子镜头分割点，从中抽取中间帧作为关键帧 Z_i，$i \in [1, m]$，m 为抽取的关键帧数量。

（3）利用图像类信息的特征捕获方法对每一关键帧进行处理，得到每一关键帧的关键词描述向量 $Z_i = (g_{i1}, g_{i2})$，其中，g_{i1}、g_{i2} 分别为第 i 个关键帧的颜色特征描述向量和形状特征描述向量。

（4）将所有关键帧的关键词描述向量进行并处理，得到整个视频的特征描述向量 $C_z = Z_1 \cup Z_2 \cup \cdots \cup Z_i \cup \cdots \cup Z_m$。

5.2.4　音频信息特征捕获方法

音频信息特征捕获方法如下：

（1）对音频进行预处理。采用预加重方法提升高频信号，以减少尖锐噪声的影响，得到预加重处理后的音频信号；对预加重的信号进行切分，将音频分割为长度为 1s 的片段，并对每个片段进行加窗处理，即以窗函数乘以预加重的音频信号，得到帧。

（2）采用现有方法提取音频帧的 Mel 频率倒谱系数特征和频域能量。

（3）将这些特征与音频库（作战飞机发动机轰鸣声等）中的音频特征（包含各种音频的 MFCC 特征及频域能量取值）进行匹配，得到音频类信息的关键词描述向量 $C_v = (v_1, v_2, \cdots, v_j)$。其中：$v_i$ 为匹配成功的第 i 个音频所代表的音频描述关键词；j 为匹配成功的总音频数量。

进行相似度匹配时，使用的信息关键词描述向量 $C = C_t \cup C_g \cup C_z \cup C_v = (c_1, c_2, \cdots, c_n)$。其中，$n$ 为合并后无冗余的描述关键词数量。

5.3　指控信息用户特征捕获方法

5.3.1　用户基础信息特征捕获

对于用户基础信息，通过用户注册和数据定制的方式获取：

（1）记录用户在系统注册时输入个人偏好信息，形成 Q_{g1}，例如，$Q_{g1} = $(战场态势，作战计划，能力指标)。

（2）提供给用户可供定制的需求描述信息，用户从中根据需要定制数据，形成 Q_{g2}，例如，$Q_{g2} = $(海洋，作战飞机，毁伤评估)；结合 Q_{g1} 和 Q_{g2} 得到用户固有需求关键词描述向量 $\boldsymbol{Q}_g = Q_{g1} \cup Q_{g2}$。

对从系统的服务器上收集 Log 日志和各类资源进行数据预处理，使用路径分析、关联规则、序列模式和聚类技术从 Web 页面内容上抽取知识，挖掘用户的访问模式，提取用户的潜在兴趣，形成用户固有需求关键词描述向量 $\boldsymbol{Q}_p$。

（3）形成用户需求关键词描述向量 $\boldsymbol{Q} = \boldsymbol{Q}_g \cup \boldsymbol{Q}_p = (q_1, q_2, \cdots, q_n)$。其中，$n$ 为预先设定的需求关键词的最大数量。

5.3.2　用户行为信息特征捕获

目前，信息检索领域已经形成了一些检索模型，影响较大的有布尔模型、向量空间模型、语言模型、BM25 模型等，不断提高信息检索性能，推动信息检索研究的发展。这些方法在其特定应用中都体现出一定的优越性，但是它们仍有可改进之处。其主要问题是：算法无法自适应选取参数，运行过程中需手动调整模型参数，为此产生了基于机器学习的检索算法（称为排序学习），即系统根据用户提交的查询短语自动判断存储库中文档与查询的相关度大小，并给出排序列表，位置越靠前表示返回结果与查询越相关。

同时，检索系统面临的问题：当用户构造一个好的查询有困难时，检索结果往往不尽人意，而让用户判断文档与其查询的相关性却是比较容易的。于是考虑通过用户交互直接给出文档相关性判断引入检索系统，来提高检索结果的准确性。这就是基于用户相关反馈的信息检索方法。利用用户相关反馈进行检索的反复迭代是非常有意义的，并且相关反馈对于跟踪用户信息需求的变化也是有效的。图像检索就是一个使用相关反馈很好的例子，因为在图像检索中返回结果直观，而且用户不容易用词语来表达其需求，但很容易标记相关和不相关的图像结果。

完整的信息检索模型由文档查询表示方法、评价文档相关性的匹配策略、查询结果排序方法以及反馈机制四部分构成。检索出来的信息最终都以排序的方式返回给用户，因此信息检索的核心问题也归结于如何高效地为信息进行排序。实质上是解决排序学习问题。排序学习技术是信息检索和机器学习领域的热点问题，机器学习解决排序学习问题方法大致分基于回归的排序学习、基于分类的排序学习和基于顺序的排序学习。基于顺序的排序学习问题是当前信息检索领域研究的热点。根据对训练样本处理手段的不同，又可以分为基于样本点的排序算法以及基于样本对的排序算法。排序学习方法是从机器学习技术中衍生到信息检索领域的，并且现阶段正成为国内外研究信息检索的热点方向之一。

采用排序学习算法进行排序并结合用户反馈机制构造检索模型能够有效地减少计算的复杂度，同时不需要用户手动的设置参数。因此，这种方法在有效缓解当前检索难题、提高检索效能、满足日益增长的信息检索需求方面有非常重要的意义。

基于用户反馈的信息检索方法，即在信息检索的过程中，用户对初次检索结果的相关性给出反馈意见，即通过用户的交互行为提高检索结果的准确性。检索系统充分利用用户作为信息检索主体的特殊作用，使用各种途径、方法发掘用户的兴趣意图，反馈给检索系统，继而优化检索查询，实现检索效果的提升，满足人们的信息检索需求。

现有的用户反馈基本类型可以分为相关反馈、伪反馈、隐式相关反馈三种。目前相关反馈技术方面的研究成果已经相当丰富，对于反馈技术方面的研究近年来也随着互联网的发展、搜索引擎的普及而出现了研究热潮。反馈技术已经成为研究的热点。大多数的反馈算法都是基于这样的前提：使用排在前面的 x 篇文档中的 t 个词条，确定 x 和 t 的最优值以及迭代次数的最佳值。通过反馈来获取以上的参数来实现检索性能的提高已成为当前研究的重要课题。信息检索系统中用户利用反馈模型进行查询扩展的一般过程如图 5.4 所示。

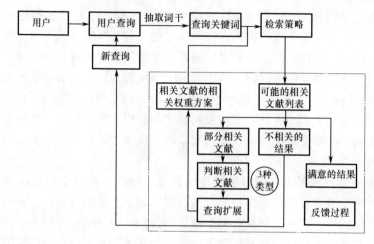

图 5.4 反馈的一般过程

下面在分析相关反馈、伪反馈、隐式反馈的原理及特点的基础上，提出一种基于用户行为分析的信息检索排序方法。

5.3.2.1 用户反馈类型

现有的用户反馈基本类型主要可以分为相关反馈、伪反馈、隐式反馈三种。

1）相关反馈

在信息检索系统中加入相关反馈的目的是，通过检索策略的调整增强相关文献的响应而抑制非相关文献。对于用户而言，判断一篇文献的相关性比清晰地表达用户的需求更为容易，即使不确切地知道需要什么样的信息，但用户能够识别什么样的信息可以满足其要求。因此，通过用户的相关反馈，对前一次查询检索到的文献的相关性判断，增强相关文献中出现的检索词的权值，降低在非相关文献中出现的检索词的权值，用户可以逐渐接近其信息需求，最终得到满意的结果。

相关反馈过程：用户提供一个查询，系统进行初始的查找，返回给用户一定数量的文献，用户指出返回的哪些文献是有用的（相关的）。然后系统自动地用这些来自最相关的文献中的检索词扩展查询，基于这些用户的相关性判断形成新的查询。这个处理过程将查询逐步靠近相关的信息，新的查询再与文献集进行匹配，从而从文献集中检索出比原来未修正的查询更多的相关信息和更少的不相关信息，最终返回给用户改进的结果集。这个处理过程可以重复，随着相关文献数目的递增，用户最终可望得到较为精确的查询，并且据此得出较好的检索结果，用户的信息需求得到满足。每次都进行相关文献的判断，查询的扩展和权重重新计算，然后执行这个"改进"的查询，即是"反馈查询"。

相关反馈过程是一个受控的、自动的处理过程，同时该过程是交互的：用户必须查看在检索系统中排列在前面的文献，并且判断哪篇文献是相关的。值得注意的是，现代的信息检索系统通常将文献集合中所有的检索文献都排列出来，用户必须决定他要到该文献集合的哪个位置为止。例如，他决定阅读排在前列的 x 篇文献（ x 是检索程序的一个参数）。这里就已经假设了前列的 x 篇文献可能会是相关的，因此，值得来判断它们的相关性。然后，系统自动地从相关的文献中提取检索词并将其加入到原始查询中，系统也会重新计算原始查询中的检索词。

相关反馈技术展现了很好的实用性以及有效性，在整个信息检索过程中担当了一个非常重要的角色，相关反馈展现了如下主要的优点：

（1）简洁性。它将用户从查询形成处理过程的细节中解脱出来了，不需要人工构造查询，并且可以在不很熟悉文献集合环境和查询环境的情况下构建有效的查询。

（2）渐进性。它将查询操作分解为一系列的小的查询步骤，以逐渐地接近想要的目标，实现效能的提高。

（3）可控性。相关反馈提供了一个受控的查询优化过程，在此过程中系统能够在用户的意愿下实现可预见的查询的优化，通过人为地强调一些重要的检索词，减弱另外一些检索词等手段来达到控制的目的。

当然，通过相关反馈不可能得到最理想的查询，因为完整的相关信息集合和不相关信息集合是没有办法得到的。但是，相关反馈可以提供一个近似的集合，通过利用这个近似的集合的相关性判断信息，以及相关性文档和不相关文档的潜在信息，优化查询词项，从而改进查询的效率。

2）伪反馈

伪反馈也称盲相关反馈，提供了一种自动局部分析的方法。它将相关反馈的人工操作部分自动化，用户不需要进行额外的交互操作就可以获得检索性能的提升。最简单的伪反馈的例子是：在信息检索过程中，系统首先进行正常的检索，返回最相关的文档构成初始文档集；然后假设排序靠前的 k 篇文献是相关的，其余为不相关文档；最后在此假设上像以往一样进行相关反馈。

伪反馈过程：用户提供一个查询，系统进行初始的查找，系统按照检索策略的相关性按从高到低排序，系统默认前 k 篇文档为相关文献。然后系统自动的从这些为相关的文档来进行扩展查询，形成新的查询。这个处理过程将查询逐渐靠近相关的文献，偏离不相关的文献，新的查询再与文献集进行匹配，从而从文献集中检索出更加相关的前 k 篇文献，最终返回给用户一个改进了的文献集。这个处理过程可以重复，随着相关文献数目的递增，用户最终可望得到较为精确的查询，并且据此得出较好的检索结果，用户的信息需求得到满足。每次都进行相关文献的伪判断，查询的扩展和权重重新计算，然后执行这个"伪的改进"的查询，即"伪反馈查询"。

这种自动的伪反馈技术大部分情况下起作用，有证据表明它将比全局分析的效果要好。在 TREC 文本任务中也发现它能提高检索的性能。当然它不可能完全地避免自动化操作带来的风险。比如，查询关于"铜矿开采"的信息，返回前面的多篇文档都与"智利的开采"有关，那么进行的伪反馈后查询会向"智利"相关的主题漂移等。

伪反馈技术展现了很好的实用性以及方便性，在某些特殊的信息检索过程中担当了一个非常重要的角色。伪反馈展现了如下主要特点：

（1）自动化。它将用户从信息检索的查询完全解脱了出来，用户只需要进行初始的查询输入，之后便不再需要用户进行直接的反馈，并且检索系统能够自动地进行反馈来优化查询。

（2）偏移性。提供的是不受控制的查询改变过程，该反馈过程由于缺少用户的有效参与，可能会出现检索主题的偏移，从而需要用户重新输入检索词，再次进行检索。

当然，通过伪反馈不可能得到一劳永逸的效果，因为伪反馈是不受控制的过程，同时检索效果比相关反馈低。但是，由于伪反馈是系统自动进行的反馈，不需要用户参与，因此在有些时候如用户不愿意进行直接反馈的情况下会使用得到，同时伪反馈可以提供一个近似相关的文献集合，从而改进查询的效率。

3）隐式反馈

在反馈过程中，也可以利用间接的资源而不是显式的相关反馈结果作为反馈的基础。这种方法常称为间接相关反馈或者隐式相关反馈。隐式反馈，顾名思义是以一种隐式的方式获得用户的反馈信息，即通过观察用户的正常交互行为，从用户的检索交互历史如点击量或者浏览时间来自动推测用户的兴趣偏好，从而获取用户最可能的相关性判断，整个过程中不需要用户显式地做出相关性判断。

隐式反馈并不是直接进行反馈或者默认前 k 篇文档为相关文档，而是通过分析用户的历史或者当前的行为，比如，用户的点击量或者用户浏览文档停留的时间，通过这些信息分析总结出用户的兴趣爱好，以及其他相关信息。以此为根据，反馈给检索系统，检索系统利用用户的这些信息推测出用户最可能的相关文档，继而调整优化查询，从而提升检索的效果。隐式反馈是以一种用隐式的（用户几乎察觉不到的）方式获得用户的反馈信息的方法，即通过用户与系统的正常交互行为来推测用户的兴趣偏好，不需要用户额外花力气去做相关性评价。

隐式反馈过程：用户提供一个查询，系统进行初始的查找，系统按照检索策略的相关性返回相关的文档，用户查看返回的文档。然后系统自动的用这些查看的文档以及在各个文档浏览逗留的时间等分析得出用户的相关信息如兴趣等，基于用户的这些个性化信息来判断可能的相关性文档，从而与显式反馈一样，形成新的优化的查询。这个处理过程将查询逐渐接近用户的真实检索需求。这个处理过程可以重复，随着获取用户相关信息的递增，用户最终可望得到较为满意的结果，用户的信息需求得到满足。

隐式反馈不如显式反馈可靠，但是比没有任何用户判断信息的伪反馈更加有用。此外，尽管用户往往不愿意提供相关反馈，但是在如网络搜索引擎一样的具有高访问量的系统中，收集用户的大量隐式信息是十分容易的。比如，在 Web 中，引入了一种文档排序的思路，即对于某文档，如果用户浏览的次数越多，那么它的排名也越高。换句话说，这里假设用户对链接的点击能够反映出该页面的相关性。这种方法基于很多假设，比如，结果列表中的文档摘要片段能够为用户判断文档的相关性与否提供提示信息。目前一种非常相关的方法是用于网络查询匹配的广告排序。有研究表明，如果充分利用客户端丰富的用户行为作为隐式反馈信息，甚至能比利用显式反馈取得更好的效果。

隐式相关反馈技术展现了很好的便捷性以及有效性，在近来的信息检索模型中担当了一个非常重要的角色。隐式相关反馈展现如下主要优点：

（1）智能化。系统只需从用户的历史使用记录如点击记录、浏览时间等就能够发掘用户的兴趣爱好，并不需要用户进行直观的反馈。用户在整个反馈过程中就不会觉察到自己已经处在检索过程中。

（2）便捷性。隐式反馈信息具有大量存在、容易获取的优点。对于现有大型的搜索引擎来说，获取大量的用户相关历史记录已经相当容易，并且分析出的用户的兴趣模型也非常贴合用户本身，因此获取方便快速，已经成为当前检索中常用的一种反馈机制。

当然，通过间接相关反馈不可能得到最理想的查询。但是隐式相关反馈可以分析得出一个近似的相关的集合，从而改进查询的效率。研究表明，隐式反馈虽然不如显式反馈精确，但在交互式环境中可以成为显式反馈的有效替代。表 5.1 给出了三种反馈机制的比较。

5.3.2.2　基于用户行为分析的信息特征捕获方法

基于用户行为分析的信息检索排序方法，即结合用户反馈信息的信息检索方法，对其体系架构、功能实现方法、原理及特点进行深入分析研究。

表 5.1　三种反馈机制的比较

反馈类型	方　式	优　点	缺　点	适 用 范 围
相关反馈	用户直接参与，给出部分检索结果的相关性判断	反馈清晰、可靠，过程效果可控，便于提高检索效果	用户工作量大，需要进行大量繁琐的相关性标记	广泛应用
伪反馈	用户不参与，默认返回结果中靠前的数个是相关的	反馈自动进行，用户可以完全摆脱繁琐的相关性判断	反馈不可靠，容易产生主题偏移，检索效果低	自动化检索，不便于人直接反馈的领域
隐式反馈	用户间接参与，获取用户的历史使用记录如点击记录，浏览时间等	反馈信息容易获取，反馈信息量大，方式便捷，便于智能化处理	反馈效果不如显式反馈，在效果要求较高的情况下不能使用	网络检索以及个性化检索等

　　结合用户反馈信息的信息检索方法，便于信息资源的及时注册更新，统一管理，同时将相关度反馈信息引入检索系统来提高检索性能。该方法从实现角度来看，运行过程中无须手动调节算法参数，同时计算复杂度低，降低了检索时间，实现了快速自主的信息检索与排序。结合低维特征和相关度反馈信息建立相关度判断模型，对检索结果进行多次排序，最后得到并返回最佳排序的检索结果。

　　结合用户行为分析，即用户反馈的信息检索排序方法，由以下五大功能模块组成：

　　（1）检索模块：用于接收查询短语并检索，以及返回检索结果和再次检索结果。

　　（2）特征提取模块：用于提取文档库中所有文档的低维特征。

　　（3）相关度反馈模块：用于获取检索结果中多个文档的相关度反馈信息。

　　（4）排序模块：用于生成相关度判断模型，计算检索结果中所有文档的相关度得分，并对所有文档按相关度得分高低排序。

　　（5）存储模块：用于保存文档库和用于存储低维特征的特征库。

　　结合用户反馈的信息检索流程（图 5.5）：①接收查询短语并检索；②返回检索结果；③提取文档库中所有文档的低维特征；④获取检索结果中多个文档的相关度反馈信息；⑤生成相关度判断模型；⑥计算初次检索结果中所有文档的相关度得分；⑦返回按相关度得分高低排序的再次检索结果。

　　具体步骤如下：

　　（1）在离线状态下提取文档库中各个文档的多维特征，便于检索系统在进行初次检索时使用，同时可减少用户的实时查询时间。

　　文档库中保存的文档是待检索的文件，优选为各应用域（如标题、摘要、正文等）明确的 HTML 文件，便于后续特征的提取。

指挥控制信息精准服务

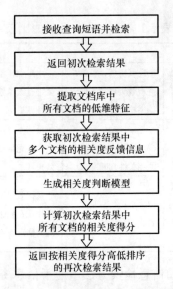

图 5.5 结合用户反馈的信息检索流程

根据信息检索领域研究成果，结合文档库中以 HTML 文件形式保存的文档，对基于应用域的文档信息提取重要特征，并建立了表 5.2 所列的文档多维特征，并将此多维特征信息在特征库中以图 5.6 所示格式存储。

表 5.2 文档多维特征

名　称	描　述
TF（Term frequency）of body	文档 Body 部分词频
TF of anchor	文档 Anchor 部分词频
TF of title	文档 Title 部分词频
TF of URL	文档 URL 部分词频
TF of whole document	整个文档的词频
IDF（Inverse document frequency）of body	文档 Body 部分逆文档词频
IDF of anchor	文档 Anchor 部分逆文档词频
IDF of title	文档 Title 部分逆文档词频
IDF of URL	文档 URL 部分逆文档词频
IDF of whole document	整个文档的逆文档词频
TF*IDF of body	文档 Body 部分 TF*IDF 值
TF*IDF of anchor	文档 Anchor 部分 TF*IDF 值
TF*IDF of title	文档 Title 部分 TF*IDF 值
TF*IDF of URL	文档 URL 部分 TF*IDF 值
TF*IDF of whole document	整个文档的 TF*IDF 值
DL（Document length）of body	文档 Body 部分长度
DL of anchor	文档 Anchor 部分长度

名　称	描　述
DL of title	文档 Title 部分长度
DL of URL	文档 URL 部分长度
DL of whole document	整个文档的长度
BM25 of body	文档 Body 部分 BM25 值
LMIR.ABS of body	文档 Body 部分 LMIR.ABS 值
LMIR.DIR of body	文档 Body 部分 LMIR.DIR 值
LMIR.JM of body	文档 Body 部分 LMIR.JM 值
BM25 of anchor	文档 Anchor 部分 BM25 值
LMIR.ABS of anchor	文档 Anchor 部分 LMIR.ABS 值
LMIR.DIR of anchor	文档 Anchor 部分 LMIR.DIR 值
LMIR.JM of anchor	文档 Anchor 部分 LMIR.JM 值
BM25 of title	文档 Title 部分 BM25 值
LMIR.ABS of title	文档 Title 部分 LMIR.ABS 值
LMIR.DIR of title	文档 Title 部分 LMIR.DIR 值
LMIR.JM of title	文档 Title 部分 LMIR.JM 值
BM25 of URL	文档 URL 部分 BM25 值
LMIR.ABS of URL	文档 URL 部分 LMIR.ABS 值
LMIR.DIR of URL	文档 URL 部分 LMIR.DIR 值
LMIR.JM of URL	文档 URL 部分 LMIR.JM 值
BM25 of whole document	整个文档 BM25 值
LMIR.ABS of whole document	整个文档 LMIR.ABS 值
LMIR.DIR of whole document	整个文档 LMIR.DIR 值
LMIR.JM of whole document	整个文档 LMIR.JM 值
PageRank	网页 PageRank 值
Inlink number	网页入度
Outlink number	网页出度
Number of slash in URL	URL 中无用字符个数
Length of URL	URL 长度
Number of child page	子网页个数

Query_ID	DOC_ID	F_1	F_2	...	F_{45}	F_{46}	Title	Abstract	Body	Key words	Anchor
Float	Float	Float	Float	...	Float	Float	String	String	String	String	String

图 5.6　信息多维特征提取

（2）接收用户根据其信息需求输入的查询短语，检索系统根据查询短语与文档库中文档内容关键词匹配等技术，通过计算返回给用户初次检索结果，从而完成文档的初次检索。

具体为：系统根据用户输入的查询短语依次在文档的标题、正文等不同特征域中进行匹配，或直接查询调用上述文档多维特征表中的值，并通过计算匹配次数衡量短语的重要性，获取待检索信息资源的重要属性信息。

根据查询短语在文档出现的位置差异，赋予短语在计算相似度时不同的权重；通过匹配关键词的次数和位置计算相似度得分，而不同的特征域对相似度得分贡献权重不同。例如，通常查询短语在标题中出现权重大于摘要和正文，设对应的权重比为 5∶2∶1，可得到

$$相似度得分 = 5 \times T_1 + 2 \times T_2 + 1 \times T_3$$

式中：T_1、T_2 和 T_3 分别为查询短语在标题、摘要和正文中出现次数。

上述关键词匹配在文档的标题、正文等不同特征域中进行，具体实现时可以直接从已提取出的多维特征表中调用。若无法直接获取多维特征，则进行匹配操作。此步骤主要优点在于响应时间短，满足用户在线查询的需求。

若采用直接从已提取出的多维特征表中调用的方式计算相似度得分，则相似度得分表达式为

$$相似度得分 = b_1 \times TF_1 + b_2 \times TF_2 + \cdots + b_n \times TF_n$$

式中：$TF_i(i=1,\cdots,n)$ 为文档的不同特征；$b_i(i=1,\cdots,n)$ 为对应特征的权重。

最后，找出关键词匹配次数多、相似度得分高的文档视为符合用户需求的文档首先返回给用户，并完成对检索结果按相似度得分高低排序的初次检索排序，并返回该排序完成的检索结果。

此时，若该检索结果满足用户要求，用户可以终止检索过程，则检索过程结束。

若用户对初次检索结果不满意，需要继续再次进行检索排序操作，则进行步骤（3）。

（3）提取文档库中所有文档的低维特征。

由于文档多维特征较多，直接用于计算导致运行时间增多，很难满足用户在线实时、快速的查询需求。为了降低计算复杂度，减少检索时间，同时提高检索准确率，需要对离线状态下提取的文档多维特征，进一步提炼以获取低维且有用信息，在不影响检索准确率的同时，提高系统运行速度。

采用主成分分析对多维特征降维，获取文档在低维空间的特征表示。

主成分分析是将多个变量通过线性变换以构造出较少个数重要变量的一种多元统计分析方法。

主成分分析是设法将原来众多具有一定相关性的指标（如 n 个指标），重新组合成一组新的互相无关的综合指标来代替原来的指标。主成分分析是考察多个变量间相关性一种多元统计方法，研究如何通过少数几个主成分来解释多个变量间的内部结构，即从原始变量中导出少数几个主成分，使它们尽可能多地保留原始变量的信息，且彼此间互不相关。通常，数学上的处理

是将原来 n 个指标做线性组合，作为新的综合指标。此处，即从众多具有一定相关性的多维特征，重新组合成一组新的互相无关的低维特征来代替原来的多维特征。

主成分分析最经典的分析方法是用 F_1（选取的第一个线性组合，即第一个综合指标）的方差来表达，即 F_1 的方差越大，表示 F_1 包含的信息越多。因此在所有的线性组合中选取的 F_1 应该是方差最大的，故称 F_1 为第一主成分。如果第一主成分不足以代表原来 P 个指标的信息，再考虑选取 F_2，即选第二个线性组合，为了有效地反映原来信息，F_1 已有的信息就不需要再出现在 F_2 中，用数学语言表达就是要求 F_1 和 F_2 的协方差为 0，则称 F_2 为第二主成分，依此类推可以构造出第三、第四……第 n 个主成分。

具体主成分分析主要步骤包括：

① 多维特征数据标准化（可利用主成分分析相关软件自动执行）。

② 多维特征之间的相关性判定。

③ 确定低维特征个数 n。

④ 得到低维特征 F_n 表达式，即

$$F_n = f_n \times \mathbf{ZX}$$

式中：$\mathbf{ZX}$ 为多维特征经过标准化处理后的特征矩阵；f_n 为 $\mathbf{ZX}$ 的协方差阵 $\mathbf{\Sigma}$ 的特征值 $\lambda_n(\lambda_1 \geq \lambda_2 \geq \cdots \geq \lambda_n \geq 0)$ 所对应的特征向量。

因为本实施例中所采用的多维特征就存在量纲影响，所以在计算之前须先消除量纲的影响，而将多维特征标准化。

主成分分析将文档映射到低维空间特征表示，既降低了计算复杂度又提高了检索准确率，因为经主成分分析降维后提取的低维特征之间彼此相互独立，是对文档初始多维特征的充分利用。

⑤ 获取检索结果中多个文档的相关度反馈信息。

结合用户反馈的信息检索界面示意图如图 5.7，在用户输入查询短语后，根据初次检索排序，检索排序系统返回按相似度高低排序的检索结果，并同时给出每个文档的简要描述信息，便于用户进行相关反馈。由于在步骤①基于关键字匹配进行检索后，系统根据判断与查询短语的相似度，返回给用户一张文档排序列表，用户可能没有得到满意的检索结果。此时，用户可在返回的检索结果中选择一部分容易判断与查询相关度的文档，给出文档的相关反馈信息。

具体为：用户根据检索系统给出的检索结果，通过系统交互接口，选择其中一部分作为进行相关度信息反馈的文档，通过交互界面进行相关度判断；根据其所需查询的信息内容，通过选择 2 分、1 分还是 0 分，分别表示很相关、一般相关和不相关，给出每个文档与其所需查询内容的相关度，然后点击再次检索，作为相关反馈信息提供给检索系统。

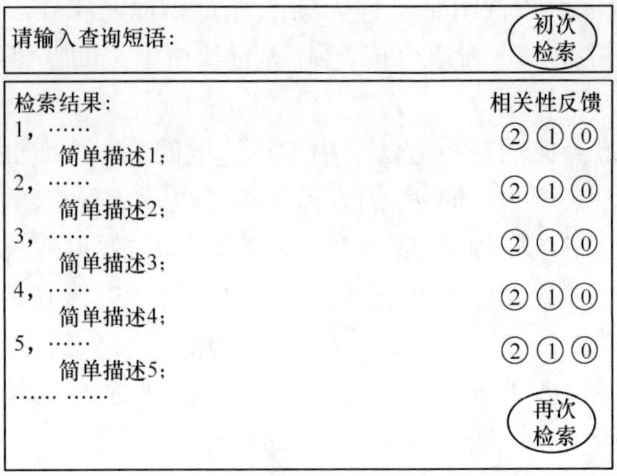

图 5.7　结合用户反馈的信息检索界面示意图

　　系统接收用户通过交互接口提交的对初次检索结果中部分文档的相关度判断，通常用户会选择明显很相关或不相关的文档进行反馈，因此，这些文档在特征表示上差异大，有利于统计分析；用户提交对部分初次检索结果的相关度反馈信息，包括非常相关（2 分）、一般相关（1 分）或不相关（0 分）三个层次，多层次的相关度标记更有利于逻辑回归分析。

　　⑥ 生成相关度判断模型。

　　检索排序系统利用相关度反馈信息以及低维特征表示进行逻辑回归分析，建立两者的映射关系，生成相关度判断模型：在回归分析中，当因变量相关度 y 是一个定性的变量，比如，y 为 0 或 1，分别表示不相关或相关时，就可以采用逻辑回归对相关度 y 与步骤③提取的低维特征进行回归分析。

　　逻辑回归的基本思想：不是直接对相关度 y 进行回归，而是先定义一种概率函数 PI，令 $PI=Pr(y=1|X_1, X_2, \cdots, X_p)$，其中，$X_1, X_2, \cdots, X_p$ 是低维特征；然后令 $PI=1/[1+a \times \exp(-b_1X_1-b_2X_2, \cdots, b_nX_n)]$，其中，$(a>0, b>=0)$，$PI$ 是一个逻辑回归函数，于是，$\log[(1-PI)/PI]=b_0-b_1X_1-b_2X_2, \cdots, b_nX_n$；最后，对 $\log[(1-PI)/PI]$ 进行通常的线性回归，即可生成相关度判断模型。

　　生成相关度判断模型主要步骤包括：

　　① 将用户反馈的相关度值进行二值化，即用户反馈值大于 0 时 $y=1$，用户反馈值等于 0 时 $y=0$，进而计算相关文档的概率 PI 和 $\log[(1-PI)/PI]$ 值。

　　② 设定文档用低维（如 $n=3$，三维）特征表示。

　　③ 将步骤①和②结果作为逻辑回归函数的输入，进行统计分析，生成相关度判断模型 M，即为一组特征权重系数 (a_1, a_2, a_3)，a_1、a_2、a_3 分别对应文档第一、二和三维特征对相关度的贡献权重。

　　模型生成后，当用户检索信息时，输入查询短语，计算所有文档与查询词的相关度得分：

$$相关度得分=a_1\times F_1+a_2\times F_2+\cdots+a_n\times F_n$$

式中：F_n为文档的低维特征；a_n为该特征对应的系数，系统按照相关度得分由高到低将文档排序返回给用户。

逻辑回归的分析设计挖掘了文档低维特征与相关度之间的映射关系，经大量的训练数据验证，获取具有规律性的判断模型。

（4）计算检索结果中所有文档的相关度得分。

利用文档的低维特征以及相关度判断模型，将文档低维特征输入相关度判断模型，重新计算每个文档关于用户查询的相关度得分，将按照相关度得分由高到低的文档排序结果作为再次检索结果返回用户。

检索排序系统返回按相关度得分高低排序的再次检索结果，相较初次检索结果给出了更准确的相关文档排序。

此时，若该再次检索结果满足用户要求，用户可以终止检索过程，则检索过程结束。

若用户对再次检索结果仍不满意，需要继续进行再次检索排序操作，则可对再次检索结果中的部分文档进行相关度判断，并将相关度反馈信息提供给检索系统，然后再次进行检索排序，并返回给用户再一次的检索结果。反复迭代，直至用户满意停止检索过程。

若用户需要进行新的检索排序操作，则可返回至步骤（2）接收查询短语，否则结束整个流程。

进一步的，文档库具有可扩展性。即检索排序方法还包括：在文档库中添加新的信息资源，并根据新的信息资源重新提取多维特征。

根据用户需求，创建新的信息资源注册至文档库，便于检索。按照存储库中信息存储格式，建立索引关系，并提取相同的特征。同时，根据信息检索领域新的研究成果，提取文档新的特征，添加至文档的特征表示中，便于检索算法的利用，并提高了检索性能。

因此，该方法按照用户查询短语，提取文档多维度特征，并利用降维方法获取文档低维空间下的重要特征，结合用户相关反馈，利用统计学逻辑回归思想生成用户查询与文档相关度判断模型。利用该模型计算查询与文档相关度得分，依据该得分给出文档相关度排序列表，实现非结构化数据信息检索与排序。进一步的，检索排序方法克服了当用户无法构建好的查询时，导致信息检索性能降低的困难，改为利用用户判断检索结果的相关性这一反馈信息，提高了信息检索的准确性。更进一步的，通过主成分分析降维方法获取文档的低维特征表示，系统可以对较少的特征信息进行逻辑回归分析，降低计算复杂度，但不影响系统信息检索性能，尤其是检索准确率有一定的提高。优选的，文档库和特征库还具备可扩展性，即可通过在文档库中添加新文档，提取其新多维特征入特征库，即可广泛应用检索。较佳的，检索排序系统界面中，在每个返回结果的下方给出获取用户对检索结果相关度判断的按钮，用户通过点击鼠标这一简单操作就可以提供相关反馈信息，操作简单快捷，便于用户反馈信息的提取。

需要特别指出，初次检索结果采用了计算相似度得分进行排序并返回的检索结果。它的好处在于：第一次返回检索结果就可以得到经过初次排序的检索结果；而后续再次检索结果所返回的是根据用户返回的相关度进行排序的结果，不用按照相似度得分进行初次排序，也可以对检索结果进行排序。

基于用户反馈的信息检索方法在信息检索的过程中，用户对初次检索结果的相关性给出反馈意见，即通过用户的交互行为提高检索结果的准确性。检索系统充分利用用户作为信息检索主体的特殊作用，使用各种途径、方法发掘用户的兴趣意图，反馈给检索系统，继而优化检索查询，实现检索效果的提升，满足人们的信息检索需求。

5.3.3 用户偏好信息特征捕获

用户偏好获取是精准服务系统的基础和核心。用户特征捕获模型的准确性、时效性直接关系到整个精准服务系统性能的优劣。只有当用户的兴趣、偏好和访问模式等用户信息可以很好地被系统"理解"时，才可能实现理想的精准服务。本节探讨用户偏好建模关键技术，并在前面提供的指控信息特征捕获方法基础上提出相应的用户偏好获取方法，如图 5.8 所示。

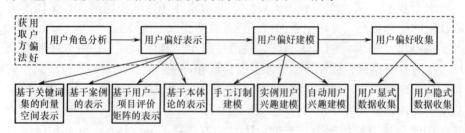

图 5.8　用户偏好获取方法

5.3.3.1　用户角色分析

用户角色能够反映用户的固有职责与特定偏好，进行用户角色的分析能够有效提高用户偏好获取的准确性，为用户偏好获取提供积极的先验知识。

在联合作战领域，根据执行的任务不同可将用户角色主要分为 4 类，各类角色及其一般偏好如表 5.3 所示。

（1）指挥员。该类人员主要执行作战的指挥和控制工作，对作战任务结果及作战任务进程负主要责任。该类人员一般关注于战场宏观态势，偏好聚焦于战场态势把握、敌我目标动态以及作战进程推演等。

（2）参谋人员。该类人员主要在作战进程中起到辅助决策的作用，一般偏好聚焦于上级意图领会、敌我态势标绘、情报信息传递以及作战决策分析等。

（3）情报处理人员。情报处理人员主要完成情报的收集、整理、融合及分发工作。这类人员一般关注于情报来源、情报特征、情报传递目标、情报传递范围以及情报的分析融合等。

（4）实际作战单元。实际作战单元主要是接收指挥员决策并将决策转化为最终的作战行动。该类人员一般关注于目标的打击效果、命令的执行程度、敌我战损比及战场态势实时反馈等。

表 5.3 用户角色一般偏好描述

用 户 角 色	一 般 偏 好
指挥员	战场态势把握，敌我目标动态，作战进程推演等
参谋人员	上级意图领会，敌我态势标绘，情报信息传递，作战决策分析等
情报处理人员	情报来源，情报特征，情报传递目标，情报传递范围，情报的分析融合等
实际作战单元	目标的打击效果，命令的执行程度，敌我战损比，战场态势实时反馈等

除去以上角色，在作战过程中还涉及如后勤保障人员、装备管理人员等角色，由于不同的角色存在着不同的固有偏好，因此在具体的精准服务运用中，还需要根据具体情况对实际参与作战的角色进行详细的分析与建模。

5.3.3.2 用户偏好表示

从目前研究来看，用户偏好模型的表示还没有形成统一的标准。主要有四种表示方法。

1）基于关键词集的向量空间模型表示

基于关键词集的向量空间模型的表示方法借鉴了文本的 VSM 表示方法。该方法将用户模型表示为一个 n 维的特征向量，向量的每一维由一个关键词及其权重组成，权重表示用户对该关键词是否感兴趣以及感兴趣的程度。它是目前为止最常用的用户模型表示方法。该表示方法能够反映不同关键词在用户模型的重要程度，而且方便在后续资源匹配阶段利用标准向量运算。但是用户兴趣通常比较复杂，而且词语表达本身具有同义性和语义歧义性等，仅用一组关键词无法准确、充分地表达用户兴趣，使得基于关键词集的向量空间模型表示的用户模型所产生的推荐包含许多偏颇的结果。

针对基于关键词集的向量空间模型表示存在的问题，E. Asnicar 等提出利用语义网中的语义关系对该模型进行改进。但是语义网中的上下文特征表示以词为基础，不能全面描述整体语义关系。H. Sorensen 等从语境关系上对基于关键词集的向量空间模型进行了改进。该表示方法通过词共现的概率关系描述用户的兴趣；但它是以词为基础描述，只考虑兴趣对应词与词的相关性，没有考虑到语义方面的信息。李振星等提出潜在语义索引（Latent Semantic Indexing，

LSI）表示方法。该表示方法是通过数学分析计算出关键词向量空间模型中潜在语义结构。LSI 模型的主要问题是从高维空间映射到低维空间时，维数如何确定，目前没有理论上合适的方法，只能通过多次实验选择适当的维数。而且用户模型的变化和扩充对 LSI 模型会有全局的影响，需要对 LSI 模型整体重新计算，效率较低，因此不适合表示模型变动较频繁的情况。

2）基于案例的表示

基于案例的表示将用户检索过的案例或者与案例相关的一组属性值来表示用户模型。例如，在 CASPER 工作推荐系统[①]中，用户模型表示成用户检索过的工作列表的形式，表中的每一行包含了一个工作的 ID 号以及用户对该项工作的导航信息，如点击次数、浏览时间长度，以及保存、申请等操作。而在 Entre 系统[②]中，用户模型表示成当前会话中餐馆的烹调风格、价格、类别、氛围和适用场合。显然，基于案例的表示仅基于用户的单次查询，反映的是用户的短期需求。其表示的用户模型仅在本次会话中有效，而不能被下次会话所重用。

3）基于用户—项目评价矩阵的表示

基于用户—项目评价矩阵的表示用一个矩阵来表示用户兴趣模型。$U = (U_1, U_2, \cdots, U_m)$ 代表 m 个用户；$I = (I_1, I_2, \cdots, I_n)$ 代表 n 个项目，这样可以形成一个 $m \times n$ 用户评分数据矩阵。第 i 行、第 j 列的元素 R_{ij} 代表用户 i 对项目 j 的评分。R_{ij} 值越大，表示该用户对相应的项目的兴趣度越高。基于用户—项目评价矩阵的表示方法简单，易于实现，不需要任何学习技术就能够从收集的原始数据中直接生成。但是存在对用户兴趣变化反映不敏锐，不能及时更新用户兴趣等问题。基于协同过滤推荐的推荐系统常采用该方法，如 GroupLens、Ringo 和 Video Recommender 等。用户—信息矩阵见表 5.4 所列。

表 5.4　用户—项目矩阵

信息 用户	信息 1	信息 2	…	信息 m
用户 1	$r_{1,1}$	$r_{1,2}$	…	$r_{1,m}$
用户 2	$r_{2,1}$	…	…	$r_{2,m}$
…	…	…	…	…
用户 n	$r_{n,1}$	$r_{n,2}$	…	$r_{n,m}$

基于用户—信息评价矩阵的表示方法简单、直观，不需要任何学习技术就能够从收集的原始数据中直接生成；但这种方法需要用户显示地给出评价数

---

① Rafear R. Bradley K, Smyth B. Antorrnated collaboratine filearly opplications for online recruitmert services[c]. Proceeding of the International Comference on Adaptive Hypermcdia and Adpative Web-based Systems, 2000.
② entrerestrallrant.com.

据，而且缺乏对用户兴趣变化的适应能力，难以反映用户最新的兴趣。

4）基于本体论的表示

本体论对特定领域对象的表示与描述具有规范性、可重用性、可靠性等特点。研究者试着将本体论应用于信息检索领域，对文档、用户模型进行描述，以提高系统的联想能力和精确性。本体通常采用层次概念树的形式，树的每个节点表示用户的一个兴趣类。例如，Quickstep 系统使用一个学术研究主题本体表示用户感兴趣的研究领域，aceMedia 系统通过一个本体概念向量对用户的兴趣特征进行描述。基于本体的表示方法最大的缺陷在于研究人员很难设计出完备的本体，依靠本体研究人员的知识和经验。

上述四种方法中，基于关键词集的向量空间模型的表示方法是最为常用的方法。它适用范围广，表示直观，易于实现，便于后续资源匹配阶段的向量计算。但是该方法无法准确地反映用户兴趣的语义信息，并且该表示模型与基于用户。项目评价矩阵表示模型以及基于示例的表示模型都是以一种私有形式表示用户模型，即每一种表示形式仅能被具体类型的系统所运用，不利用知识的共享与重用。基于本体论的表示在这些方面具有优势，但目前该方法还不成熟，需要进一步研究和改进。基于本体论的表示方法已经得到越来越广泛的关注和研究。

5.3.3.3　用户偏好建模方法

根据建模过程用户的参与程度区分，用户兴趣建模技术可以分为用户手工定制建模、示例用户兴趣建模和自动用户兴趣建模三种。

1）用户手工定制建模

用户手工定制建模是指用户模型由用户自己手工输入或选择的用户兴趣建模方法。用户手工定制建模的典型代表是 MyYahoo 和 WebWatcher。通过此方法用户可以自己输入感兴趣的关键词或选择浏览感兴趣的栏目等，是个性化服务发展早期的用户兴趣建模方法。用户手工定制建模的优点是实现简单，效果良好。缺点是：①用户容易产生完全依赖于用户模型心理，降低用户使用系统的积极性。②用户即使愿意进行手工输入用户模型，也不容易全面、准确地罗列出自己感兴趣的栏目或关键词，从而导致用户模型不够准确。③不能及时追踪和更新用户兴趣。用户模型一旦定制完成，就不会发生变化，是一种静态。但是用户的兴趣会随着时间的推移而发生变化，是一种动态。随着时间的推移，手工定制的用户模型与用户真实兴趣的差别就越大。当用户模型不能很好地反映用户兴趣时，用户将不得不重新手工定制用户模型，给用户带来了额外负担。

2）示例用户兴趣建模

示例用户兴趣建模是指由用户提供与自己兴趣相关的示例及其类别属性

来建立用户模型的建模方法。用户最了解自己，因此由用户提供与自己兴趣相关的示例最具有权威性，最能代表用户自己的兴趣爱好。示例用户兴趣建模一般需要通过用户在浏览的过程中对浏览过的页面进行标注感兴趣、不感兴趣或者感兴趣的程度，浏览过的页面及相应的标注成为用户兴趣建模的示例，然后根据示例进行特征抽取，建立用户模型。典型的系统有 LIRA、Syskill& webert、GroupLens、Fab、Citeseer 等。

与用户手工定制建模相比，示例用户兴趣建模的优点是构建的用户模型更全面地反映用户的兴趣爱好，可信度高。缺点是：在浏览的过程中需要用户进行评价，这种方式严重干扰了用户的正常浏览，大大增加了用户正常操作的额外负担，降低了个性化服务的易用性。另外，多数用户不愿意主动进行评价。

3）自动用户兴趣建模

自动用户兴趣建模是指根据用户的浏览内容和浏览行为自动构建兴趣模型，建模过程无须用户主动提供信息的建模方法。此方法改进了示例建模方法中示例获取途径，将其转化为无须用户标注的自动示例获取方法。通过对用户选择的超链接和浏览行为的观察近似地推测出用户对哪些信息感兴趣、对哪些信息不感兴趣，进而根据推测得到的感兴趣与不感兴趣的信息构建用户模型。自动用户兴趣建模由于无须用户主动提供信息，因而不会造成对用户的干扰，有利于提高个性化服务系统的易用性。自动用户兴趣建模是用户兴趣建模技术发展的趋势。

Mladenic 认为如果用户浏览过某页面，则认为用户对该页面感兴趣；反之，如果用户未点击某超链接，则认为用户对该超链接所链接的链宿页面不感兴趣。获得页面所属的兴趣类别后，再采用示例用户兴趣建模方法构建用户模型。然而由于用户可能忽略或者忘记浏览一些页面，因而用户未浏览的页面中往往还包含用户感兴趣的页面，将这些页面归为用户不感兴趣页面会降低用户模型的性能。Schwab 等人对 Mladenic 的用户兴趣建模方法进行改进，认为用户浏览过的页面属于用户感兴趣类，并只采用这些感兴趣页面进行用户兴趣建模。此方法虽然避免了将未浏览的页面判别为非感兴趣页面所产生的错误，但无法克服由于误操作等原因所带来的噪声问题。

根据构建的用户兴趣模型的兴趣粒度区分，自动用户兴趣建模方法可以分为粗粒度用户兴趣建模方法和细粒度用户兴趣建模方法。简单通过用户的浏览行为，构建出来的用户模型只能反映用户感兴趣或不感兴趣的信息，得不到用户具体感兴趣的主题，其实质是一种粗粒度用户型，不能准确反映用户的兴趣。因为用户浏览过的页面同样可能包含感兴趣和非感兴趣的页面。另外，把所有兴趣类别归为一个大类别进行用户兴趣建模，容易导致页面数量较少的兴趣类在用户模型中得不到反映。细粒度用户模型是在用户的浏览行为和其他相关资源的技术上，采用机器学习和自动聚类等方法，得到对相应信息感兴趣的程度，有助于得到用户对关键词和兴趣主题的感兴趣程度，从而建立更为详细、准确的用户模型，也有利于实现高性能的用户兴趣模型的遗忘与更新，提供更高质量的个性化服务。

人们利用访问日志挖掘方法对自动用户兴趣建模中噪声问题进行过滤，更为精确地刻画用户兴趣。通过日志挖掘可以发现用户的访问模式、购买习惯等特点。如浏览页面的时间、页面的收藏、文档的下载等行为都反映了用户对访问对象的不同兴趣程度，通过将访问行为加权和访问内容结合起来以求更为准确描述用户的兴趣。研究表明，绝大多数的用户会将自己最为感兴趣的信息进行保存、下载和打印。还有研究通过构建线性回归方程模型来揭示用户访问行为的时间长短和操作类型与用户兴趣度之间的关系，证明用户浏览时间和用户保存行为对用户兴趣度的表示具有显著性。

5.3.3.4 用户偏好收集方法

在栅格网环境下的交互过程中，收集用户信息的途径很多。由于用户信息对用户偏好模型的性能有至关重要的影响，因此需要慎重选择。只有能够反映用户偏好和意图的信息才能作为建模数据，否则构建出来的用户偏好模型将不具有良好的性能。

1）用户显式数据收集

显式数据是指用户根据系统的引导直接给出自己对项目的偏好信息，这类数据可直接存入数据库，作为下一步用户建模的依据。显式数据输入的优点在于，可以简化数据预处理过程，获得的数据可靠性大，可用性强，可以提高系统的运行效率。但是获取显式数据需要有用户的接入，系统的自动化程度不高，加重了用户使用系统的负担。另外，数据具有明显的主观性，缺乏判断的标准，因此数据存在准确性和真实性的问题。目前常用的显式数据包括系统要求用户主动填写预先设定好的提问，向系统提交感兴趣的部分，但是系统无法跟踪和了解用户兴趣的变化。另外，用户对项目的评分数据作为显式数据输入经常用于协同过滤系统的建模中，由于显式数据输入可以快速地得到用户对项目的偏好信息，因此大部分推荐系统采用显式数据作为系统的输入。

2）用户隐式数据收集

对用户的偏好进行建模也是学习的过程，不断明确用户的需求所在。用户的需求信息会体现在与系统进行交互时的浏览行为，隐式数据是运用信息技术手段通过间接的方式找到用户的各种活动线索，并转化为用户的兴趣偏好数据。例如，用户经常访问的页面，以及用户的点击流、收藏记录、浏览时间、拉动上下滚动条次数等。行为科学的研究结论证明，往往这类数据反映的是用户的当前兴趣，对信息过滤起着非常关键的指导作用。在民用电子商务系统中，用户的历史交易数据也作为隐式数据，认为，凡是顾客购买过某商品，则代表了用户对该商品具有一定的兴趣，是一种对历史偏好的估计。隐式数据的优点是数据获取的自动化程度高，用户在访问系统时不需要其额外工作；但是数据进行预处理的过程较复杂，而且数据的噪声较大。

用户数据的收集是获取能够反映用户特征、偏好和需求的相关信息的过程。根据不同的数据源可以大致分为显式采集方式和隐式采集方式。其中，显式收集主要是通过人工所呈现的提问要求，直接获取用户的评分、选项和明确的陈述评价等信息。该方法收集的数据具有明显的针对性，显式较容易，一直广泛应用在协同过滤推荐技术中。但是，单一的显式收集方式存在数据的真实性问题，由于主观因素和隐私原因的存在，甚至会产生负面的数据。

隐式收集方式主要是指从系统的服务器上收集 Log 日志和各类资源的过程，数据的获取过程其实是采用 Web 挖掘方法，其中以 Web 内容挖掘和 Web 使用挖掘为主，进行数据预处理。Web 内容挖掘设计到为 Web 页面进行表征，并从页面内容上抽取知识；Web 使用挖掘可以发现用户的访问模式，为下一步挖掘用户的潜在兴趣提供可靠的依据，其包括的主要技术有路径分析、关联规则、序列模式和聚类技术等。由于隐式收集方式能够获取当前用户的兴趣偏好，反映了信息需求的及时性，因此指控信息精准服务系统可以采用对用户访问服务器的 Log 日志来分析和预测用户的感兴趣的页面，并形成推荐和过滤。

通常情况下，用户的兴趣表现为多样性和动态性，因此用户数据的收集在很多实际应用中都采用混合式，即多种类型的用户数据混合使用，互补优势。目的是为了更加全面、真实地抽取用户的需求。

5.4　特征捕获案例应用

进行军事信息内容与用户需求的相似度匹配，根据相似度计算结果对用户按照相似度从高到低的顺序排序，并将信息推荐给排序最靠前的若干用户，图 5.9 为军事信息内容与用户需求相似度匹配。

采用明氏（Minkowsky）距离法进行军事信息内容与用户特征的相似度匹配，$D(C,Q)$ 越小，表示信息内容与用户需求的相似度匹配程度越高。对于 n 维信息关键词描述向量 C 和 n 维用户需求关键词描述向量 Q，明氏距离定义为

$$D(\boldsymbol{C},\boldsymbol{Q}) = \left[\sum_{k=1}^{n} |c_i - q_i|^{\lambda} \right]^{\frac{1}{\lambda}} \tag{5-9}$$

设置 $\lambda = 1$ 或 $\lambda = 2$，有些情况下也可以采用加权法对式（5-9）进行处理得到加权的明氏距离为

$$D(\boldsymbol{C},\boldsymbol{Q}) = \left[\sum_{k=1}^{n} \omega_i |c_i - q_i|^{\lambda} \right]^{\frac{1}{\lambda}}, \quad \omega_i \in (0,1] \tag{5-10}$$

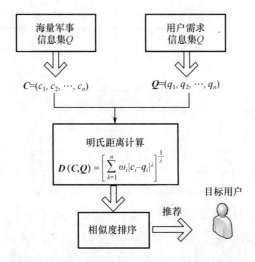

図5.9 军事信息内容与用户需求相似度匹配

最后，按照 $D(C,Q)$ 由小到大的顺序排序，设置距离阈值 L，将信息推荐给 $D(C,Q)<L$ 的若干用户。

以美军海湾战争"沙漠风暴"空中作战计划（文档信息）为例。

第一步：进行各种类别信息的特征捕获，形成信息特征描述向量。

该信息为文档类信息，利用之前提出的文档类信息特征捕获方法。

过滤信息中的虚词，提取信息中实词的词项和词频。

计算该信息的实词权重并按照由大至小的顺序排序，排序结果见表 5.5 所列。设置 $l=10$，利用前 10 个实词建立该信息的特征描述向量 $C_f=$（"沙漠风暴"作战计划，火力打击，我方部队，文本，拟打击与第五项目相对应的目标群的美对伊作战空中行动计划，伊拉克，目标群，摧毁，防空，目的）。

表 5.5　案例文本特征权重（N=3）

实 词 项	词 频	加 权
"沙漠风暴"作战计划	7	0.6409
火力打击	6	0.5493
我方部队	5	0.4578
文本	4	0.3662
拟打击与第五项目相对应的目标群	3	0.2747
伊拉克	6	0.2027
目标群	2	0.1831
摧毁	2	0.1831
防空	2	0.1831
目的	2	0.1831

（续）

实 词 项	词 频	加 权
补给	1	0.0916
海军	1	0.0916
空军	1	0.0916
空袭	1	0.0916
伊军	1	0.0916
指挥	2	0.0000
指挥控制	0	0.0000

第二步：建立信息关键词描述向量 $C = C_t \bigcup C_g \bigcup C_z \bigcup C_v$。

因该信息为文档信息，故 $C_g = C_z = C_v = \varnothing$，则 $C = C_t =$（"沙漠风暴"作战计划，火力打击，我方部队，文本，拟打击与第五项目相对应的目标群的美对伊作战空中行动计划，伊拉克，目标群，摧毁，防空，目的）。

第三步：建立用户需求关键词描述向量。

步骤 1：记录用户背景信息和用户访问信息。

步骤 2：根据用户背景信息，获取用户固有需求关键词描述向量 Q_g。

采用用户注册和用户定制两种方式显式获取用户特征，制定表格，然后将表格分发给这些用户。根据表格结果统计，得到表 5.6 所列的用户固有需求关键词描述向量 Q_g。

表 5.6 用户对伊作战的固有需求关键词描述向量 Q_g

用 户	固有需求关键词描述向量 Q_g
地面指挥员	作战计划与命令，对伊作战指控系统信息，打击目标信息
导航员	作战计划与命令，伊拉克战场态势
飞行员	作战计划与命令，战场态势，敌防空情况
空间导弹发射人员	作战计划与命令，火力安排
空勤人员	战场态势，敌防空情况

步骤 3：根据用户访问信息，获取用户个性需求关键词描述向量 Q_p。

记录用户访问信息，采用聚类分析和数据挖掘技术，得出下表所示的用户对伊作战的个性需求关键词描述向量 Q_p，见表 5.7。

步骤 4：形成用户需求关键词描述向量 $Q = Q_g + Q_p = (q_1, q_2, \cdots, q_n)$，其中，$n$ 为预先设定的需求关键词的最大数量。

对本案例而言，此时 $Q = Q_g + Q_p$，n 设置为 10，结果见表 5.8 所列（关键词数量不足为 10 的按实际关键词数量计算）。

表 5.7 用户对伊作战的个性需求关键词描述向量 Q_p

用　　户	固有需求关键词描述向量 Q_p
地面指挥员	打击目标信息，火力安排，战场态势，敌防空情况
导航员	伊拉克战场态势，敌防空情况，航道安排信息
飞行员	飞行路线，目标动态，火力安排，空中行动规划
空间导弹发射人员	目标群相关信息，目标动态
空勤人员	战场态势，敌防空情况，己方空中需求

表 5.8 用户对伊作战的需求关键词描述向量 Q

用　　户	需求关键词描述向量 Q
地面指挥员	作战计划与命令，对伊作战指控系统信息，打击目标信息，火力安排，战场态势，敌防空情况
导航员	作战计划与命令，伊拉克战场态势，敌防空情况，航道安排信息
飞行员	作战计划与命令，战场态势，敌防空情况，飞行路线，目标动态，火力安排，空中行动规划
空间导弹发射人员	作战计划与命令，火力安排，目标群相关信息，目标动态
空勤人员	战场态势，敌防空情况，己方空中需求

第四步：计算信息与需求的向量匹配相似度，并向用户进行推荐。

步骤 1：利用明氏距离法计算 I 和 Q 之间的向量距离 $D(C,Q)$；

利用明氏距离法计算 $D(C,Q)$，设置 $\lambda=1$，信息与用户需求的向量距离计算结果见表 5.9 所列。

表 5.9 信息与用户向量距离结果

用　　户	匹配得到的关键词	$D(C,Q)$
地面指挥员	作战计划，对伊作战，打击，目标，火力，防空	4
导航员	作战计划，伊拉克，防空	7
飞行员	作战计划，防空，目标动态，火力，空中行动规划	5
空间导弹发射人员	作战计划，火力，目标群，目标	6
空勤人员	防空	9

步骤 2：设置距离阈值 L。如果 $D(C,Q)<L$，则将该信息推荐给用户；如果 $D(C,Q)>L$，则将此信息过滤出备选信息集。

设置 $L=7$，则根据表 5.9 的结果，该信息目标用户为（地面指挥员，导航员，飞行员，空间导弹发射人员）。因此，最终得出结果，将海湾战争的"沙漠风暴"作战计划推荐给地面指挥员、导航员、飞行员、空间导弹发射人员四类用户。

5.5 小　结

　　本章针对指控信息特征捕获的问题：首先给出了指控信息特征捕获的概念，构建了指控信息特征捕获框架；其次，针对指控信息内容，综合利用了文本分析、图像分析、音频分析等方法提出了指控信息内容的特征捕获方法；再次，针对指控信息用户的需求，采用用户背景信息分析和用户行为分析等方法，提出了指控信息用户的特征捕获方法；最后，以美军海湾战争中"沙漠风暴"空中作战计划的分析为案例分析了军事指控信息特征捕获的过程和方法。

　　进行指控信息的特征捕获有助于将复杂的指控信息服务过程化繁为简，并提高用户需求获取的精准度。本章仅将指控信息特征捕获限定在了一个较小的范围，如何利用最新的文本分析和多媒体分析等技术，以及如何制定和获取更多维度和更具表现力的特征向量等都将是后续值得研究的问题。

参 考 文 献

[1]　王博. 文本分类中特征选择技术的研究[D]. 长沙：国防科学技术大学，2009.

[2]　Schutze H, Hull D. A, Pedersen J. O. A Comparison of classifiers and document representations for the routing problem[C]. Proceedings of the 18th ACM International Conference on Research and Development in Information Retrieval, 1995: 229-237.

[3]　Sebastiani F. Machine learning in automated text categorization[J]. ACM Computing Surveys, 2002, 34(1): 1-47.

[4]　Yang Y. Noise reduction in a statistical approach to text categorization[C]. Proceedings of the 18th Annual International ACM SIGIR Conference on Research and Development in Information Retrieval, 1995: 256-263.

[5]　Deerwester S. Indexing by latent semantic analysis[J]. Journal of American Society for Information Science, 1990, 41(6): 391-407.

[6]　Lee D. , Seung H. Learning the parts of objects by non-negative matrix factorization[J]. Nature, 1999(401): 788-791.

[7]　王可. 基于内容的图像检索技术研究与实现[D]. 南京：南京航空航天大学，2006.

[8]　魏丽. 基于颜色特征的图像检索系统的研究与实现[D]. 重庆：重庆大学，2006.

[9]　白亮. 本体支持的视频情报分析方法与技术研究[D]. 长沙：国防科学技术大学，2008.

第6章　信息链路预测技术

链路预测是复杂网络分析中的方法，网络中的链路预测是指通过已知的网络结构、网络节点等信息预测网络中存在但尚未发现的未知链路和不存在但可能形成的未来链接。指控信息精准利用的目的是判断用户和信息之间是否有可能产生使用关系，所用到的依据是用户和信息各自的特征，还有已掌握的用户之间的关系、信息之间的关系以及用户的使用记录。链路预测在指控信息精准利用中发挥的作用是找到这些依据。

本章首先从链路预测的角度剖析指控信息精准利用的过程，明确信息链路预测技术要解决的核心问题；其次结合军事背景介绍基于相似性的链路预测技术与基于图和思想的链路预测技术，以及多重链接属性下的链路预测技术；最后阐述信息链路预测技术在指控信息精准利用的应用。

6.1　概　　述

依据是否考虑任务因素，可以将指控信息精准利用分为两种模式，即面向任务的实时服务和个性化服务。前者注重任务对用户使用信息的牵引，后者注重用户的个性化需求。本章主要研究个性化的指控信息精准服务。

个性化的指控信息精准服务忽略了任务因素在用户使用信息中的影响，试图从用户本身以及整个信息使用网络来挖掘用户的信息使用偏好和信息的价值关联关系。它为用户提供长期的、个性化的信息服务。无任务牵引时，它可向用户提供日常运行所需的信息；有任务牵引时，它一方面继续为用户提供常规信息，另一方面辅助面向任务的实时服务对得到的信息进行更深一步的过滤，剔除与用户无关的任务信息。

个性化指控信息精准利用中的链路预测方法是：从用户、信息以及它们之间的关系出发，发现用户的偏好和信息的关联，在此基础上为用户提供所需的信息。从链路预测的角度进行指控信息的精准利用，核心是"关系"，途径是通过关系来预测关系。因此，本章的核心是找到对应的预测方法。本章具体内容主要围绕以下两个核心问题展开：

（1）描述方法：个性化指控信息精准利用过程中有哪些关键要素？要素之

间的关系是什么？关系之间是如何相互影响？

（2）预测方法：链路预测如何实现关系之间的预测？其结果如何应用于个性化的指控信息精准服务？

解决上述问题：一方面从链路预测的应用环境，对个性化指控信息精准利用过程中的要素及要素之间的关系进行分析、描述；另一方面以精准服务为目的，研究对应的链路预测方法。

链路预测是复杂网络分析中的方法，网络中的链路预测是指通过已知的网络结构、网络节点等信息预测网络中存在但尚未发现的未知链路和不存在但可能形成的未来链路。链路预测问题（图6.1）可以分为两类：一是预测未来可能存在的链路，根据当前网络节点、链接以及网络结构来预测未来的网络情况；二是预测存在但尚未发现的链路，通过分析节点特征、网络结构的局部全局特征等预测原本存在却丢失的链路，此类问题实际上是一种数据挖掘的过程。

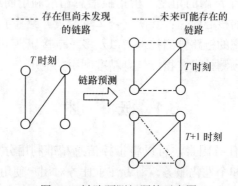

图6.1　链路预测问题的示意图

现实事物之间存在着普遍联系，利用网络的思想将事物抽象为节点、联系抽象为边，那么人类生活在网络之中被网络所包围。作为复杂网络分析的有效途径之一，链路预测受到来自不同领域学者的广泛关注。例如，在生物研究中，仅以蛋白质相互作用网络为例，酵母菌蛋白质之间80%的相互作用不为人们所知。大量的、盲目的实验验证必然耗费高额成本，如果利用链路预测方法以链路预测的结果指导实验，就有可能提高实验的目的性和成功率。在社交网络研究中，通过用户已添加的好友列表预测哪些用户可能是朋友，从而实现朋友推荐，这对优化用户体验、提高用户忠诚度意义深远。

个性化的指控信息精准利用，实质上是判断用户和信息之间是否有可能产生使用关系。所用到的依据是用户和信息各自的特征，还有已掌握的用户之间的关系、信息之间的关系以及用户的使用记录。链路预测在个性化的指控信息精准利用中发挥的作用是找到这些依据。

6.2 个性化指控信息精准利用过程中的要素描述方法

6.2.1 要素以及要素之间关系的分析

指控信息精准利用，最关心的莫过于用户的真实需求，但如何让机器来领会用户的需求，就需要对精准利用过程中各关键要素以及关键关系进行详细的剖析，并以机器能够领会的方式进行描述。指控信息的利用过程中，核心的要素是用户和信息，存在多种关系，如用户之间可能、信息之间，用户和信息之间。

关系是从链路预测角度进行精准服务的关键。在个性化指控信息精准利用过程中，涉及如下三种关系：

（1）用户之间的关系。虽然信息推荐最终需要得到用户和信息之间的关系，但不能忽视用户间关系对预测用户和信息之间关系的重要性。这个重要性已经在很多链路预测、社区发现以及信息推荐领域中得到了验证，其实用性和科学性同样得到了证明。

在实际情况中，用户之间的关系有多种，如敌对的、友好的、隶属的等。本节从信息使用的角度定义用户之间的关系，即只考虑用户之间在信息使用上是否存在相似关系，将其定义为偏好相似关系。某两个用户在使用信息时存在相似的趋势，就称这两个用户之间存在偏好相似关系。

此处的偏好有别于电子商务系统中对用户偏好的定义。军事用户在使用信息时，目的性更强，任务牵引作用更大。"偏好"是指军事用户由其职能、环境、地域、作战类型等方面限制下使用信息时表现出的一种趋势性。例如，一个驻守于雪山高原的边防作战单位，它在信息的使用上肯定偏向于高原天气、医疗、他国动态等，一般情况下不会使用海上天气信息。在同样的任务驱动下，对不同的用户信息使用的偏好也不同。例如，某潜艇队和某航空大队协同完成登陆作战，潜艇队更倾向于获取目标海上力量的部署信息，而航空大队更倾向于获取目标空中力量的部署信息。

（2）信息之间的关系。信息之间的关系，实质上是信息之间在内容和作用上的相似性。不同的信息可以反映出同一个客观现实；同一信息可以解读出不同方面的客观现实。例如，有两条信息，第一条信息内容为"卫星遥感图像发现蓝方阵地A区域出现大量战斗机集结"；第二条信息内容为"无线电监控发现蓝方阵地A区域有大量装备无线电信号发射"。这两条信息一条是卫星侦察类，另一条为无线电监控类，但反映出一个共同的情报，即蓝方可能发起攻击，战斗机基地可能位于其阵地A区域。因此，两条信息之间就存在相似性，称为价值关联性。某两条信息在内容、作用上存在相似性，就称这两条信息之间存在价值关联关系。

（3）用户和信息之间的关系。用户和信息之间的关系是链路预测在信息推荐中的最终目的，它是用户操作行为的记录，同时从侧面上也反映用户的偏好相似关系和信息的价值关联关系。用户 u 使用了信息 i，就称用户 u 和信息 i 之间存在使用关系。

以上三种关系相互影响、相互映衬、相互作用，链路预测就是反复研究这三种关系之间的关系，探寻它们相互作用的途径和模式，试图从中找出一定的规律、建立一定的模型，最终实现对未来关系变化的预测以及对隐藏关系的挖掘。

6.2.2　用户信息关系图

6.2.2.1　用户信息关系全图

个性化的指控信息精准利用过程中包括两类重要因素，即用户和信息。将用户和信息抽象为两类节点，即用户节点和信息节点；三种关系分别抽象为三类链接，即偏好相似链接、价值关联链接和使用链接；由此形成用户信息关系全图，如图 6.2 所示。用户信息关系全图表示为

$$G = (V^u, V^i, E^{uu}, E^{ii}, E^{ui})$$

其中：V^u 为用户节点；V^i 为信息节点；E^{uu} 为用户和用户间的偏好相似链接；E^{ii} 为信息和信息间的价值关联链接；E^{ui} 为用户和信息间的使用链接。

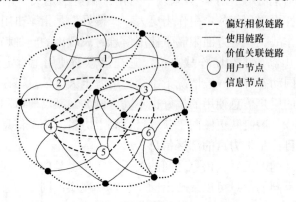

图 6.2　用户信息关系全图

与一般图相比，用户信息关系全图中，节点和链接的类型都得到了拓展，图的信息量增大，能够清晰反映出个性化军事信息推荐中用户和信息的关联关系。两种节点、三种链接的划分，使用户信息关系全图成为一个多层次、多维度的网络，各层次的关系以及层次之间的关系一览无余，如图 6.3 所示。

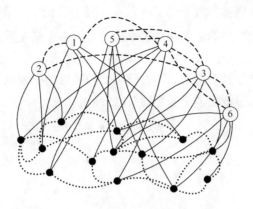

图 6.3　用户信息关系全图的层次结构

6.2.2.2　用户关系图

在用户信息关系全图的基础上，只保留用户节点和用户之间的偏好相似链接，就形成了用户关系图（图 6.4），即 $G'' = (V'', E''')$。用户关系图是用户信息关系全图的子图，集中反映了个性化军事信息推荐中用户之间关系的情况。

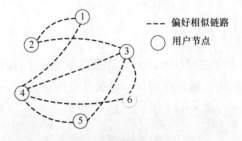

--- 偏好相似链路
○ 用户节点

图 6.4　用户关系图

用户关系图是用户信息关系全图的一个层面，它的建立有两个来源：一是用户的初始资料，主要是对用户基本情况的一个概述。如一个新的军事用户，它在军事推荐系统中的相关信息很少，也没有对应的信息使用记录，但它的名称、职能等基本数据是可知的，这些可用来构建初始的用户关系图。二是用户与信息的交互历史。用户的偏好往往在其信息使用记录中有所反映，因此用户之间的偏好相似关系也可以通过他们各自的信息交互历史来推断。在个性化的军事信息推荐，没有考虑任务因素，是从用户自身出发，为用户提供个性化的、长期的推荐服务。因此，用户关系图深刻影响用户下一步的使用行为，对预测用户和信息的使用关系意义重大。

6.2.2.3　信息关系图

与用户关系图类似，在用户信息关系全图基础上，只保留信息节点和信息之间的价值关联链接，就形成了信息关系图（图 6.5），即 $G^i = (V^i, E^{ii})$。信息关系图反映信息之间的价值关联关系。具有价值关联关系的信息能够从不同侧面、不同深度上反映目标的各方面属性。梳理清楚信息之间的价值关联关系，不仅对信息推荐具有意义，还对信息的归类以及挖掘也具有深刻的影响。往往重要的情报就隐藏在多个信息的关联背后。

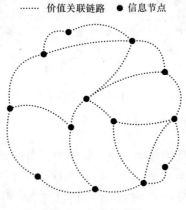

图 6.5　信息关系图

6.2.2.4　用户信息子图

在个性化军事信息推荐中，最重要的关系是用户和信息之间的使用关系。为了集中反映这一关系，在用户信息关系全图基础上，只保留用户节点、信息节点和使用链路，就形成了用户信息子图（图 6.6），即 $G^{ui} = (V^u, V^i, E^{ui})$。

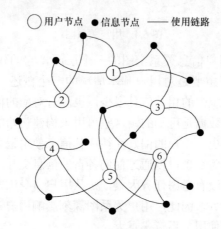

图 6.6　用户信息子图

用户信息子图是民用推荐系统的"用户评分矩阵"在军事背景下的变身，也是本书的创新之一。它的提出是后续算法研究的重要基础。

6.2.2.5 加权用户信息关系图

在以上的用户信息关系图中,链接的类型有偏好相似链接、价值关联链接和使用链接三种。但是链接的属性只有一种,即存在或不存在。在实际中,不同节点间的影响力是不同的,重要程度也不同。例如,使用链接,用户对信息存在使用关系,但是对不同的信息使用频率不同,需求迫切度也不同。同是使用关系的链接对用户影响力也不同。再如,偏好相似链接,除关注链接存在与否,还需要了解哪些链接影响力大。因此,本节给用户信息关系图中的链接添加了权重属性,以区分链接在影响能力、重要程度上的差别。

针对用户关系图,用户相互之间的影响能力是不尽相同的,同一用户可以与许多其他的用户存在偏好相似关系,但可能只有部分对其使用行为具有重要的影响。为刻画链接的重要程度,给每条链接赋予一个权重 ω,位于 [0,1],越接近 1,表示该条链接的影响力越大,重要程度越高。这样就形成了加权用户关系图,如图 6.7 所示。针对信息关系图,信息之间在价值关联程度上也会有所不同,同样也可构建加权信息关系图,如图 6.8 所示。同理,可构建加权用户信息子图,如图 6.9 所示。

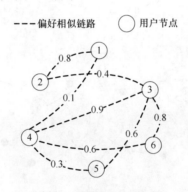

图 6.7 加权用户关系图

确定权重 ω 的方法依据链接本身进行,具体规则如下:

(1)对于偏好相似链接,设其权重为 ω^{uu},确定方法有用户自己给定和根据相似度算法给定。用户可以根据自己的经验、需求,判断哪些用户对自己使用信息的情况影响较大、哪些影响较小。对于部门型用户,可以根据单位职能、隶属关系、日常工作以及累积经验,设定其他部门对自身的影响力大小。利用相似度算法来确定权重 ω^{uu}:对用户进行分析,根据其基本资料、操作行为、信息需求等方面的数据提取用户的个性化特征,然后计算相似度,从而得到权重。一般来说,相似度越大的用户之间,权重也越大。具体的相似度计算方法与基于内容的推荐方法(参见 6.2.1 节)中相似性的计算一致,有相关系数法、余弦向量法、曼哈顿距离法、切比雪夫距离法等。

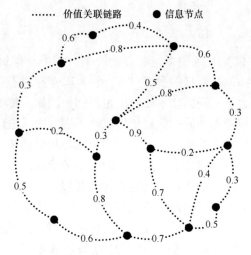

图 6.8　加权信息关系图

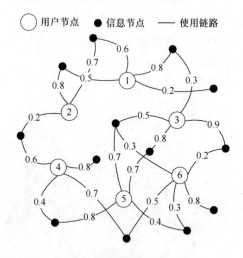

图 6.9　加权用户信息子图

（2）对于价值关联链接，设其权重为 ω^{ii}，主要是根据相似度算法来确定。两条信息之间是否有价值关联关系？如果有，关联程度有多大？通常有两种做法：一种是对信息进行逐级逐层的分类，同属一类的信息之间权重值应越大；另一种是对信息进行特征提取，包括类型、格式、内容、关键词等，然后进行相似度的计算来确定。

（3）对于使用链接，设其权重为 ω^{ui}，确定方法主要是通过对用户操作记录的统计分析。每个军事信息用户都有自身的职责，有日常例行工作，也有临时任务指派，因此在信息的使用上也存在常用信息和临时信息，临时信息又可根据需求程度来分。用户与常用信息之间的权重一般大于与临时信息的权重，临时信息中用户需求越迫切，权重越大。通常可以对用户对信息使用的操作记录进行统计分析，根据使用频率来确定权重。

6.3　基于相似性的链路预测技术

相似性是指对象之间的相似程度。在机器学习、数据挖掘、信息推荐等领域，相似性常以基础性、前提性的储备知识存在，各种算法以它为原点进行发散，并形成了一系列基于相似性的方法、算法。相似性在这些领域发挥如此大的作用，本质上就是"物以类聚，人以群分"的思想，采用各种方法来度量对象之间的相似性，相似性越大，属于同类的可能性就越大，存在关系的可能性就越大，兴趣偏好相同的可能性就越大。

基于相似性的链路预测技术也延续了这种思想，即节点间相似性越大，越有可能存在链路。计算相似性的方法，是基于相似性链路预测方法的核心。本节总结了现有的两大类基于相似性的链路预测方法，并提出了一种新的基于用户子图相似性的链路预测方法。

6.3.1　基于节点特征相似性的链路预测方法

节点特征相似性，是指通过比较节点特征的相似程度来计算最终的相似性，两个节点的共同或者相似特征越多，相似性就越高。在此，有两个关键问题：一是节点特征的提取；二是相似性的衡量方法。

节点特征可以分为显式特征和隐式特征。显式特征是节点显而易见或能够容易捕捉的特征，如对于指控节点，其职能、使命、地域等属于显式特征。隐式特征是无法直接观测的特征，通常是通过对显式特征的分析推导出的特征，如指控节点的信息需求偏好。衡量节点间相似性时，显式特征和隐式特征都是不可或缺的一部分。显式特征虽然易于获得，但是较为浅薄；隐式特征难以获取，但是往往能够反映节点的关键特性。

对于 $\forall X \in V$，用一个特征向量来表示该节点，即 $(x_1^A, x_2^A, \cdots, x_k^A, x_{k+1}^L, \cdots, x_n^L)$，其中，$x_k^A$ 为显式特征，x_{k+1}^L 为隐式特征。假设 X 和 Y 表示两个节点，$(x_1^A, x_2^A, \cdots, x_k^A, x_{k+1}^L, \cdots, x_n^L)$ 和 $(y_1^A, y_2^A, \cdots, y_k^A, y_{k+1}^L, \cdots, y_n^L)$ 分别是它们的特征向量组，则这两个节点间的相似性可如下计算。

（1）欧氏距离法：

$$\text{Sim}(X,Y) = \sqrt{\sum_{l=1}^{k}(x_l^A - y_l^A)^2 + \sum_{l=k+1}^{n}(x_l^L - y_l^L)^2}$$

（2）曼哈顿距离法：

$$\text{Sim}(X,Y) = \sum_{l=1}^{k}\left|x_l^A - y_l^A\right| + \sum_{l=k+1}^{n}\left|x_l^L - y_l^L\right|$$

（3）余弦向量法：

$$Sim(X,Y) = \frac{\sum_{l=1}^{k} x_l^A y_l^A + \sum_{l=k+1}^{n} x_l^L y_l^L}{\sqrt{\sum_{l=1}^{k} (x_l^A)^2 + \sum_{l=k+1}^{n} (x_l^L)^2} \sqrt{\sum_{l=1}^{k} (y_l^A)^2 + \sum_{l=k+1}^{n} (y_l^L)^2}}$$

（4）相关系数法：

$$Sim(X,Y) = \frac{E((X-EX)(Y-EY))}{\sqrt{D(X)}\sqrt{D(Y)}}$$

6.3.2　基于邻居相似性的链路预测方法

上一节介绍了基于节点相似性的链路预测方法，该类方法侧重从节点的特征出发计算相似性，只应用了"用户信息基本图"中的部分信息。本节将从另一个侧面，即图中链路的情况来计算相似性，并提出相关的链路预测算法。节点"邻居"是指与节点存在直接链路的节点集。通过比较相似性预测两个节点是否存在链路时，除节点特征外，节点本身的链路情况、节点在图中的拓扑结构，也能作为相似性计算的依据。

邻居是一个集合概念。对于节点 x，邻居是指与 x 存在直接链路的节点集合，即 $\Gamma(x)$。在图 6.10 中，节点 1 的邻居集为 $\{2, 3, 4\}$，节点 2 的邻居集为 $\{1, 3, 5\}$，节点 3 的邻居集为 $\{1, 2, 4\}$，节点 4 的邻居集为 $\{1, 3, 5\}$，节点 5 的邻居集为 $\{2, 4\}$。邻居相似性是指两个节点的邻居集之间的相似性。对于节点 x 和 y，相似性的计算依据是 $\Gamma(x)$ 和 $\Gamma(y)$。

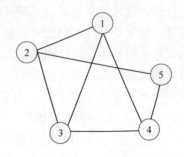

图 6.10　示例图

邻居相似性的衡量方法很多，下面列出典型的几种：

（1）共同邻居数。共同邻居法将节点 x、y 的链路权重定义为 x、y 的共同邻居数目：

$$score(x,y) = |\Gamma(x) \cap \Gamma(y)|$$

将两个节点间的共同邻居数目定义为它们在未来产生协作的概率。

（2）Salton（索尔顿）指数。索尔顿指数也称为余弦相似度，是现代信息检索理论中常用来衡量文本相似性的指标：

$$\text{score}(x, y) = \frac{\left| \Gamma(x) \cap \Gamma(y) \right|}{\sqrt{k_x \times k_y}}$$

式中：k_x 为节点 x 的度数，即邻居个数。

（3）Jaccard（杰卡德）指数。杰卡德指数是衡量两个集合相似度的一种指标，具体含义是两个集合的交集元素在两个集合的并集中所占的比例：

$$\text{score}(x, y) = \frac{\left| \Gamma(x) \cap \Gamma(y) \right|}{\left| \Gamma(x) \cup \Gamma(y) \right|}$$

（4）Sorenson（索伦森）指数。索伦森指数常用于生态类组织网络的分析：

$$\text{score}(x, y) = \frac{2 \left| \Gamma(x) \cap \Gamma(y) \right|}{k_x + k_y}$$

式中：k_x 为节点 x 的度数，即邻居个数。

（5）Adamic-Adar（亚当-阿达尔）指数。亚当-阿达尔指数从共同邻居集合中重新选取了一部分节点作为新的共同邻居，这类节点的相同之处是自身的邻居数目较少：

$$\text{score}(x, y) = \sum_{z \in \Gamma(x) \cap \Gamma(y)} \frac{1}{\lg \left| \Gamma(z) \right|}$$

（6）偏好连接。偏好连接考虑了网络发展的影响，其基本假设是节点 x 与其他节点产生某一链路的概率与自身邻居数量成比例。Newman 等在文献中拓展了这一概念，认为节点 x、y 存在链路的概率与 x、y 自身邻居数量的乘积有关：

$$\text{score}(x, y) = \left| \Gamma(x) \right| \cdot \left| \Gamma(y) \right|$$

6.3.3　基于用户子图相似性的链路预测方法

6.3.3.1　子图相似性的概念

6.2.2 节构建了用户信息关系图，该图与一般意义上的图有所区别。一般的图只有一种类型的节点和链接，但用户信息关系图中不仅包含用户节点、信息节点，还包含偏好相似链接、价值关联链接、使用链接。因此本节的子图也将不同于常规意义上子图的概念。

用户信息子图中不仅包含用户节点和信息节点，还包含使用链接。用户信息子图可以用于预测两类链接：如果用于预测用户间的偏好相似链接，它就是用户子图；如果用于预测信息间的价值关联链接，它就是信息子图。

本节中子图相似性的概念借鉴了链路预测中邻居相似性的概念。在基于相似性的链路预测方法中，有一类方法是通过比较节点局部结构的相似性预测节点的链接。典型的局部结构是节点的邻居集，即与节点存在直接链接的节点集，记为 $\Gamma(x)$ 。基于局部结构的最简单的相似性指标是共同邻居法，即两个节点的共同邻居越多，它们之间更有可能产生链接。

除共同邻居法外，还有 Salton 指数、Jaccard 指数、Sorenson 指数、Adamic-Adar 指数和优先连接指数等，这类方法已经形成了完备的相似性计算指标。

在衡量子图相似性时，仍然使用 6.3.2 节中的相似性度量指标，但是本节重新定义了"邻居"的概念。在用户信息子图中有如下两种邻居集：

（1）用户节点的邻居集：与用户节点存在直接链接的信息节点组成的集合，记为 $\Gamma^u(x)$ （ x 指用户节点）。

（2）信息节点的邻居集：与信息节点存在直接链接的用户节点组成的集合，记为 $\Gamma^i(x)$ （ x 指信息节点）。

由于存在两种邻居集，子图相似性也分两个方面理解：对于用户 x 和 y 来说，子图相似性是指 $\Gamma^u(x)$ 和 $\Gamma^u(y)$ 的相似性；对于信息 p 和 q 来说，子图相似性是指 $\Gamma^i(p)$ 和 $\Gamma^i(q)$ 的相似性。由此可以给出子图相似性的定义：子图相似性是指节点的邻居集的相似性；用户子图相似性是指用户节点的邻居集的相似性，即 $\Gamma^u(x)$ 之间的相似性；信息子图相似性是指信息节点的邻居集的相似性，即 $\Gamma^i(x)$ 之间的相似性。

比较用户子图的相似性，是看用户各自使用了哪些信息，比较这些信息之间的相似性；比较信息子图的相似性，是看信息各自被哪些用户使用，比较这些用户之间的相似性。

6.3.3.2 算法的设计与实现

根据子图的不同以及预测目的的不同，基于子图相似性的链路预测算法可为两种算法：一是基于用户子图相似性的链路预测算法（USS）；二是基于信息子图相似性的链路预测算法（ISS）。这两种算法的输入相同，都是用户信息子图；主体思路也相同，都是通过比较子图相似性来进行预测。虽然二者的输入都是用户信息子图，但视角不同，预测目的也不同：USS 算法预测偏好相似链接；ISS 算法预测价值关联链接。

USS 算法的基本思想：通过分析用户使用信息的情况判断用户之间的连接情况，默认认为"如果两个用户的信息使用记录相近，那么他们之间就可能存在偏好相似的关系"。USS 算法通过使用链接预测偏好相似链接，这在挖掘用户偏好上具有深远意义。

ISS 算法的基本思想：通过分析用户使用信息的情况判断信息之间的连接情况，认为"对两条信息而言，如果使用它们的用户相近，那么这两条信息之间就可能存在价值关联关系"。ISS 算法通过使用链接预测价值关联链接，这对于信息的归类以及价值挖掘具有很大的意义。

由于 USS 算法和 ISS 算法思路相同，现只介绍 USS 算法的设计。

假设在用户信息子图 G^{ui} 中，用户节点 v_i^u 的邻居集为 $\Gamma^u(v_i^u)$。$\Gamma^u(v_i^u)$ 由 G^{ui} 中与 v_i^u 存在使用关系的信息节点组成。例如，在图 6.11 中，对于用户节点 1，它使用了信息 i_1、i_2、i_3、i_4，则 $\Gamma^u(1)=\{i_1,i_2,i_3,i_4\}$。此时预测用户节点 v_i^u 和用户节点 v_j^u 之间是否存在偏好相似链接，应计算节点 v_i^u 与节点 v_j^u 的子图相似性，即 $\Gamma^u(v_i^u)$ 和 $\Gamma^u(v_j^u)$ 的相似性。在图 6.11 中，预测用户节点 1 和其他节点是否存在偏好相似链接时，应计算节点 1 的子图和节点 2、3、4、5、6 的子图的相似性，即 $\Gamma^u(1)$ 与 $\Gamma^u(2)$、$\Gamma^u(3)$、$\Gamma^u(4)$、$\Gamma^u(5)$、$\Gamma^u(6)$ 的相似性。

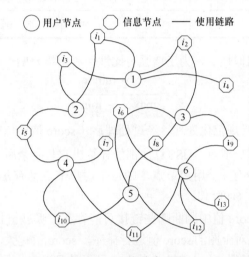

图 6.11　用户信息子图

本节在衡量 $\Gamma^u(v_i^u)$ 和 $\Gamma^u(v_j^u)$ 的相似性时，沿用了经典方法，见表 6.1。以图 6.11 为例，使用共同邻居法分别计算各用户节点间的子图相似性。各节点的邻居集分别为

$$\Gamma^u(1)=\{i_1,i_2,i_3,i_4\}，\quad \Gamma^u(2)=\{i_1,i_3,i_5\}，\quad \Gamma^u(3)=\{i_2,i_6,i_8,i_9\}，$$

$$\Gamma^u(4)=\{i_5,i_7,i_{10},i_{11}\}，\quad \Gamma^u(5)=\{i_6,i_8,i_{10},i_{12}\}，\quad \Gamma^u(6)=\{i_6,i_9,i_{11},i_{12},i_{13}\}$$

依据共同邻居法，可得节点 1 与其他几个节点的子图相似性为

$$\text{score}(1,2)=2，\quad \text{score}(1,3)=1，\quad \text{score}(1,4)=0，$$

$$\text{score}(1,5)=0，\quad \text{score}(1,6)=0$$

表 6.1　基于邻居相似性的链路预测指标

指 标 名 称	计 算 公 式
共同邻居数	$\text{Sim}i=\left|\Gamma^u(v_i^u)\cap\Gamma^u(v_j^u)\right|$
Salton 指数	$\text{Sim}i=\dfrac{\left|\Gamma^u(v_i^u)\cap\Gamma^u(v_j^u)\right|}{\sqrt{\left|\Gamma^u(v_i^u)\right|\times\left|\Gamma^u(v_j^u)\right|}}$

（续）

指 标 名 称	计 算 公 式
Jaccard 指数	$\mathrm{Sim}i = \dfrac{\left\|\Gamma^u(v_i^u) \cap \Gamma^u(v_j^u)\right\|}{\left\|\Gamma^u(v_i^u) \cup \Gamma^u(v_j^u)\right\|}$
Sorenson 指数	$\mathrm{Sim}i = \dfrac{2\left\|\Gamma^u(v_i^u) \cap \Gamma^u(v_j^u)\right\|}{\left\|\Gamma^u(v_i^u)\right\| + \left\|\Gamma^u(v_j^u)\right\|}$
Adamic-Adar 指数	$\mathrm{Sim}i = \displaystyle\sum_{z \in \Gamma^u(v_i^u) \cap \Gamma^u(v_j^u)} \dfrac{1}{\lg\left\|\Gamma(z)\right\|}$
偏好连接	$\mathrm{Sim}i = \left\|\Gamma^u(v_i^u)\right\| \cdot \left\|\Gamma^u(v_j^u)\right\|$

在得到子图相似性后，为了增强可比性，利用极差归一化法

$$x_{ij}^{\ r} = \frac{x_{ij} - \min_{1 \leq k \leq n} x_{ij}}{\max_{1 \leq k \leq n} x_{ij} - \min_{1 \leq k \leq n} x_{ij}}$$

对 score 值进行规范化处理。经过处理后，score 值均位于 [0,1]。

对于每一个用户节点，USS 算法都能计算出它与剩余所有用户节点的子图相似性。如果图中有 n 个用户节点，则每个用户节点都有 $n-1$ 个 score 值，全图共有 $n(n-1)/2$ 个 score 值。

如何从这些 score 值中判断哪些链接可能存在，哪些链接不可能存在？思路有两种：一种是对全图的 score 值进行排序，score 值越大，对应的用户节点之间存在偏好相似链接的可能性就越大；另一种是对每个用户节点的 score 值进行排序，大的 score 值对应的节点对存在偏好相似链接的可能性就大。

两种思路都有一定的根据，理论上都不存在错误，本节选择了第二种思路。原因是：本节的链路预测算法最终落脚于信息推荐的应用中，如果采用第一种思路，本身邻居很少、较为孤立的节点可能一直排在最后，链路预测的结果中很难有与它们相关的链接。这就可能使信息使用频繁的用户拥有越来越好的推荐，而部分信息使用频率较低的用户则被遗忘。第二种思路是对每个节点的 score 值进行排序，因此链路预测的结果将会覆盖所有节点，全面性更好。

得到了每个节点的 score 值排序表后，给出阈值 α，当归一化的 score 值大于或等于 α 时，对应的节点间就存在偏好相似链接；反之亦然。α 的确定可以选择 score 值的平均值，可以每个节点设定一个对应的 α，也可以全图设定一个 α。算法 6.1 展示了 USS 算法的全貌。

基于信息子图相似性的 ISS 与 USS 思路相同，具体实现的计算方法等也相同。只是 ISS 针对信息节点，预测的结果是价值关联链接。而 USS 针对是用户节点，预测的结果是偏好相似链接。算法 6.2 展示了 ISS 算法的全过程。

算法 6.1　USS 算法

输入：用户信息子图 G^{ui}，偏好相似链路的阈值 α

输出：用户关系图 G^u

1：**for**（ G^{ui} 中的每一个用户节点 v_i^u ）

2：　**for**（ G^{ui} 中的每一个用户节点 v_j^u ）

3：　　$\text{score}(v_i^u, v_j^u) = \text{Simi}(\Gamma^u(v_i^u), \Gamma^u(v_j^u))$

4：　**end**

5：**end**

6：**for**（ G^{ui} 中的每一个用户节点 v_i^u ）

7：　$N\_\text{score}(v_i^u, v_j^u) = \dfrac{\text{score}(v_i^u, v_j^u) - \min_{1 \leqslant k \leqslant n-1} \text{score}(v_i^u, v_k^u)}{\max_{1 \leqslant k \leqslant n-1} \text{score}(v_i^u, v_k^u) - \min_{1 \leqslant k \leqslant n-1} \text{score}(v_i^u, v_k^u)}$

8：**end**

9：**for**（ G^{ui} 中的每一个用户节点 v_i^u ）

10：　　**for**（ G^{ui} 中的每一个用户节点 v_j^u ）

11：　　　**if**（ $N\_\text{score}(v_i^u, v_j^u) \geqslant \alpha$ ）

12：　　　　$\text{link}(v_i^u, v_j^u) = 1$

13：　　　**else**

14：　　　　$\text{link}(v_i^u, v_j^u) = 0$

15：　　**end**

16：　**end**

17：**end**

18：$(V^u, \text{link}(v_i^u, v_j^u)) \rightarrow G^u$

结束

算法 6.2　ISS 算法

输入：用户信息子图 G^{ui}，价值关联链路的阈值 β

输出：信息关系图 G^i

1：**for**（ G^{ui} 中的每一个信息节点 v_i^i ）

2：　**for**（ G^{ui} 中的每一个信息节点 v_j^i ）

3：　　$\text{score}(v_i^i, v_j^i) = \text{Simi}(\Gamma^i(v_i^i), \Gamma^i(v_j^i))$

4：　**end**

5：**end**

6：**for**（ G^{ui} 中的每一个信息节点 v_i^i ）

7:　$N\_score(v_i^i, v_j^i) = \dfrac{score(v_i^i, v_j^i) - \min_{1 \leqslant k \leqslant m-1} score(v_i^i, v_k^i)}{\max_{1 \leqslant k \leqslant m-1} score(v_i^i, v_k^i) - \min_{1 \leqslant k \leqslant m-1} score(v_i^i, v_k^i)}$

8:　**end**

9:　**for**（G^{ui} 中的每一个信息节点 v_i^i）

10:　　**for**（G^{ui} 中的每一个信息节点 v_j^i）

11:　　　**if**（$N\_score(v_i^i, v_j^i) \geqslant \beta$）

12:　　　　$link(v_i^i, v_j^i) = 1$

13:　　　**else**

14:　　　　$link(v_i^i, v_j^i) = 0$

15:　　　**end**

16:　　**end**

17:　**end**

18:　$(V^i, link(v_i^i, v_j^i)) \to G^i$

结束

在算法的实际实现过程中，可以采用邻接矩阵表示用户信息子图，在一定程度上能够方便计算过程。例如，对于图 6.11 的用户信息子图，其用户子图邻接矩阵为 $\boldsymbol{A}_u^{ui}$，信息子图邻接矩阵为 $\boldsymbol{A}_i^{ui}$。$\boldsymbol{A}_u^{ui}$ 的行是用户节点、列是信息节点，每一行元素的和是该行对应用户节点的邻居总数。$\boldsymbol{A}_i^{ui}$ 是 $\boldsymbol{A}_u^{ui}$ 的转置矩阵，每一行元素的和是该行对应信息节点的邻居总数。由于 $\boldsymbol{A}_i^{ui} = (\boldsymbol{A}_u^{ui})^{\mathrm{T}}$，所以二者常互相表示。

6.4　基于图核思想的链路预测技术

6.3 节介绍了基于相似性的链路预测算法，解决了通过用户信息之间的使用关系预测用户之间的偏好相似关系和信息之间的价值关联关系的问题。这种算法的基本前提是：必须已知用户和信息之间的使用关系。

然而在现实中，并不是所有的用户和信息都能满足这一基本前提。当新用户或新信息加入个性化军事信息推荐系统时，它们没有任何相关的使用记录，与其他节点不存在使用关系，也就无法构建对应的用户信息子图。这样，基于子图相似性的链路预测算法无法给这些新用户提供个性化的推荐，也无法将这些新信息推荐给真正需要它们的用户。

这是基于子图相似性的链路预测算法的一个缺陷：对于无使用关系的用户节点或信息节点，无法预测它们与其他用户或信息的关系。这个问题也称为"冷启动"问题或新用户和新信息问题。"冷启动"问题对于很多民用推荐系统也是极大的挑战。

忽略对新用户和新信息的推荐是否会影响整个个性化军事信息系统的效能？观察已有的战例以及各种民用推荐系统的实例，可以发现新用户和新信息在整个推荐系统中发挥重要作用。例如，在军事背景下，新信息往往包含与敌方、与行动目标相关的最新数据，它们的时效性更强，对实际军事行动的指导意义也将更大。如果忽略这些新信息，不把它们及时推荐给用户，对于军事行动来说将产生巨大的负面影响。新用户也是如此，因为新，所以更急需相关信息来进行辅助运行。一定程度上，新用户的信息需求要比常规用户的信息需求更加迫切。

对于新用户和新信息，由于缺乏相关的信息使用记录，无法从使用关系入手预测偏好相似关系和价值关联关系。本章需要解决的是，如何通过使用关系以外的其他关系预测偏好相似关系和价值关联关系。

围绕这个问题，本章提出了多项式曲线拟合下的基于图核思想的链路预测算法。该算法和基于子图相似性的链路预测是两种截然不同的方法，它们以不同的角度、不同的基础知识、不同的方法解决链路预测预测问题。

基于图核思想的链路预测算法能够通过已有的偏好相似关系和价值关联关系预测潜藏的偏好相似关系和价值关联关系。这实质上是图数据挖掘，能够完善用户信息关系图的内容，进一步发现用户潜在的偏好以及信息潜在的价值关联。此外，对于新用户和新信息，它们虽然没有相应的使用关系，但通过基本资料的分析可以使新用户和新信息与图中已有的用户和信息建立初始的偏好相似关系以及价值关联关系。在此基础上，应用基于图核思想的链路预测算法就能得到新用户的偏好以及新信息的价值关联。

6.4.1 理论基础

本章将大量用到线性代数、代数图论以及统计数学方面的理论和方法，为了后续研究作铺垫，本节先介绍相关的基础数学知识。

6.4.1.1 谱分解

设 A 为 $n \times n$ 复矩阵，A 的特征值是复数 $\{\lambda_1, \lambda_2, \cdots, \lambda_s\}$，使方程 $AX = \lambda X$ 有解且 $X \neq 0$，则称 X 是特征值 $\{\lambda_1, \lambda_2, \cdots, \lambda_s\}$ 对应的特征向量。A 的所有特征值的集合称为 A 的谱。A 的特征值的绝对值 $|\lambda|$ 的最大值称为 A 的谱半径，用 $r(A)$ 表示。

谱分解又称特征分解，是将矩阵分解为由其特征值和特征向量表示的矩阵之积的方法。设 A 为 $n \times n$ 复数矩阵，且有 n 个线性无关的特征向量 $q_i (i = 1, \cdots, n)$，则 A 可分解为 $A = Q \Lambda Q^{-1}$。其中，Q 为 $n \times n$ 阶复数矩阵，且第 i 列为 A 的特征向量 q_i。Λ 为对角矩阵，对角线上的元素为矩阵 A 对应的特征值，

即 $\varLambda_{ii} = \lambda_i$。需要注意的是，此处的矩阵 A 必须可对角化。

对于任意的 $n \times n$ 阶的实对称矩阵都有 n 个线性无关的特征向量，且这些特征向量都可以正交单位化而得到一组正交且模为 1 的向量。因此，如果 A 为实对称矩阵，则 A 能够分解为 $A = Q\varLambda Q^{\mathrm{T}}$，其中，$Q$ 为正交矩阵，$\varLambda$ 为实对角矩阵。

谱分解定理：A 为 n 阶可对角化矩阵，A 的谱为 $\{\lambda_1, \lambda_2, \cdots, \lambda_s\}$，其中，$\lambda_i$ 的重数为 k_i，则存在唯一一组 s 个 n 阶方阵 $P_1, P_2, \cdots, P_s$ 满足：

（1）$A = \sum\limits_{i=1}^{s} \lambda_i P_i$；

（2）$P_i^2 = P_i$；

（3）$P_i P_j = 0 (i \neq j)$；

（4）$\sum\limits_{i=1}^{s} P_i = I$；

（5）$\mathrm{rank}(P_i) = k_i$。

由谱分解定理中 $A = \sum\limits_{i=1}^{s} \lambda_i P_i$ 可得 $A^m = \sum\limits_{i=1}^{s} \lambda_i^m P$，对于任意多项式 $f(x)$ 有

$$f(A) = \sum\limits_{i=1}^{s} f(\lambda_i) P_i。$$

6.4.1.2 泰勒级数

泰勒级数的各项由结构简单、性质明了的幂函数组成。把一个函数展开成泰勒级数有着广泛的应用。

泰勒级数的定义：如果函数 $f(x)$ 在 $x = x_0$ 出具有任意阶微商，则幂级数

$$\sum_{n=0}^{\infty} \frac{f^{(n)}(x_0)}{n!}(x - x_0)^n = f(x_0) + f'(x_0)(x - x_0) + \frac{f''(x_0)}{2!}(x - x_0)^2 \cdots + \frac{f^{(n)}(x_0)}{n!}(x - x_0)^n + \cdots$$

称为 $f(x)$ 在点 $x = x_0$ 出的泰勒级数。

在泰勒级数中，当 $x = 0$ 时，得到的级数 $\sum\limits_{n=0}^{\infty} f^{(n)}(0) x^n$ 称为麦克劳林级数。

泰勒级数和麦克劳林级数可以用来计算函数的近似值。

6.4.1.3 矩阵函数

定义域和值域都属于方阵的函数称为矩阵函数。矩阵函数的定义较多，其中以幂函数角度得到的定义如下。

矩阵函数的定义：设一元函数 $f(x)$ 能够展开为 x 的幂函数 $f(x) = \sum\limits_{k=0}^{\infty} c_k x^k$（$|x| < R$），其中，$R > 0$ 表示该幂级数的收敛半径。当 n 阶矩阵 A 满足 $\|A\| < R$

时，收敛的矩阵幂级数 $\sum_{k=0}^{\infty} c_k A^k$ 称为矩阵函数，记作

$$f(A) = \sum_{k=0}^{\infty} c_k A^k$$

对于实对称矩阵 A，它能够被分解为 $A = Q \Lambda Q^{\mathrm{T}}$，通过 Jordan 标准形法可得

$$f(A) = Q f(\lambda) Q^{\mathrm{T}}$$

这样矩阵的函数就转化成特征值的函数。

6.4.2　基于图核思想的链路预测算法

在数据挖掘、机器学习领域中，预测类问题的思路是：通过构建模型，在大量的数据集中进行训练得到合适的模型参数，然后进行预测。然而对于网络类、图类这种形象化表示的对来说，没有合适的机器学习模型。图核的提出解决了这个问题。图核思想是一种行之有效的网络数据挖掘方法，在网络分析中应用非常广泛。图核方法使原本适用于向量表示的标准算法也能适用于图，使原空间复杂的非线性算法变为特征空间的线性算法。换言之，通过图核思想，图类、网络类数据的预测问题就能转换为对应特征值空间的预测问题，将非线性的问题以线性的方式进行描述，能够采取的方法种类自然也会得到大量的拓展。

实际上，图核就是一个函数，这个函数能够将非线性的图映射到线性空间，由此将一些线性的方法应用于图。图核方法在链路预测中的应用，实质上是将链路预测的目标图映射到对应邻接矩阵的特征值空间，通过在训练集上的不断训练找到一个合适的链路预测函数，从而进行预测。

基于图核思想的链路预测（Graph Kernels-based Link Prediction，GKLP）算法的基本思想是：找到适用于图的图核（也称为链路预测函数），该图核是对图的历史数据学习得来，能够反映图内部的特性以及发展趋势。利用此图核对图进行链路预测，挖掘隐藏的链接，预测未来可能产生的链接。本算法的核心在于图核的寻找，具体寻找过程将用到谱分解以及矩阵函数的计算。与常见的预测函数的寻找方法相比，GKLP 算法应用多项式曲线拟合找到合适的链路预测函数，在保证精度的前提下降低算法的复杂度。与基于相似性的链路预测算法相比，基于图核的链路预测算法淡化了对节点、链接、连接结构等具体元素的分析和理解，从代数图论的角度出发聚焦于图的整体发展趋势。

6.4.2.1　图核

在数据挖掘、机器学习领域中，没有通用的方法适合图，图核方法的提

出解决了这个问题。图核方法使原本适用于向量表示的标准算法也能适用于图，使原空间复杂的非线性算法变为特征空间的线性算法。

图核的定义：函数 $\kappa: G \times G \to R$ 称为图核，如果存在希尔伯特空间 Z 和映射 $\Psi: G \to Z$，使得对于所有的 $g, g' \in G$，满足 $\kappa(g, g') = <\Psi(g), \Psi(g')>$，其中 $<*, *>$ 表示希尔伯特空间 Z 上的点积。

希尔伯特空间是欧几里得空间的一个推广，但不再局限于有限维的情形。与欧几里得空间相仿，希尔伯特空间也是一个内积空间。根据这个定义可知，图核实际上就是一个函数，这个函数能够将非线性的图映射到线性空间，由此将一些线性的方法应用于图。

图核方法在链路预测中的应用，实质上是对链路预测的目标图映射到对应邻接矩阵的特征值空间，将整个图的主要内涵用特征值和特征向量表示。常见的图核见表 6.2 所列。

表 6.2 　常见的图核

图 核 类 型	函数表达式
指数图核	$F_{\mathrm{EXP}}(A) = \exp(\alpha)$
纽曼图核	$F_{\mathrm{NEU}}(A) = (E - \alpha A)^{-1}$
路径计算图核	$F_{\mathrm{P}}(A) = \sum_{i=0}^{d} \alpha_i A^i$
拉普拉斯图核	$F_{\mathrm{COM}}(L) = L^+$（组合拉普拉斯图核） $F_{\mathrm{COMR}}(L) = (E + \alpha L)^{-1}$（标准拉普拉斯图核） 式中：$L = D - A$；$D_{ii} = \sum_j A_{ij}$

根据 6.4.1 节，泰勒级数和麦克劳林级数可用于计算函数的近似值。在此可以将以上四种图核统一为多项式的形式，例如，指数图核、纽曼图核可分别表示为

$$\exp(\alpha A) = \sum_{i=0}^{\infty} \frac{\alpha^i}{i!} A^i$$

$$(E - \alpha A)^{-1} = \sum_{i=0}^{\infty} \alpha^i A^i$$

6.4.2.2　GKLP 算法的设计与实现

以图 6.12 为例，设其 $G = (V, E)$，邻接矩阵为 A，矩阵的元素 a_{ij} 代表节点 v_i 和 v_j 是否存在链接，即

$$a_{ij} = \begin{cases} 1, & v_i \text{和} v_j \text{存在链路，或} i = j \\ 0, & v_i \text{和} v_j \text{不存在链路} \end{cases}$$

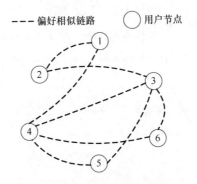

图 6.12 用户关系图示例

可得邻接矩阵为

$$A = \begin{bmatrix} 1 & 1 & 0 & 1 & 0 & 0 \\ 1 & 1 & 1 & 0 & 0 & 0 \\ 0 & 1 & 1 & 1 & 1 & 1 \\ 1 & 0 & 1 & 1 & 1 & 1 \\ 0 & 0 & 1 & 1 & 1 & 0 \\ 0 & 0 & 1 & 1 & 0 & 1 \end{bmatrix}$$

不难看出，矩阵 A 是实对称矩阵，可以进行谱分解，分解的结果为

$$A = Q \Lambda Q^{\mathrm{T}}$$

假设所寻找的图核的函数形式为 F，则

$$F(A) = Q F(\Lambda) Q^{\mathrm{T}} = Q \begin{pmatrix} f(\lambda_1) & \cdots & 0 \\ \vdots & \ddots & \vdots \\ 0 & \cdots & f(\lambda_s) \end{pmatrix} Q^{\mathrm{T}}$$

$$F(\Lambda) = F \begin{pmatrix} \lambda_1 & & 0 \\ & \ddots & \\ 0 & & \lambda_s \end{pmatrix} = \begin{pmatrix} f(\lambda_1) & & 0 \\ & \ddots & \\ 0 & & f(\lambda_s) \end{pmatrix}$$

据此可以将矩阵的函数转化为特征值的函数，并且保证函数的形式不发生变化：

$$F(A) = Q f(\lambda) Q^{\mathrm{T}}$$

式中：F 与 f 的形式相同。

F 是该图的链路预测函数，令 $B = F(A)$，由于矩阵 B 不是标准的"0-1"邻接矩阵，需要对 B 进行调整才能得到预测出的标准邻接矩阵 A_{p}，其中 $A_{\mathrm{p}} = \mathrm{trans}(B)$，其中，$\mathrm{trans}(*)$ 表示调整规则。GKLP算法流程图如图6.13所示。

矩阵 B 是预测出的矩阵，它和矩阵 A 具有相同的维数，但并不是严格意义上的邻接矩阵，需要进行调整，具体如下：

$$A_P = \text{trans}(\boldsymbol{B}) = \begin{cases} (A_P)_{ij} = 1 & , (\boldsymbol{B})_{ij} \geqslant \text{threshold} \\ (A_P)_{ij} = 0 & , (\boldsymbol{B})_{ij} < \text{threshold} \end{cases}$$

其中：trans(*) 表示调整规则；threshold 是人为确定的一个阈值。

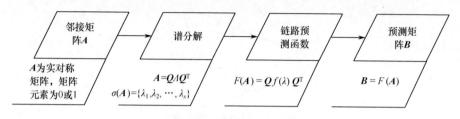

图 6.13　GKLP 算法流程图

如何找到合适的链路预测函数是本算法的重中之重。下面首先利用通用的方法寻找链路预测函数，即均方根误差（RMSE）比较法。

通常链路预测函数的确定是从一系列备选图核中选出的，见表 6.2 中列出的图核形式。RMSE 也称标准误差，是预测值与真实值偏差的平方和真实值次数比值的平方根。RMSE 对预测中特大或特小的误差反映非常敏感，能够很好地反映出预测的精度。

RMSE 比较法是将每一个备选的链路预测函数都在图上应用一次，并计算对应的均方差根误差，最后选出误差最小的函数作为最终的链路预测函数。具体做法如下：

选取图 $G = (V, E)$ 的一个生成子图 $G' = (V, E')$，其中，G 和 G' 的节点集相同，G' 的链接集是 G 的链接集的真子集，即 $E' \subset E$。一般设定 E' 中链接的数目为 E 的 80%左右，该比例可以进行调整，没有特定的值。图 G 的邻接矩阵为 $\boldsymbol{A}$，生成子图 G' 的邻接矩阵为 $\boldsymbol{A}'$，设备选链路预测函数为 F。对子图 G' 进行链路预测，可得

$$\boldsymbol{B} = F(\boldsymbol{A}')$$
$$A_P = \text{trans}(\boldsymbol{B})$$

调整后得到标准的邻接矩阵 A_P，则链路预测函数 F 的均方根误差为

$$\text{RMSE} = \sqrt{(A_P - \boldsymbol{A})^2}$$

最终被选择的预测函数应当满足以下条件：

$$\min_F \sqrt{(\text{trans}(F(\boldsymbol{A}')) - \boldsymbol{A})^2}$$

GKLP 算法的具体实现如算法 6.3 所示。在实际预测过程中图的规模远不止图 6.12 所示，节点数目和链接数目将会比较庞大，因此在预测函数的选择过程中，用邻接矩阵的谱代替矩阵本身进行运算。这也是本算法要用到的谱分解的原因。

输入：图 G，调整参数 threshold

输出：预测出的邻接矩阵：A_p

1：构建图 G 的生成子图 G'，G' 包含 G 中所有的节点以及 80% 的链接，节点数目为 n

2：**for**（图 G 或 G' 中的每一个节点对）

3：　　　如果节点对之间存在链接，$a_{ij}=1$ 或 $a'_{ij}=1$

4：**else**

5：　　　$a_{ij}=0$ 或 $a'_{ij}=0$

6：**end**

7：得到图 G 和 G' 的邻接矩阵，分别为 $A=(a_{ij})$，$A'=(a'_{ij})$

8：对矩阵 A 和 A' 分别进行谱分解

9：$A=Q\Lambda Q^\mathrm{T}$，$A'=P\Lambda'P^\mathrm{T}$

10：$\sigma(A)=\{\lambda_1,\lambda_2,\cdots,\lambda_s\}$，$\sigma(A')=\{\lambda'_1,\lambda'_2,\cdots,\lambda'_s\}$

11：**for**（每一个备选的链路预测函数 f）

12：　　$\mathrm{RMSE}=\left[\sum_{i=1}^{s}\sqrt{(f(\lambda'_i)-\lambda_i)^2}\right]\Big/s$

13：**end**

14：选择使均方根误差最小的函数为链路预测函数 F，$F=\min_f \mathrm{RMSE}$

15：$B=F(A)$

16：$A_\mathrm{p}=\mathrm{trans}(B)$

结束

在实际预测过程中，节点和链接的规模较大，例如 Epinion 数据集中就有 75879 个用户、508837 条链接，对应的用户关系图将有 75879 个节点，其邻接矩阵也将是 75879 阶的矩阵。如果全程利用矩阵寻找预测函数，会面临巨大的计算复杂度。由于实对称矩阵满足 $f(A)=Qf(\lambda)Q^\mathrm{T}$，矩阵的函数形式与其对应特征值的函数形式一致。GKLP 算法通过对邻接矩阵进行谱分解，得到矩阵的谱，将矩阵运算转化为对应的特征值运算，在一定程度上简化寻找预测函数的计算复杂度。

6.4.2.3　多项式曲线拟合下的 GKLP 算法

在预测函数选择过程中，GKLP 算法通过比较每个函数对应的 RMSE，选取 RMSE 最小的函数作为最终的预测函数。这个过程思路简单，但操作并不容易，尤其在规模较大的数据集下更费力。因此，GKLP 算法在预测函数的选择上可做进一步改进。

6.4.2.2 节展现了 GKLP 算法的设计和实现过程，用 RMSE 法选择链路预测函数，虽然能够在备选函数中选择出预测精度最高的一个，但是不难看出，这种方法的工作量很大。在对每一个图的链路预测中，必须对每个列出的预测函数进行 RMSE 计算。这种"地毯式"的寻找方法，思路简单，通用性强。但是灵巧性不够，耗时耗力。此外，选择出的预测函数的优劣受制于备选函数的质量，换言之无论怎么选，最终的预测函数也只是所有备选函数中精度最高的，而备选函数集到底是否完备、当前的预测函数预测精度是否最高都难以知道。基于以上考虑，本节将利用多项式曲线拟合来完成 GKLP 算法中寻找预测函数的工作。

泰勒级数和麦克劳林级数（参见 6.4.1 节）可以用来计算函数的近似值，而大多数函数（除去存在奇点的函数）都能进行泰勒展开。借用这个思想，不管最佳预测函数是什么形式，它都能以泰勒级数的形式近似地表达，最终转化为多项式函数的形式，即

$$f(\lambda) = \sum_{i=0}^{s} \alpha_i \lambda^i$$

在此理论基础上，采取多项式曲线拟合的方法进行预测函数的选择。选取图 $G = (V, E)$ 的一个生成子图 $G' = (V, E')$，其中 G 和 G' 的节点集相同，G' 的链接集是 G 的链接集的真子集，即 $E' \subset E$。一般设定 E' 中链接的数目是 E 的 80%左右，该比例可以进行调整，没有特定的值。图 G 的邻接矩阵为 A，生成子图 G' 的邻接矩阵为 A'，对矩阵 A 和 A' 分别进行谱分解，得到它们的谱 $\sigma(A) = \{\lambda_1, \lambda_2, \cdots, \lambda_s\}$ 和 $\sigma(A') = \{\lambda_1', \lambda_2', \cdots, \lambda_s'\}$。以 $\sigma(A')$ 为自变量、$\sigma(A)$ 为因变量，用计算机绘出 $(\sigma(A'), \sigma(A))$ 的散点图，然后进行多项式曲线拟合，由此得到链路预测函数。

多项式曲线拟合下的 GKLP 算法放弃了备选预测函数，直接通过绘制 $(\sigma(A'), \sigma(A))$ 的散点图来拟合预测函数。这种做法直接从图本身数据出发来寻找预测函数，更加贴近了图原本的特性以及潜在的发展趋势。此外，多项式曲线拟合方法不仅易于理解，而且在计算机上容易实现，很多统计性软件以及 Matlab 都直接有相关的功能。这大大降低了算法的计算复杂度，提高了可操作性。

GKLP 算法在设计过程的一个前提是邻接矩阵 A 为 n 阶可对角化的矩阵。这个前提的设定主要源于 GKLP 算法中用到了谱分解方法，而谱分解必不可少的条件是矩阵可对角化。这个前提的存在限定了 GKLP 算法可以用于用户关系图和信息关系图的链路预测，但不能用于用户子图的链路预测。用户关系图和信息关系图的邻接矩阵，其行列都是节点，因此必然是 n 阶实对称矩阵。而在用户子图中，由于用户和信息的数目大多数情况下是不相等的，所以邻接矩阵不是方阵，而且几乎不可能存在对称。但是用户子图可以通过调整以满足

GKLP 算法的应用要求，例如，可以通过合并用户、合并信息的方式使用户子图的邻接矩阵满足要求。

图核的思想使线性数学方法能够用于非线性的图，这让通过预测函数对邻接矩阵操作获取预测结构的方法可行。GKLP 算法实质上是先将图映射到矩阵，通过对矩阵的学习得到链路预测函数，然后预测出新的矩阵，最后将矩阵映射回图。此处的链路预测函数是源于图的，不同的图选择不同的链路预测函数。在函数选择过程中必须采用原图的数据进行训练，得到相关函数的参数，这样的链路预测函数才能预测出合理、精确的结果。由此可见，预测函数是 GKLP 算法的核心，合适的预测函数能够得到良好的预测效果，不合适的预测函数将可能扭曲原图的发展、得到错误的结果。

6.5 多重链路属性下的链路预测技术

6.5.1 正、负链路属性下的链路预测方法

在正、负链路的用户图中，用户之间的关系分为正、负两种，正链路和负链路存在紧密联系，而且相互影响。正链路表示用户之间是积极型关系，如相似关系、朋友关系、支持关系、赞同关系等；负链路与正链路相反。"正、负"属性的增加为链路预测拓展了思路，朋友的朋友有可能是朋友，敌人的敌人也可能是朋友，朋友的敌人可能是我的敌人等。同时，链路预测的结果也得到了拓展，预测出的链路，不仅包括链路是否存在，还包括链路是正还是负。

正、负链路属性下的链路预测问题，可以分为两个阶段：第一阶段是默认图是完全图，预测链路的正、负；第二阶段，通过分析第一阶段获得的预测值来划分，哪些值区间表示链路存在，哪些值区间表示链路不存在。

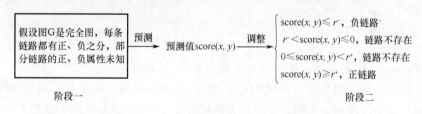

图 6.14 正、负链路属性下的链路预测思路

6.5.1.1 阶段一

假设无向图 $G=(V,E)$ 是完全图，所有链路都有正、负之分，$s(x,y)$ 表示节点 x 和节点 y 间链路 (x,y) 的正、负：$s(x,y)=-1$ 表示链路 (x,y) 为负链路，$s(x,y)=1$ 表示链路 (x,y) 为正链路。

阶段一的预测基于两类依据：第一类是节点的度分布，主要记录该节点与

图剩余部分的连接情况；第二类是社会心理规则，即判断个体 A 和个体 B 之间的关系时，可以通过分析 A 和 B 与个体 C 的关系得到（图6.15）。

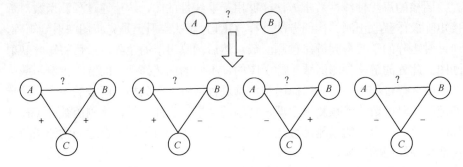

图 6.15 阶段一的思路图

第一类依据需要定义变量 $d^+(v)$、$d^-(v)$、$C(u,v)$，其中：$d^+(v)$ 为节点 v 连接着的正链路个数；$d^-(v)$ 为节点 v 连接着的负链路个数；$C(u,v)$ 为节点 v 和 u 共同邻居的个数；v、u 为节点。

第二类依据是一个三元组 $\{u,v,w\}$，其中 w 与 v、u 均存在链路，如图6.15可知，这个三元组有四种可能性，即 $\{s(u,w)=1,s(v,w)=1\}$、$\{s(u,w)=1,s(v,w)=-1\}$、$\{s(u,w)=-1,s(v,w)=1\}$、$\{s(u,w)=-1,s(v,w)=-1\}$。每一种情况下，对 $s(u,v)$ 的预测结果都可能不同。在此用一个四维向量来表示这四种情况，例如向量 $\boldsymbol{P}=[0\ 0\ 0\ 1]$，则说明为第四种可能，即 $\{s(u,w)=-1,s(v,w)=-1\}$。

对于链路 (u,v)，阶段一就是预测 $s(u,v)$。具体的预测方法不是唯一的。

（1）机器学习模型。用特征向量 $\boldsymbol{X}=(x_1,x_2,\cdots,x_7)$ 表示链路 (u,v)，$\boldsymbol{X}$ 为七维的向量，分别代表 $d^+(v)$、$d^-(v)$、$C(u,v)$ 以及三元组的四种可能性。最终 $s(u,v)$ 的预测值采用逻辑回归可得

$$s(u,v)=\frac{1}{1+e^{-(b_0+\sum_{i}^{7}b_ix_i)}}$$

式中：$b_0,\cdots,b_7$ 为参数，需要通过在数据集中的训练得到。

（2）结构平衡理论。从结构平衡理论来预测 $s(u,v)$，本质就是通过一些普遍的社会交往规则来预测。如"朋友的朋友是朋友""朋友的敌人是敌人""敌人的朋友是朋友"等。根据结构平衡理论，如果节点 u、v 和 w 是一个三元组，w 是 u 和 v 的共同邻居，那么 $s(u,v)$ 应当使三元组 $\{u,v,w\}$ 拥有奇数个正链路。

$$s(u,v)=s(u,w)s(v,w)$$

（3）地位理论。地位理论和结构平衡理论一致，都是通过普遍的社会交往规则来预测 $s(u,v)$。在地位理论中，如果 $s(u,v)=+1$，则说明节点 u 比节点 v 地位高，反之亦然。

$$s(u,v)=s(u,w)+s(v,w)$$

6.5.1.2 阶段二

相对于阶段一，阶段二的任务较为简单。在计算过程中，尤其适用机器学习模型计算 $s(u,v)$ 时，得到的值常不是整数，需要进行调整。阶段二就是提供对 $s(u,v)$ 的调整。具体的调整过程：设定两个阈值参数 r^+ 和 r^-，由它们区分最后 $s(u,v)$ 的值，即

$$\begin{cases} s(x,y) = -1, & s(x,y) \leqslant r^- \\ s(x,y) = 0, & r^- < s(x,y) \leqslant 0 \\ s(x,y) = 0, & 0 \leqslant s(x,y) < r^+ \\ s(x,y) = +1, & s(x,y) \geqslant r^+ \\ r^- \leqslant -1, & r^+ \geqslant 1 \end{cases}$$

6.5.2 权重链路属性下的链路预测方法

在图 6.11 所示的用户信息子图中，使用链接的属性只有一种，即存在或者不存在。但在现实中，用户对信息的使用并非一视同仁，常对有些信息的使用频率较高些，对有些则比较少使用。例如，亚丁湾护航的部队对海上天气、周围海盗活动以及日常海上交通的信息使用非常频繁，但是几乎不会使用关于国内某一沙漠区域气候的信息。那么对于亚丁湾护航编队来说，海上天气信息的地位以及意义远高于沙漠区域的天气信息。同时，在使用过程中，信息对用户发挥的作用也不尽相同。有些信息起到关键性作用，有些则只是辅助作用，甚至有些还会起负作用。例如，作战过程中需要制定作战计划。作战计划的拟定需要大量战场信息为依据，情报系统收集到的信息中有战场客观数据、有监控敌方动态的数据，无可避免也会有敌方故意散布的虚假信息。这些信息在作战计划的拟定以及后续实战中发挥的作用必然是不同的，如果没有鉴别真伪、去假留真，那些敌方散布的虚假信息就会对作战用户起负作用。

对于信息而言，相同信息的对于不同的用户价值也是不同的。某一条信息的容量和价值量是有限的；它的内容也只能反映客观世界的某一点的情况，所以信息的价值会随用户的不同、环境的不同而动态变化。

不难发现，用户和信息之间的使用关系会因使用频率、使用时间、作用大小、用户评价等方面的原因产生不同的影响力，仅用存在与不存在来刻画使用链接是片面的。而且在很多情况下，使用链接是否存在并不能说明什么，用户很可能使用过所有信息，但不是每条信息都能对用户的行为起作用，都能满足用户的需求。因此，基于以上的考虑，本节给每条使用链接赋予了一个权重值，以体现该使用链接对相关用户节点和信息节点的影响力。

设有用户节点 v^u 和信息节点 v^i，它们之间的使用链接为 (v^u, v^i)，链接的

权重为 $w(v^u, v^i)$。权重是指链接对与其关联的节点的影响力，记作 $w(x, y)$，其中 x 和 y 是与链接 (x, y) 关联的节点。

在确定链接的权重时依据是多样的，例如：可以根据用户对信息的使用频率来定义权重的具体内涵，使用了多少次，权重就定为多少；可以看用户对信息的使用时间，使用时间越长，权重就越大；还可以根据用户对信息的评价来定义，用户在使用过信息之后，可以对信息起到的作用、包含的价值进行评分，评分越高，权重值越大。以用户对信息的使用频率作为权重的定义，可得加权的用户信息子图，如图 6.16 所示。

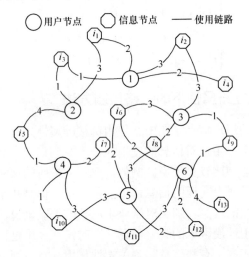

图 6.16　加权的用户信息子图

每个节点周围可能存在多条链接，每条链接都会对节点产生一定的影响。那么对于节点来说，就会有各条链接影响力的总和，在此将这一总和值定义为节点影响力。节点影响力是指与该点相关联的链接的权重总和，记作 $s(x)$ 其中，x 为节点。计算公式为

$$s(x) = \sum_{z \in \Gamma(x)} w(x, z)$$

衡量权重属性下的子图相似性时，借鉴了权重图中的共同邻居数、优先连接指数和 Adamic-Adar 等思想，提出了权重属性下的 Salton 指数、Jaccard 指数以及 Sorenson 指数。表 6.3 以用户子图为例列出了权重属性下 6 个指标的形式，信息子图与用户子图一致，只是将用户节点换为信息节点。

表 6.3　加权子图相似性的衡量方法

指 标 名 称	计 算 公 式
共同邻居数	$Simi = \sum\limits_{v_k^u \in \Gamma(v_i^u) \cap \Gamma(v_j^u)} \dfrac{w(v_i^u, v_k^u) + w(v_j^u, v_k^u)}{2}$

（续）

指 标 名 称	计 算 公 式
Salton 指数	$\text{Simi} = \displaystyle\sum_{v_k^u \in \Gamma(v_i^u) \cap \Gamma(v_j^u)} \dfrac{w(v_i^u, v_k^u) + w(v_j^u, v_k^u)}{2\sqrt{s(v_i^u)s(v_j^u)}}$
Jaccard 指数	$\text{Simi} = \displaystyle\sum_{v_k^u \in \Gamma(v_i^u) \cap \Gamma(v_j^u)} \dfrac{w(v_i^u, v_k^u) + w(v_j^u, v_k^u)}{2(s(v_i^u) + s(v_j^u) - w(v_i^u, v_k^u) - w(v_j^u, v_k^u))}$
Sorenson 指数	$\text{Simi} = \displaystyle\sum_{v_k^u \in \Gamma(v_i^u) \cap \Gamma(v_j^u)} \dfrac{w(v_i^u, v_k^u) + w(v_j^u, v_k^u)}{s(v_i^u) + s(v_j^u)}$
Adamic-Adar 指数	$\text{Simi} = \displaystyle\sum_{v_k^u \in \Gamma(v_i^u) \cap \Gamma(v_j^u)} \dfrac{w(v_i^u, v_k^u) + w(v_j^u, v_k^u)}{2\lg s(v_k^u)}$
优先连接指数	$\text{Simi} = s(v_i^u) \times s(v_j^u)$

以图 6.16 的局部图（图 6.17）为例，计算用户节点 1 和 2 的子图相似性。

○ 用户节点 ⬡ 信息节点 —— 使用链路

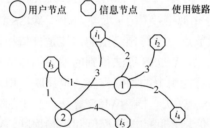

图 6.17 图 6.16 的局部用户子图

$$s(1) = 2 + 3 + 2 + 1 = 8, \quad s(2) = 1 + 3 + 4 = 8, \quad \Gamma(1) = \{i_1, i_2, i_3, i_4\},$$
$$\Gamma(2) = \{i_1, i_3, i_5\}, \quad \Gamma(1) \cap \Gamma(2) = \{i_1, i_3\}, \quad w(1, i_1) = 2, \quad w(1, i_3) = 1,$$
$$w(2, i_1) = 3, \quad w(2, i_3) = 1$$

共同邻居数：

$$\text{score}(1,2) = \frac{5}{2} + \frac{2}{2} = 3.5$$

Salton 指数：

$$\text{score}(1,2) = \frac{5 + 2}{2 \times 8} = \frac{7}{16}$$

Jaccard 指数：

$$\text{score}(1,2) = \frac{5}{2(8 + 8 - 5)} + \frac{2}{2(8 + 8 - 2)} = \frac{5}{22} + \frac{2}{28} = \frac{23}{77}$$

Sorenson 指数：

$$\text{score}(1,2) = \frac{5}{8 + 8} + \frac{2}{8 + 8} = \frac{7}{16}$$

（5）Adamic-Adar 指数：

$$score(1,2) = \frac{5}{2\lg 5} + \frac{2}{2\lg 2} \approx 6.899$$

（6）优先连接指数：

$$score(1,2) = 8 \times 8 = 64$$

与 6.4 节的算法相比，本节添加了权重属性，重新定义了加权子图相似性，并在前人研究的指导下提出了加权子图相似性的衡量方法。加权图中的基于子图相似性的链路预测算法思路与 USS、ISS 一致，同样可以根据预测的链接的不同，分为权重属性下基于用户子图相似性的链路预测（WUSS）算法和权重属性下基于信息子图相似性的链路预测（WISS）算法。WUSS 算法和 WISS 算法过程一致，现以 WUSS 算法为例进行算法的设计与实现。

在具体算法设计上，WUSS 算法与 USS 算法的不同是子图相似性的衡量方法不同，即 score 值的获得不同。衡量每一个用户节点对的子图相似性，得到 $n(n-1)/2$ 个 score 值。给每一个节点对应的 score 值进行排序，score 值大于阈值 α' 的则判定为偏好相似链接存在；反之亦然。WISS 算法是将 WUSS 算法中的用户节点换为信息节点，最终预测出的链接是价值相似链接。

在最终的预测结果上，WUSS 算法得到的偏好相似链接是具有权重值的，它反映了用户之间在信息使用上的相似程度，也反映出用户彼此在信息使用上相互的影响力。与 WUSS 算法一样，WISS 算法预测出的价值关联链接也具有权重值，进一步刻画了信息之间的关联程度和影响程度。WUSS 算法实现了通过加权用户子图来预测加权用户关系图；WISS 算法实现了通过加权信息子图来预测加权信息关系图。

算法 6.4、算法 6.5 分别展示了 WUSS 算法和 WISS 算法的具体实现过程。

算法 6.4　WUSS 算法

输入：用户信息子图 G^{ui}，偏好相似链路的阈值 α'

输出：用户关系图 G^u

1：**for**（G^{ui} 中的每一个用户节点 v_i^u）

2：　　**for**（G^{ui} 中的每一个用户节点 v_j^u）

3：　　　　$score(v_i^u, v_j^u) = \mathrm{Simi}(w(v_i^u, v_c^u), w(v_j^u, v_c^u), s(v_i^u), s(v_j^u))$

4：　　　　$v_c^u \in \Gamma(v_i^u) \cap \Gamma(v_j^u)$

5：　　**end**

6：**end**

7：**for**（G^{ui} 中的每一个用户节点 v_i^u）

8：　　$N\_score(v_i^u, v_j^u) = \dfrac{score(v_i^u, v_j^u) - \min_{1 \leqslant k \leqslant n-1} score(v_i^u, v_k^u)}{\max_{1 \leqslant k \leqslant n-1} score(v_i^u, v_k^u) - \min_{1 \leqslant k \leqslant n-1} score(v_i^u, v_k^u)}$

9: **end**

10: **for**（G^{ui} 中的每一个用户节点 v_i^u）

11:　　**for**（G^{ui} 中的每一个用户节点 v_j^u）

12:　　　　**if**（$N\_\text{score}(v_i^u, v_j^u) \geqslant \alpha'$）

13:　　　　　　$\text{link}(v_i^u, v_j^u) = 1$

14:　　　　　　$w(v_i^u, v_j^u) = N\_\text{score}(v_i^u, v_j^u)$

15:　　　　**else**

16:　　　　　　$\text{link}(v_i^u, v_j^u) = 0$

17:　　　　**end**

18:　　**end**

19: **end**

20: $(V^u, \text{link}(v_i^u, v_j^u), N\_\text{score}(v_i^u, v_j^u)) \to (G^u, w)$

结束

算法 6.5　WISS 算法

输入：用户信息子图 G^{ui}，价值关联链路的阈值 β'

输出：信息关系图 G^i

1：**for**（G^{ui} 中的每一个信息节点 v_i^i）

2：　**for**（G^{ui} 中的每一个信息节点 v_j^i）

3：　　　$\text{score}(v_i^i, v_j^i) = \text{Simi}(w(v_i^i, v_c^i), w(v_j^i, v_c^i), s(v_i^i), s(v_j^i))$

4：　　　$v_c^i \in \Gamma(v_i^i) \cap \Gamma(v_j^i)$

5：　**end**

6：**end**

7：**for**（G^{ui} 中的每一个信息节点 v_i^i）

8：　$N\_\text{score}(v_i^i, v_j^i) = \dfrac{\text{score}(v_i^i, v_j^i) - \min_{1 \leqslant k \leqslant m-1} \text{score}(v_i^i, v_k^i)}{\max_{1 \leqslant k \leqslant m-1} \text{score}(v_i^i, v_k^i) - \min_{1 \leqslant k \leqslant m-1} \text{score}(v_i^i, v_k^i)}$

9：**end**

10：**for**（G^{ui} 中的每一个信息节点 v_i^i）

11：　**for**（G^{ui} 中的每一个信息节点 v_j^i）

12：　　　**if**（$N\_\text{score}(v_i^i, v_j^i) \geqslant \beta'$）

13：　　　　$\text{link}(v_i^i, v_j^i) = 1$

14：　　　　$w(v_i^i, v_j^i) = N\_\text{score}(v_i^i, v_j^i)$

15:　　　　**else**

16:　　　　　　$link(v_i^i, v_j^i) = 0$

17:　　　　**end**

18:　　**end**

19:**end**

20:$(V^i, link(v_i^i, v_j^i), N\_score(v_i^i, v_j^i)) \rightarrow (G^i, w)$

结束

6.6　链路预测在个性化指控信息精准利用中的应用

链路预测的核心问题和主要作用是预测链接，这个链接可以是存在但未被发现的隐藏链接，也可以是随着网络演化未来可能存在的链接。在个性化指控信息精准利用过程中，用户之间、信息之间以及用户和信息之间都存在着不同的联系，弄清这些联系，掌握这些联系的机理以及相互作用的方式，对提高指控信息利用的精准性都具有重大的意义。

链路预测在个性化指控信息精准利用中的应用主要有如下三个方面：

（1）用户偏好的发现。排除任务的牵引作用，用户在使用信息时必然受到自身偏好的影响。用户的信息使用偏好一方面由其自身的特征体现，例如，某海军舰艇作战单位，由于其自身的作战职能等方面的特征，它所使用的信息必然与海洋的态势信息相关。另一方面，用户的信息使用偏好也可以通过它的信息使用记录体现，例如，某作战单位具体的职能未知，但通过分析其信息使用记录，发现它经常使用干部调配方面的信息，则可以推断该单位是政工类单位，它在使用信息时必然更倾向于使用与政工工作相关的信息。链路预测能够通过比较用户在特征以及信息使用记录上相似性，来挖掘偏好相似的用户，以此来确定某些偏好未知用户的信息使用偏好。

（2）信息之间关联关系的发现。不同的信息可以反映同一客观事实，同一信息可以反映客观事实的不同方面，信息之间也存在着一定的联系，本节将这种联系定义为价值关联关系。在作战过程中，用户为了更全面深入地了解战场环境，需要综合多方面的情报信息对态势进行分析。如果能够掌握各条信息之间的价值关联关系，并将价值相互关联的信息提供给所需的用户，不仅能够提高信息利用的效率，对决策的辅助性也会增大。如何发现信息之间的关联关系？现有的很多做法都是通过对信息进行特征提取，比较信息在特征上的相似性。本节放弃了这种思路，从用户的信息使用记录来寻找信息之间的价值关联关系。在特定任务或者用户角色的限定下，用户在一定时期内使用的信息之间是存在一定的价值关联关系。反之，被一定数量的用户同时使用的两条信息之间也很可能存在着价值关联关系。链路预测能够分析用户与信息的使用关系网络，来预测信息之间可能存在的价值关联关系，从而提高指控信息利用的精准性。

（3）个性化的指控信息推荐。在民用领域，很多学者试图结合链路预测和协同过滤实现效果良好的推荐系统，这种推荐系统不仅具有协同过滤推荐系统优良的精确性，还避免了冷启动问题。指控信息精准利用目的是快速、及时、精确地给用户提供所需的信息。信息推荐在民用领域是解决信息过载问题、提高用户使用体验和忠诚度的常用策略，目前已经得到了广泛应用。借鉴这个思路，本节提出了个性化的指控信息推荐。链路预测能够通过用户和信息的特征以及信息使用记录，预测用户之间的偏好相似关系、信息之间的价值关联关系，这两种关系都是推荐策略的重要依据。

通过以上分析，将链路预测在指控信息精准利用中的应用统一为个性化的指控信息推荐。无论是用户偏好的发现，还是信息价值关联的挖掘，都可以服务于最后的信息推荐。

指控信息推荐从模式上来说有两种：一种是面向任务的实时推荐；另一种是基于用户的个性化推荐。前者注重任务对用户使用信息的牵引，后者注重用户的个性化需求。任务因素主导着用户动态实时的信息使用倾向，一切由任务发起，一切围绕任务展开，一切为了完成任务进行。这种主导力量是暂时的，受限于任务的持续时间。用户在不同或相同的任务驱动下，信息使用的倾向存在差别。

个性化的指控信息推荐则是相对于面向任务推荐的另一种模式，它忽略了任务因素在用户使用信息中的影响，试图从用户本身以及整个信息使用网络挖掘用户的信息使用偏好和信息的价值关联关系。个性化的指控信息推荐为用户提供的是长期的、个性化的信息服务。无任务牵引时，它可向用户推荐日常运行所需的信息；有任务牵引时，它一方面继续为用户推荐常规信息，另一方面辅助面向任务的实时推荐对得到的信息进行更深一步的过滤，剔除与用户无关的任务信息。

本章的第 6.2 节以图论的方法描述了个性化军事信息推荐中各要素之间的关系，形成了以用户关系图、信息关系图以及用户信息子图为核心的一系列图，全面梳理了个性化指控信息精准利用过程中用户之间、信息之间以及用户和信息之间的关系。在这些图的基础上，第 6.3 节介绍了基于相似性的链路预测技术，第6.4节介绍了基于图核思想的链路预测技术，第6.5节拓展了链路预测在加权图中的应用，介绍了多重链路属性下的链路预测技术。

经过图论描述方法以及链路预测算法后，能够获得用户在使用信息上的偏好相似关系以及信息之间的价值关联关系。信息推荐能够利用这两种关系，来给用户进行相关信息的推荐。本节将链路预测应用于个性化指控信息推荐的大致思路如图 6.18 所示。

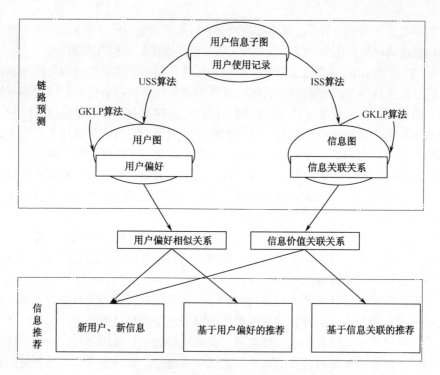

图 6.18　链路预测与信息推荐的关系示意图

6.6.1　基于用户偏好相似的个性化军事信息推荐

协同过滤中有一种启发式的信息推荐，其基本思想是：通过分析用户 c' 对备选信息 s 的评价，来预测目标用户 c 对备选信息 s 的评价，其中，c' 是 c 的相似用户。我们采用启发式方法，通过 USS/WUSS 算法和 GKLP 算法，能够从用户之前的使用记录中获得用户偏好相似链接，预测出哪些用户之间可能存在相似的信息使用偏好并将其用于信息推荐。上述过程如图 6.19 所示。基于用户偏好相似的信息推荐本质上和启发式的协同过滤推荐类似。其基本思路是：如果用户 c 和用户 c' 之间存在偏好相似关系，就可以将用户 c 使用的信息推荐给 c'，同样也可以将用户 c' 使用的信息推荐给 c。

在图 6.20 中，用户 1 使用了信息 i_1、i_2、i_4，用户 2 使用了信息 i_1、i_2、i_3，用户 3 使用了信息 i_2、i_4。假设通过 USS/WUSS 算法或 GKLP 算法，发现用户 1 和用户 2 之间存在偏好相似关系。那么，按照基于用户偏好相似的信息推荐策略就会将信息 i_3 推荐给用户 1、将信息 i_4 推荐给用户 2。

部门一、部门二、部门三在一定时期内的信息使用记录见表 6.4 所列，假设通过算法分析后部门一和部门二在信息使用上存在偏好相似关系，那么基于用户偏好的军事信息推荐的结果是：给部门一推荐卫星遥感信息和网络舆情监控信息；给部门二推荐兵力编成信息。

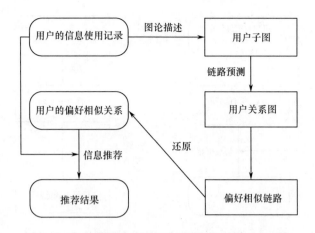

图 6.19　链路预测在基于用户偏好相似推荐中的作用

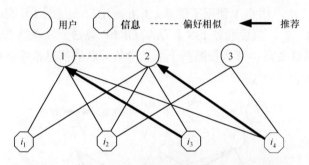

图 6.20　基于用户偏好相似的信息推荐原理示意图

表 6.4　基于用户偏好相似的军事信息推荐示例

用　　户	使用的信息	推 荐 结 果
部门一	天气变化、战场周围地势、兵力编成、武器装备情况、通信记录、上级命令等信息	卫星遥感、网络舆情监控信息
部门二	天气变化、通信记录、卫星遥感、战场周围地势、武器装备情况、网络舆情监控、上级命令等信息	兵力编成信息
部门三	战场态势综合、作战方案、武器装备等信息	

6.6.2　基于信息价值关联的军事信息推荐

各种信息之间并非相互独立，看似不相关的信息可能在应用过程中发挥相同的作用，因此信息的价值之间存在关联关系。通过 ISS/WISS 算法和 GKLP 算法，能够从用户之前的使用记录中获得信息价值关联链路，预测出哪些信息之间可能存在价值上的关联关系。上述过程如图 6.21 所示。

基于信息价值关联的信息推荐的基本思路是：如果用户 c 使用了信息 i，用户 c' 使用了信息 i'。信息 i 和信息 i' 之间存在价值关联关系，就可以将信息 i' 推荐给用户 c，同样也可以将信息 i 推荐给用户 c'。

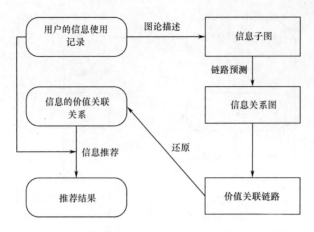

图 6.21　链路预测在基于信息价值关联推荐中的作用

在图 6.22 中，用户 1 使用了信息 i_1, i_2, i_4，用户 2 使用了信息 i_1, i_2, i_3，用户 3 使用了信息 i_2, i_4。假设通过 ISS 算法或 GKLP 算法，发现信息 i_2 和信息 i_3 之间存在价值关联关系，那么按照基于信息价值关联的信息推荐就可以把信息 i_3 推荐给用户 1 和用户 3。

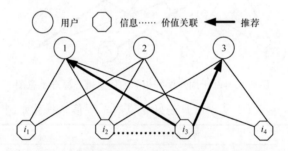

图 6.22　基于信息价值关联的信息推荐原理示意图

部门一、部门二、部门三在一定时期内的信息使用情况见表 6.5 所列，假设通过算法发现无线电侦听信息、通信记录信息、卫星遥感信息以及网络舆情监控信息之间存在价值关联，都是对敌方各方面的情报侦察情况。基于信息价值关联的信息推荐的结果是：将无线电侦听信息推荐给部门二；将卫星遥感信息和网络舆情监控信息推荐给部门一。

表 6.5　基于信息价值关联的军事信息推荐示例

用　户	使用的信息	推　荐　结　果
部门一	天气变化、战场周围地势、无线电侦听、兵力编成、武器装备情况、通信记录、上级命令等信息	卫星遥感、网络舆情监控信息
部门二	天气变化、通信记录、卫星遥感、战场周围地势、武器装备情况、网络舆情监控、上级命令等信息	无线电侦听信息
部门三	战场态势综合、作战方案、武器装备等信息	

6.6.3 "冷启动"问题

"冷启动"问题是指：当加入新用户或新信息时，由于缺乏对应的信息使用记录，推荐算法很难获得新用户的偏好以及新信息的价值关联关系等，因此难以给出良好的推荐结果。冷启动问题是信息推荐技术的一大挑战，而采用本章设计的基于图核和谱分解的链路预测算法能够避免这一问题。当新用户加入时，比较新用户和已有用户的相似关系，然后将与新用户相似的用户所使用的信息推荐给新用户。如何比较相似关系，第 6.4 节的基于图核思想的链路预测技术可以给出答案。

对于新用户来说，它本身必然与某些已有用户存在偏好相似的关系，只是在没有使用记录的情况下，这种关系被隐藏起来，难以发现。GKLP 算法与一般链路预测算法的不同是：它不拘泥于图中具体的连接结构等细节信息，是运用代数图论的方法挖掘图内在的发展趋势，从整体上预测图中链路的发展，挖掘出隐藏的链路。因此，对于 GKLP 算法来说，新用户与已有用户并不存在差异。当新用户到来时，通过对其基本信息的分析初步给出新用户与图中若干用户的偏好相似关系，然后应用 GKLP 算法就能够预测出新用户与哪些用户存在相似关系，并最终给出推荐结果。对于新信息来说，具体过程与新用户一致。图 6.23、图 6.24 展示了对新用户和新信息的推荐策略。图 6.25 展示了链路预测解决冷启动问题的过程。

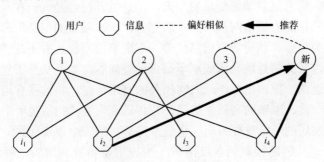

图 6.23　新用户的推荐

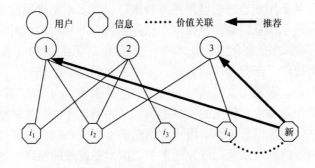

图 6.24　新信息的推荐

指挥控制信息精准服务

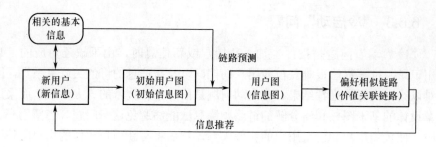

图 6.25　链路预测解决冷启动问题的原理

相关的基本信息主要指新用户或新信息加入时，自身附带的介绍数据。例如，作战过程中新添加进入一个作战节点，虽然该作战节点具体的信息使用偏好未知，但是它的职能、地域、名称等基本的数据是易于获得的。通过这些基本数据，可以大致勾勒出新用户或新信息的与若干用户或信息的关系，由此就能形成初始的用户图或信息图。在此，也可以使用基于节点特征相似性的链路预测方法。

6.7　小　　结

在信息技术日新月异的今天，在世界全面进入"大数据时代"的今天，在信息爆炸、信息过载如影随形的今天，信息推荐已经是人们在利用信息时不可缺少的工具。随着栅格网技术的不断完善，军事领域的信息用户已经能够获得充足的各类资源，然而获取信息优势、夺取制信息权，并不是"信息多"就足够，甚至过多的信息还会造成军事信息过载问题。如何从纷繁复杂的信息海洋中发现、过滤、挖掘出与作战人物相关的有用信息，将这些有用信息快速整合成完整、一致、准确的高质量信息，并传送到需要的指战员手中？这既是军事信息技术发展的一个重要方向，也是亟待解决的一个现实问题。

本章首先从链路预测的角度剖析了指控信息精准利用的过程，明确了信息链路预测技术要解决的核心问题；其次结合军事背景介绍了基于相似性的链路预测技术和基于图和思想的链路预测技术，以及多重链接属性下的链路预测技术；最后阐述了信息链路预测技术在指控信息精准利用的应用。

在问题描述、技术介绍上，本章一方面介绍了大量相关领域的经典技术，另一方面提出了部分创新的内容。本章主要的创新之处有：

（1）多节点、多链接、多属性的用户信息关系图。与一般的图相比，用户信息关系全图中，节点和链接的类型都得到了拓展，图的信息量增大，能够清晰反映出个性化军事信息推荐中用户和信息的关联关系。两种节点、三种链接的划分，使用户信息关系全图成为一个多层次、多维度的网络，各层次的关系以及层次之间的关系一览无余。在现有的研究中，无论是推荐系统，还是链路预测，都没有这种多节点、多链接、多属性的图。用户信息关系图能够全面、多角度、多层次的刻画个性化军事信息推荐中各个要素以及要素之间的关系。

（2）子图相似性的概念。本章中的"子图"有别于图论中一般意义上的子图，它主要指本章构建的用户信息子图。对于用户来说，它使用过的信息组成了一个集合，这个集合在定义为"用户节点的邻居集"，以图形化描述是指"用户子图"。对于信息来说，使用过它的用户组成了一个集合，这个集合定义为"信息节点的邻居集"，也指"信息子图"。非加权子图相似性的衡量沿用了经典的共同邻居数、Salton 指数等。在加权子图相似性的衡量方法上，本章提出了加权的 Salton 指数、Jaccard 指数以及 Sorenson 指数。

（3）利用多项式曲线拟合选择链路预测函数。在基于图核思想的 GKLP 算法，寻找链路预测函数是最为核心的部分。RMSE 法选择链路预测函数，虽然能够在备选函数中选择出预测精度最高的一个，但是不难看出，这种方法的工作量很大。在对每一个图的链路预测中，必须对每个列出的预测函数进行均方根误差的计算。这种地毯式的寻找方法，思路简单，通用性强；但是灵巧性不够，耗时耗力。此外，选择出的预测函数的优劣受制于备选函数的质量。多项式曲线拟合下的 GKLP 算法放弃了备选预测函数，直接通过绘制 $(\sigma(A'),$ $\sigma(A))$ 的散点图来拟合预测函数。这种做法直接从图本身数据出发来寻找预测函数，更加贴近了图原本的特性以及潜在的发展趋势。此外，多项式曲线拟合方法不仅易于理解，而且在计算机上容易实现，很多统计性软件以及 Matlab 都直接有相关的功能。这大大降低了算法的计算复杂度，提高了可操作性。

本章的内容在学术上属于前瞻领域，既拥有厚实的理论基础，也有着充满创新的发展空间。指控信息精准利用是一个目标性的概念，它的达到不是只有一条途径。信息链路预测技术从网络的角度分析了指控信息精准利用的过程，并以推荐的形式最终实现了精准利用的目的，对提高信息利用效率意义重大。

参 考 文 献

[1] 凌艳香. 个性化军事信息推荐中的链路预测方法研究[D]. 长沙：国防科学技术大学，2013.

[2] 吕琳媛，周涛. 链路预测[M]. 北京：高等教育出版社，2013.

[3] 吕琳媛. 复杂网络链路预测[J]. 电子科技大学学报，2010(9): 651-662.

[4] Lichtenwalter Ryan N, Lussier Jake T, Chawla Nitesh V. New perspectives and methods in link prediction[C]. In Proceedings of International Conference on KDD'10, 2010: 25-28.

[5] Herlocker J L, Konstan J A, Terveen L G, etal. Evaluating collaborative filtering recommender systems[J]. ACM Transactions on Information Systems, 2004: 5-53.

[6] Taskar Ben, Wong Ming-Fai, Abbeel Pieter, etal. Link prediction in relational data[J]. Neural Information Processing Systems, 2003(1): 21-29.

[7] Bennett Charles H, Gacs Peter, Li Ming, etal. Information distance[J]. IEEE Transactions on Information Theory, 1998 (4): 1407-1423.

[8] Li Ming, Chen Xin, Li Xin, etal. The similarity metric[J]. IEEE Transactions on Information Theory, 2004 (12): 3250-3264.

[9] 刘宝生，闫莉萍，周东华. 几种经典相似度度量的比较研究[J]. 计算机应用研究, 2006(11): 1-3.

[10] Jahrer Michael, Toscher Andreas, Legenstein Robert. Combining predictions for accurate recommender systems[C]. In Proceedings of International Conference on KDD'10, 2010:25-28.

[11] Salton G, Mcgill M J. Introduction to Modern Information Retrieval[M]. Auckland: MuGraw-Hill, 1983.

[12] Newman M E J. Clustering and preferential attachment in growing networks[J]. Phys. Rev. E , 2001.

[13] Adamic L A, Adar E. Friends and neighbors on the web[J]. Social Networks, 2003 (3): 211-230.

[14] 蒋强荣. 图核及其在模式识别中应用的研究[D]. 北京：北京工业大学, 2012.

第 7 章　指控信息推荐方法

随着网络技术和信息技术的飞速发展，各种网络如栅格网为用户提供了海量的信息和资源，用户在具有充分的信息选择便利的同时也面临着被海量信息淹没的问题，即"信息过载"问题。在指控信息的服务和使用中也是如此，而指控信息推荐技术则是解决上述问题的有效途径。

本章首先介绍了指控信息推荐方法的研究背景，随后重点介绍了 2 种新提出的指控信息推荐方法，并进行了实验评估。

7.1　研究背景

信息技术的创新发展和网络信息的广泛应用，使信息资源成为打赢信息化战争的主导性资源，其利用程度是衡量国家和军队信息化水平的重要标志。当前，军队信息化建设快速发展，各类硬件平台初具规模，信息的获取与处理能力也在稳步提升，军事信息的有效利用问题日益突出，已成为制约信息化建设成果转化为现实战斗力的重要瓶颈。

网络化环境下：指控信息种类繁多、数量巨大、物理位置更加分散；信息内容复杂多样、良莠不齐；信息源、信息处理节点以及用户的需求动态变化。在这样复杂环境下，指控信息空间呈现诸多不确定性，如何让用户在合适的时间获得合适的指控信息，并把最可能相关的高质量指控信息推荐给用户来满足其需求，形成指控信息精准服务能力，是亟待解决的问题。

另外，基于栅格网的指挥信息系统的一个重要特征是以能力为核心来构建可协同运用的一体化环境，且系统的功能和所需信息在作战应用过程中根据任务的具体需求动态确定。为了达到这一能力要求，根据作战任务动态地从分布的各信息节点中将军事信息抽取出来，从纷繁复杂的信息海洋中发现、过滤、搜索、推荐与作战任务相关的有用信息，并将这些有用信息快速整合成完整、一致、准确的高质量信息，也是迫切需要解决的问题。

信息推荐技术是目前公认的用以解决上述问题的最有效方法，其中协同过滤技术是工业界和学术界应用最广泛的信息推荐技术，它根据用户的历史信息以及用户之间的相似度计算来收集用户的偏好信息，进而实现对信息的过滤以及满足用户需求信息的推荐。然而，传统的协同过滤技术存在"冷启动"问题、数据稀疏性问题以及时间动态变化不敏感等问题。因此，指控信息推荐方法的研究一方面要解决"信息过载"问题，实现指控信息的有效推荐，另一方面需要解决"冷启动"问题等传统推荐技术的技术难点，达到满意的指控信息服务精度。

本章针对以上两方面需求分别提出了基于混合推荐算法和隐马尔可夫模型的指控信息推荐方法以及基于时间动态性建模的信息推荐方法，旨在解决指控信息利用的"信息过载"问题，并为传统信息推荐中出现的部分难点问题提供可行的解决方案，进而为实现指控信息精准服务提供技术支撑。

7.2 基于混合推荐算法和隐马尔可夫模型的指控信息推荐方法

7.2.1 问题描述

在过去的几年里，大量的分布式系统选择在大规模网络环境下部署，越来越多的军事信息开始以网络服务的形式展现，指控信息的用户也呈现出几何量级式的快速增长，并且这种趋势仍在加剧。另外，在海量信息服务出现的同时，诸如信息提供者的虚假恶意行为、信息使用高峰时所出现的瓶颈以及网络环境的动态性等情况都会出现，这些情况会造成信息质量的剧烈变化，甚至对用户变得不可知。因此，对指控信息质量进行预测并推荐适当的信息成为解决问题的关键。

推荐系统在解决以上问题方面正发挥着越来越重要的作用。众所周知，协同过滤方法是推荐系统的一种信息推荐方法，在学习用户偏好以及预测用户兴趣等方面得到了广泛应用，并且取得了很好的应用效果。然而，传统的协同过滤方法通常记录用户交易历史，并通过用户—信息矩阵（表 7.1）计算用户之间的相似性，进而实现信息的过滤和推荐。但当没有历史信息存在时，该方法无法有效对新用户进行推荐，这就出现"冷启动"问题。而且冷启动问题在云环境条件下更加容易发生，原因在于每天都有数以百万级的新用户开始使用互联网寻找合适的信息资源。

表 7.1 用户—信息矩阵

信息 用户	信息 1	信息 2	...	信息 m
用户 1	$r_{1,1}$	$r_{1,2}$	...	$r_{1,m}$
用户 2	$r_{2,1}$	$r_{2,2}$	...	$r_{2,m}$
...	...	...	...	...

用户 \ 信息	信息 1	信息 2	...	信息 m
用户 n	$r_{n,1}$	$r_{n,2}$	...	—
当前活跃用户 u	$r_{u,1}$	—	—	$r_{u,m}$

此外，由于复制与转载操作简单，因此网络上经常会出现大量的冗余信息。而传统的协同过滤方法无法有效区分冗余资源，使得用户常常受限于大量冗余的资源列表，而无法从中找出适合的资源，进而大大地降低了军事信息服务的精准度。

由于网络服务数据的急剧上升，海量的资源使得用户无法尝试使用每一条信息，因此，对信息质量进行预测并推荐信息资源成为一个急需解决的关键问题。

近年来，学术界关于服务选择和信息推荐的研究工作有很多，诸如自适应资源管理、历史信息分析以及各种统计方法已在信息推荐领域得到了广泛应用并取得了较好的研究成果。

本小节所提出的信息质量预测和推荐方法主要是基于对信息使用者与信息提供者和信息推荐者之间进行相似度计算的思想提出的。原因在于：在 QoS 信息相对稳定的前提下，信息的历史数据统计能够对信息的选择和推荐产生巨大而有意义的影响。

在当前研究中，有很多关于用户相似度计算的技术，如基于内容的过滤和协同过滤。但是对云环境下的超大规模用户数量而言，基于内容的过滤方法将面临巨大的计算复杂度问题，无法有效地建立用户配置文件。因此，基于协同过滤的思想是该种情况下信息推荐的有效手段，协同过滤主要有基于用户的协同过滤和基于项目的协同过滤。

基于用户的协同过滤的基本思想是计算用户与用户之间的相似度，典型的方法包括最近 K-邻居算法以及皮尔森相关系数算法，如下式：

$$\text{Sim}(a,u) = \frac{\sum_{i \in I}(r_{a,i} - \bar{r}_a)(r_{u,i} - \bar{r}_u)}{\sqrt{\sum_{i \in I}(r_{a,i} - \bar{r}_a)^2}\sqrt{\sum_{i \in I}(r_{u,i} - \bar{r}_u)^2}} \tag{7-1}$$

式中：$r_{a,i}$ 表示用户 a 对服务 i 的评价，而所有用户对服务 i 的平均评价用 $\bar{r}_a$ 表示，$\bar{r}_a = \frac{1}{|I_i|}\sum_{i \in I} r_{a,i}$；$\bar{r}_u$ 表示用户 u 对所有服务的平均评价值。

该种方法的优点是易于实现且结果容易理解。但缺点也显而易见，其中最重要的缺点是性能随着数据规模的增大而急剧下降，即该种方法的扩展性较差，因此不适于应用在云环境背景下。为解决以上问题，有学者提出了很多种

第 7 章 指控信息推荐方法

217

解决方法，但这些方法在面对新用户和新服务时显得无能为力（新用户和新服务没有任何历史信息）。

与基于用户的方法不同，基于项目的协同过滤主要将目光集中在服务集，它通过计算服务之间的相似度来完成预测和推荐。由于服务之间的关系相对来说较为固定，因此该方法可以进行预计算，从而可以有效缓解大规模数据条件下的计算复杂度问题，但是它仍然缺乏满足新用户需求的有效手段。任意两个服务 i 与服务 j 之间的相似度可以通过下式进行计算：

$$\mathrm{Sim}(i,j) = \frac{\sum\limits_{u \in U}(r_{u,i} - \bar{r}_i)(r_{u,i} - \bar{r}_j)}{\sqrt{\sum\limits_{u \in U}(r_{u,i} - \bar{r}_i)^2}\sqrt{\sum\limits_{u \in U}(r_{u,i} - \bar{r}_j)^2}} \tag{7-2}$$

7.2.2 相关工作分析

与本节工作相关的研究主要包括基于 QoS 的服务选择、协同过滤推荐、新用户偏好识别和冗余检测。

近年来，关注于基于 QoS 服务选择的研究有很多。Balke 和 Matthias 综合利用了服务使用模式和用户需求偏好来扩大服务发现的范围，并借此提高候选服务的质量；文献[14]提出了一种基于预测的 QoS 管理算法，通过使用在线配置文件以及抽样方法来评估动态服务数据的代价并借此调整服务 QoS 以满足不同需求。

协同过滤推荐已广泛用于发现相似用户或相似产品。主要的协同过滤方法包括基于用户的协同过滤方法和基于项目的协同过滤方法，但以上两种方法各自存在无法克服的缺点。因此，文献[15]提出了一种混合推荐算法以给出准确的推荐，但该种方法欠缺对新用户偏好的考量；文献[16]利用了贝叶斯网络来进行信息推荐；文献[17]则利用社会信誉度模型进行在线社会网络中的信息推荐。

对于新用户偏好的缺点，绝大多数的研究集中于信息的受欢迎度分析，但由于将最受欢迎的信息推荐给用户无法有效地发现用户的个性偏好，因此这种方法并不可靠。为此，文献[18]提出了一种综合利用信息熵和受欢迎度的方法；而文献[10]则利用"访问了这件商品的用户，又访问了另一件商品"的模式进行了新用户的推荐。

7.2.3 基于受欢迎度和互信息熵理论的信息推荐方法研究

7.2.3.1 基于混合协同过滤的指控信息推荐方法

通过上述内容分析，可得出结论：在云环境下，虽然基于用户的协同过滤和基于项目的协同过滤都有着各自的优点，但任意一种单独实施都无法有效地解决问题。为更好地利用以上两种方法的优点，首先提出一种简单的混合两种推荐的协同过滤方法，如下式：

$$P_c(r_{a,i}) = \omega(\bar{r}_a + \frac{\sum\limits_{u \in U} \mathrm{Sim}(a,u)(r_{u,i} - \bar{r}_a)}{\sum\limits_{u \in U} \mathrm{Sim}(a,u)})$$

$$+ (1 - \omega)(\bar{r}_i + \frac{\sum\limits_{j \in I} \mathrm{Sim}(i,j)(r_{a,j} - \bar{r}_i)}{\sum\limits_{j \in I} \mathrm{Sim}(i,j)})$$

(7-3)

式中：ω 表示可信权重，$\omega \in [0,1]$，通常在数据规模较小时设置为一个较大的值，当数据规模很大时设置为较小的值，主要用来调节两种方法在混合推荐中所占的权重，从而充分发挥两种推荐方法各自的优势。

通常情况下，使用 Top-N 推荐算法确定与目标用户最相似的 N 个用户，并将这 N 个用户的相关信息推荐给目标用户。算法 7.1 给出了 Top-N 算法的贪婪搜索思想，当数据规模较小时，该种算法体现出了很好的性能。

算法 7.1　Greedy search for Top-N services

Input：Service set R

Output：Top-N similarity services set X

1. **for** $j \to 1$ to m
2. 　　**for** $i \to 1$ to m.
3. 　　　Calculate $\mathrm{Sim}(i, j)$
4. 　　　$x \leftarrow \mathrm{Sim}(i, j)$
5. 　　**if** $x \neq$ among the top-n largest valuse
6. 　　　$x \leftarrow 0$
7. 　　**else**
8. 　　　add x to X
9. 　　**end if**
10. 　**end for**
11. **end for**
12. **return** X

但当云环境下服务规模巨大时，用户将无法忍受算法 7.1 的计算复杂度。因此，当数据规模巨大时，首先使用概率的潜在语义索引（Probabilistic Latent Semantic Indexing，PLSI）对用户进行社团划分，而后使用最小优先独立排列

哈希（Minwise Independent Permutation Hashing，MinHash）建立用户索引，从而保证可扩展性的需要（图 7.1）。之后，使用随机行走策略（算法 7.2）在社团中进行随机行走，从而避免遍历所有的信息集，大大降低计算复杂度（图 7.2）。

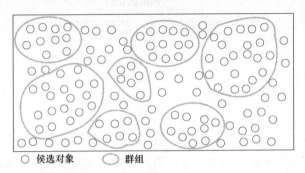

○ 侯选对象　　◯ 群组

图 7.1　群组划分

算法 7.2　Service Set Selection Algorithm

Input：Available services in the cloud, services number limit N

Output：Service set R

1. $R=\{\}$
2. Pick a random service with required functionality on the cloud, add it to R
3. **while** $(n \leqslant N)$
4. Pick a random service on the cloud similar to selected service
5. n++
6. add it to R
7. **return** R

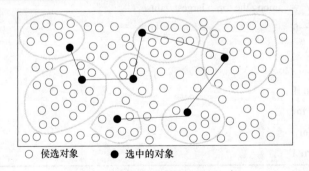

○ 侯选对象　　● 选中的对象

图 7.2　群组中的随机行走策略

7.2.3.2　基于受欢迎度和信息熵的新用户推荐方法

对于新用户而言，推荐系统中并不具备任何关于目标用户的信息，因此传统的协同过滤算法无法有效地为新用户的进行信息推荐，即出现"冷启动"问题。为了有效地解决此类问题，推荐系统必须设法获得用户的一些信息，最有效的办法是直接向用户提问题，并提供信息服务给用户进行评价。但是在现实生活中应用这种方法存在着较大的局限性：如果向用户提出太多的问题，将会极大地降低系统的可用性，导致用户难以忍受复杂的使用流程；而如果缺乏足够的问题，就无法有效地获得用户的信息。

基于受欢迎度进行推荐的方法是一种对于新用户推荐较为有效地途径，但是该方法存在的主要问题是：仅基于该策略进行信息推荐将使得推荐系统无法实现个性化推荐，因为最受欢迎的信息往往也会受到大家的欢迎，而这根本无法体现出个性之间的差异。

另外，基于信息熵的推荐方法能够从每一次评价值中获取大量的信息，从而能够对新用户推荐起到较为积极的作用。但是，海量数据规模的条件下，被评价的信息数量所占的百分比相当低，常出现数据稀疏性问题，单独使用基于信息熵的方法将导致没有信息熵可以利用，从而无法进行推荐。

解决上述问题方法步骤如下：

（1）将信息服务集 R 中的所有备选服务按照受欢迎度的降序排列。

（2）基于文献[20]提出的关系划分方法将用户按照不同关系划分成若干社区。

（3）当有新的待推荐用户时，判断该用户是否与现有用户存在关系。如果存在关系，进行用户相似度计算；如果不存在关系，则从服务集 R 随机抽选不同受欢迎度的信息提供给用户进行评价。

（4）采用混合推荐方法进行新用户的推荐。

7.2.3.3　基于隐马尔可夫模型的冗余信息消解策略研究

前面章节主要讨论了静态条件下的信息推荐。然而，在实际生活中信息服务的 QoS 数据随时可能因环境的变化而发生改变。此外，信息的提供商也很可能对其他信息提供商所提供的信息服务进行简单的复制粘贴就发布出来，这导致大量的冗余信息出现。这些冗余信息的质量无法得到保障，且可能存在大量的恶意行为。用户被大量的冗余信息所掩盖，无法区分哪是真正需要的信息，隐藏在迷雾之后的就是用户对系统的极大不信任。

因此，为解决上述问题，本小节提出一种在动态环境下预测和获取信息真实 QoS 值的方法。该方法主要从冗余检测和 QoS 控制两个方面展开研究。文献[21]已经讨论过 QoS 控制的问题，因此本章主要研究冗余检测的解决方法。

解决问题的关键是确定冗余信息源，并且找出能够符合用户需求的数据信息。为达到以上目标，收集可能会影响服务未来状态的信息，并周期性地更新服务信息以获取最新数据。

数据源为原始数据源和冗余数据源两类。原始数据源能够自由改变和自主更新，不受其他信息的影响。冗余数据源从原始数据源复制信息（全部或部分），有两种情况：一是冗余数据源从原始数据源复制信息后，自主进行更新，变成新的原始数据源；二是从原始数据源复制信息后停止更新，或者只在原始数据源更新信息后的一些时段进行更新。

由于第一种情况的冗余数据源在复制原始数据后变成了一个新的原始数据源，对它的数据判别主要是基于可信度判别，传统的推荐系统可以解决此问题；而第二种情况的冗余数据源在复制完成后依然是冗余数据，且随时进行变化和修改，传统的推荐系统无法有效确定其冗余属性，该结果依然会出现在推荐列表中，因此本节主要致力于发现第二种情况的冗余数据源并解决相关问题。

通常情况下，当两条信息之间存在很多共同的错误时就可以断定存在冗余数据源。而一般的解决方法是记录信息的使用和更新信息，通过记录信息更新的频率判断冗余数据源。这种方法简单易行，但当冗余数据源存在恶意攻击意图时，它可以随机更新，纯粹依靠记录更新频率无法有效鉴别冗余数据源。

因此，本节引入隐马尔可夫模型（Hidden Markov Model，HMM）来解决此类问题，隐马尔可夫模型可以解决三类基本问题：识别问题，译码问题，学习问题。与马尔可夫模型不同是，隐马尔可夫模型中的状态对于用户是不可见的，且每一种状态可以随机生成一种观察值。因此，首先给出隐马尔可夫模型的简要描述。

隐马尔可夫模型可以定义为三元组 $M = (A, B, \pi)$。其中：$A = (a_{ij})$ 为转移概率矩阵，定义为从一个状态转移到另一个状态的概率；$B = (b_{ij})$ 为观察值概率矩阵，定义为在任意给定状态下的观察值的概率分布；$\pi = (\pi_i)$ 为初始概率分布，定义为每个状态作为初始状态的概率分布。另外，$O = (O_1, O_2, \cdots, O_n)$ 为观察值序列，而 $S = (S_1, S_2, \cdots, S_n)$ 为状态序列。

确定冗余信息的 HMM 实例如下：

隐藏状态：

$$S = (S_1, S_2) = (\text{copy}, \text{original})$$

观察值：

$$O = (O_1, O_2) = (\text{static}, \text{update})$$

转移概率：

$a_{ij} = P(s_i \mid s_j)$ 表示信息在 t 时刻从一种状态 s_i 转移到另一种状态 s_j 的概率。

观察概率：

$b_i = P(o_j \mid s_i)$ 表示信息在状态 s_i 观察值发生变化的概率。

初始概率：

$\pi_i = P(s_i)$ 表示信息处在初始状态 s_i 的概率。

至此得到了 HMM 求解所需的所有必备要素。在 HMM 的求解过程中，由于可以得到信息服务的若干观察值，如 $O = (O_1, O_2, \cdots, O_n) = (\text{static}, \text{update}, \cdots, \text{update})$。这样，实际 HMM 的求解过程就可以转化为 HMM 的经典问题——学习问题的求解过程，能够通过一系列方法求解出 HMM 的所有参数 $M = (A, B, \pi)$，并得出能够最佳匹配观察值序列的 π。求解该问题的步骤（算法 7.3，更多的细节参见文献[23]）如下：

（1）定义前向变量 $\alpha_t(i)$ 为给定模型 M 时 t 时刻以前的观察值序列和在 t 时刻信息处在状态 s_i 的条件概率：

$$\alpha_t(i) = P(O_1, O_2, \cdots O_t, q_t = s_i \mid M) \quad (1 \leqslant t \leqslant T) \tag{7-4}$$

然后，通过使用归纳法求解 $\alpha_t(i)$ 的值：

① 初始状态：

$$\alpha_1(i) = \pi_i b_i(O_1) \quad (1 \leqslant t \leqslant T) \tag{7-5}$$

② 归纳过程：

$$\alpha_{t+1}(j) = [\sum_{i=1}^{N} \alpha_t(i) a_{ij}] b_j(O_{t+1}) \quad (1 \leqslant t \leqslant T-1, 1 \leqslant j \leqslant N) \tag{7-6}$$

③ 终止状态：

$$P(O/M) = \sum_{i=1}^{N} \alpha_n(i) \tag{7-7}$$

（2）定义后向变量 $\beta_t(i)$ 为给定模型 M 和 t 时刻信息服务处在概率 s_i 时从 $t+1$ 时刻到终止时刻的部分观察值序列的条件概率：

$$\beta_t(i) = P(O_{t+1}, O_{t+2}, \cdots O_n \mid q_t = s_i, M) \quad (1 \leqslant t \leqslant T-1) \tag{7-8}$$

同样，采用归纳法求解 $\beta_t(i)$ 的值：

① 初始状态：

$$\beta_n(i) = 1 \quad (1 \leqslant i \leqslant N) \tag{7-9}$$

② 归纳过程：

$$\beta_t(i) = \sum_{i=1}^{N} a_{ij} b_j(O_{t+1}) \beta_{t+1}(j) \quad (t = n-1, n-2, \cdots, 1; \ 1 \leqslant i \leqslant N) \tag{7-10}$$

③ 终止状态：

$$P(O/M) = \sum_{i=1}^{N} \beta_1(i) \tag{7-11}$$

（3）定义 $\theta_t(i, j)$ 为给定观察值序列和模型 M 时信息状态从 t 时刻的 s_i 转移为 $t+1$ 时刻的 s_j 的条件概率：

$$\theta_t(i, j) = P(s_t = i, s_{t+1} = j \mid O, M) \tag{7-12}$$

综合利用式（7.5）～式（7.12），可以得到 $\theta_t(i, j)$ 的表达式为

$$\theta_t(i,j) = P(s_t = i, s_{t+1} = j \mid O, M)$$

$$= \frac{\alpha_t(i)a_{ij}b_j(O_{t+1})\beta_{t+1}(j)}{\sum\limits_{i=1}^{N}\sum\limits_{j=1}^{N}\alpha_t(i)a_{ij}b_j(x_{t+1})\beta_{t+1}(j)} \tag{7-13}$$

（4）定义 $\gamma_t(i)$ 为给定观察值序列和模型 M 时信息在 t 时刻处在状态 s_i 的条件概率值，则可以将 $\gamma_t(i)$ 与 $\theta_t(i,j)$ 对应起来：

$$\gamma_t(i) = \sum_{j=1}^{N}\theta_t(i,j) \tag{7-14}$$

而后，依据下式获得 M 的各个参数值：

$$\hat{\pi}_i = 状态 S_i 在 (t=1) 时刻的期望频率 = \gamma_1(i) \tag{7-15}$$

$$\hat{a}_{ij} = \frac{从 i 向 j 转移的期望数}{状态 i 的期望数} = \frac{\sum\limits_{t=1}^{n-1}\theta_t(i,j)}{\sum\limits_{t=1}^{n-1}\gamma_t(i)} \tag{7-16}$$

$$\hat{b}_j(k) = \frac{处于状态 j 且观察值为 k 的时刻的期望数}{处于状态 j 的时刻的期望数}$$

$$= \frac{\sum\limits_{t,O_t=k}\gamma_t(j)}{\sum\limits_{t}\gamma_t(j)} \tag{7-17}$$

（5）利用 Baum-Welch 算法实现冗余信息的判断。

算法 7.3　RDM(Redundancy Detection Method)

Input: Observable sequence $O = (O_1, O_2, \cdots, O_n)$

Output: $M = (\boldsymbol{A}, \boldsymbol{B}, \pi)$

1. Sample the service set as the candidate service S^t
2. Initial M_0
3. Estimation
4. **if** $\log P(X \mid M) - \log P(X \mid M_0) < \sigma$
5. $\quad M = M_0$
6. **else**
7. $\quad M_0 = M$
8. goto step 4, re-estimation
9. **end if**
10. Output

图 7.3 展示了本节所提算法的系统实现模型，主要表现了系统的各个组成构件、构件之间的关系以及各种输入输出数据等。首先用 PLSI 对候选服务进

行聚类，而后采用混合推荐算法和基于 random walk 策略的 Top-*N* 贪婪搜索方法获取最符合需求的信息服务。为改善信息服务质量，还综合考虑了新用户推荐、QoS 控制和冗余检测等多项工作。

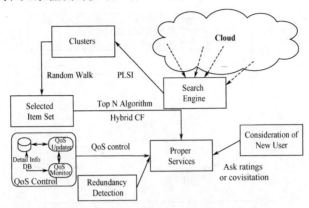

图 7.3　信息搜索系统框架

7.2.4　实验及性能分析

7.2.4.1　实验设计

为验证本节所提算法的性能，我们设计了一组实验，实验采用 Matlab R2009a 进行编程，相关服务部署在 Axis1.4.2 上。实验数据为 MovieLens 数据集和通过公开 API 收集到的 10000 条 Web 服务数据。其中 MovieLens 数据集包含 6040 个用户和 3900 部电影，以及每个用户对电影进行的 1～5 星的评分，该数据集广泛用于验证推荐系统性能。而实验使用的 Web 服务数据只计算响应时间及可用性两项 QoS 指标。并且在实验过程中，还采用文献[25]描述的方法对每个服务的 QoS 数据进行了归一化处理。

实验的评价指标是在信息推荐领域广泛使用的指标平均绝对误差（Mean Absolute Error，MAE），其表达式为

$$\mathrm{MAE} = \frac{\sum_{i,j}\left|r_{i,j} - P(r_{u,i})\right|}{N} \tag{7-18}$$

式中：$r_{i,j}$ 为服务的实际 QoS 值；$P(r_{u,i})$ 为预测值。MAE 越小，表示预测精度越高。

7.2.4.2　实验结果及分析

实验的对比方法包括基于用户的协同过滤方法、平均预测方法、贪婪搜索算法和随机预测方法等。进行了准确率对比分析、新用户影响分析、冗余消减策略应用分析和延迟分析四项实验。

225

1）准确率对比分析

该项实验主要基于 MovieLens 数据集进行实验，以用户邻居数为横坐标、MAE 为纵坐标验证算法性能。实验结果如图 7.4 所示。

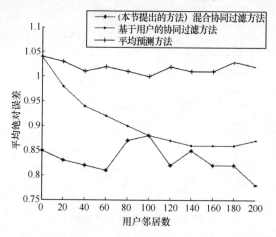

图 7.4　准确率对比分析实验

通过实验结果可以发现：①当信息数量增加时，可供评价的信息数量也在增加，而这将同时提供混合推荐算法和基于用户方法的推荐准确性，但对平均预测方法不造成影响；②混合推荐算法很好地平衡了基于用户的协同过滤方法和基于项目的协同过滤方法的优缺点，因此对于性能的改善有积极影响。

2）新用户影响分析

该实验建立在公共服务数据集上，以服务数量为横坐标、MAE 为纵坐标。实验结果表现出考虑了新用户偏好的混合推荐算法性能明显优于未考虑新用户偏好的算法，如图 7.5 所示。而由于新用户没有历史信息，因此基于熵的方法无法提供有效的推荐。

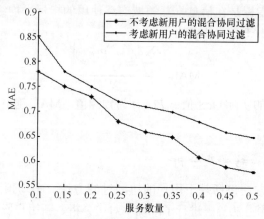

图 7.5　新用户影响分析实验

3）冗余消减策略应用分析

在该实验中，使用 HMM 模型检测冗余服务，以原始数据比例为横坐标、MAE 为纵坐标。实验结果表示使用了冗余检测方法的算法性能明显优于未使用冗余检测方法的算法性能，而当冗余服务比例较大时该算法的性能优势更加突出，如图 7.6 所示。

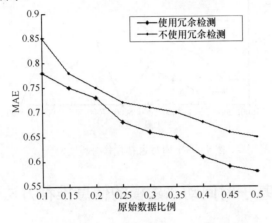

图 7.6　冗余消减策略应用分析实验

4）延迟分析

我们还进一步地进行了延迟分析（图 7.7）以及平均 QoS 值的比较（图 7.8）。对比方法为贪婪搜索算法、随机预测方法和冗余检测算法（RDM）。由于服务数量的增加，搜索最优服务的时间必然会延长，因此，贪婪搜索算法在延迟上的指数级增加是用户无法忍受的。而 RDM 算法的延迟仅仅稍高于随机预测方法，平均 QoS 却得到了极大提升。这意味着，RDM 对于最优服务的选择和推荐具有很重要的所用。而其中的原因在于使用了有效地聚类方法和随机行走策略。

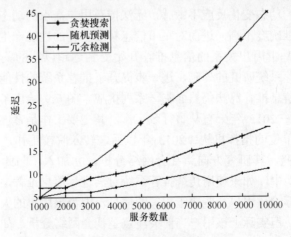

图 7.7　延迟分析实验

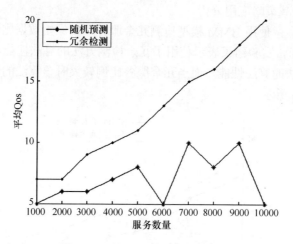

图 7.8　平均 QoS 值比较分析实验

7.3　基于时间动态建模的信息推荐方法研究

7.3.1　问题描述

随着对大规模数据管理的研究不断深入，推荐系统已视为解决数据过载问题最有效的方法，受到了工业界和学术界的广泛关注。过去十年来，推荐系统的推荐精准度得到了快速提升。但是，目前绝大多数方法都是着眼于静态的用户—信息矩阵分析，而对用户兴趣的动态变化关注不够，从而导致信息推荐系统的性能受到巨大影响。

此外，用户的关联关系在信息推荐中正发挥着越来越重要的作用。传统的信息推荐方法无法有效利用用户的关联关系进行推荐，而且对于用户偏好以及用户关联关系的动态变化反应不敏感，无法捕获用户需求的动态变化，从而导致信息推荐的准确度不高，进而对军事信息精准服务的性能产生不利影响。

近年来，基于用户关系的信息推荐开始受到远超以往的关注，这种趋势大大扩展了推荐系统研究的外延，进一步提升了推荐系统的性能；但是目前基于用户关系的信息推荐算法仍然面临一系列挑战。图 7.9 给出了一个示例：一位用户从 2001—2012 年一直从事行政工作，其主要工作是参谋业务和指挥决策，并加入了单位的指挥机构；2013 年以后，转入院校工作，工作重心从行政转为学术研究，其研究方向为社会网络分析，并加入了与此课题相关的群组。在这个示例中，如果使用传统推荐系统对其进行信息推荐，推荐系统在很大程度上会推荐给该用户一些决策相关的信息，因为该用户的大多数同事是关注指挥决策的，但实际上该用户当前关注点是社会网络分析。如何使推荐系统能够动态发现上述变化，并在过去信息和当前信息中做一个很好的权衡，是当前具有重要研究价值的课题。

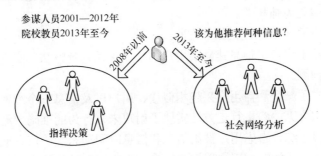

参谋人员2001—2012年
院校教员2013年至今

2008年以前

2013年至今

该为他推荐何种信息?

指挥决策

社会网络分析

图 7.9　用户兴趣变更示意图

为此，本节主要关注于回答以下四个问题：

（1）伙伴关系对于信息推荐是否真的是一个非常重要的因素（本文定义"伙伴"为彼此兴趣相似的用户）。

（2）用户是否真的确切知道自己的伙伴有哪些，目标用户能否显式地描述出来自己的伙伴信息。

（3）用户的关联关系是如何随着时间发生变化的，能否判定用户关系变化是如何影响推荐系统性能的。

（4）用户关联关系、时间演化以及用户兴趣三者之间的关系是怎样的，它们之间的关系如何影响用户未来行为。

对于第一个问题，我们发现，正如文献[26]所述用户的行为主要受目标用户伙伴的影响，而不受控于用户自己。在文献[27]中，实验结果同样证实了在线社会网络中有超过50%的用户通过目标用户的伙伴推荐来选择合适的商品。因此，第一个问题的答案是显而易见的"是"，也就是说伙伴关系对于信息推荐是一个至关重要的因素。

为了回答第二个问题，本小节提出了一种伙伴关系判定方法。通过实验结果描述，得出的结论是用户潜在伙伴的数量远远大于目标用户所熟知的、在现实中有交流的伙伴数量。

对于第三个问题，我们发现，时间是影响人行为非常重要的一个因素，并且用户在不同时间加入的群组关系能够有效地反映不同用户的个性。因此，把时间维度作为用户行为模型的一个重要组成部分，并且使用图上随机行走的方法来寻找用户伙伴关系的演化规则。对此提出一种增殖方法来把合适的信息推荐给相应的用户。

为了回答第四个问题，我们分析了 CiteULike 和 Last.fm 两大真实数据集[28]。主要从这两个数据集中提取了用户组信息、用户标签信息（能够指代用户的兴趣信息）和用户群组或者用户标签建立的时间三个维度的信息。通过详细地分析，得出结论：彼此是伙伴的用户通常拥有相同的兴趣，而具有相同兴趣的用户随着时间的推移会慢慢成为伙伴。此外，还得出结论：伙伴关系的演化与兴趣的演化为强相关。

本节的主要贡献体现在如下方面：

（1）仅基于用户组信息建立了用户的伙伴关系判定方法，实现了用户伙伴关系的精确预测。

（2）建立了一个涵盖用户兴趣相似簇、用户以及信息三个维度的信息推荐模型，并且结合无偏随机行走方法实现了用户未来行为的准确预测。

（3）实现了综合考虑用户群组信息和信息时间动态性的信息推荐算法，实验结果证明该方法能够对用户兴趣的动态变化进行有效的响应，并实现适时而准确的信息推荐。

7.3.2 相关工作分析

7.3.2.1 基于社会关系分析和协同过滤的推荐

Sinha 和 Swearingen 研究证明：在绝大多数情况下，基于用户伙伴关系进行推荐会比协同过滤推荐具有更好的推荐性能；Nathan N. Liu 和 Qiang Yang 提出了一种基于用户相似性计算的协同过滤方法，通过对项目进行排名来获得更好的推荐性能；Shuanghong Yang 等则提出了一种竞争协同过滤（Competitive Collaborative Filtering）方法来学习用户的偏好，预测用户未来的行为。

Lars Backstrom 等将用户群组信息划分成两大类别：一类是关于关联关系判定；另一类则更多地是关于用户之间的结构化通信。这对预测用户的群组参与行为，识别一个群组的关键成员等等有很大帮助。Xiwang Yang 等提出了朋友圈的概念，朋友圈是利用用户的社会信任关系对特定类别的项目进行推荐，而不是将所有类别的项目混合起来推荐。Lathia 等认为规模过大的邻居节点集将导致推荐的准确性反而降低。

7.3.2.2 随机行走策略

随机行走是一种时间可逆的有限马尔可夫链，它需要首先给出图论模型和起始点，而后采用一定的概率随机选择图中的其他节点作为下一跳的节点，通过这种迭代式的跳转完成对图中节点的访问。随机行走策略可以应用于网络取样、链路预测以及社会网络分析等多个方面的研究。

Zhang Liyan 等提出了一种综合考虑用户偏好和信息类别的随机行走方法，该方法有效避免了仅进行单一类别信息划分时所出现的信息推荐精度不高问题，并据此获得了用户之前不知道但是现在喜欢的信息。Changdong Wang 基于随机行走策略提出了一种用户社区的动态发现方法（NEIWalk），该方法在综合利用网络拓扑信息、节点信息以及边信息的基础上，为有效捕捉用户社区的动态变化进行了有益的尝试。

7.3.2.3　时间动态性

信息推荐的时间动态性问题过去一直是大多数研究者所忽略的问题，直到近年来由于信息变化的动态性越来越强，这个问题的研究才得到一些敏锐研究者的重视。Yi Ding 和 Li Xue 提出了计算不同项目的时间权重算法，目的在于减少旧数据权重并发现用户最近的兴趣。这种方法的不足之处是有时旧数据在用户兴趣预测中仍具有很重要的作用，单纯将其权重降低并不是最优的方法。Liang Xiang 等综合考虑了用户各个时间段的行为并基于时间段模型提出了预测用户长期兴趣和短期兴趣的信息推荐算法。Purnamrita Sarkar 和 Andrew W. Moore 为每一条链接分配了一个时间戳从而将静态模型转变为动态模型。

7.3.3　用户兴趣相似簇判定

7.3.3.1　模型定义

基于方法的图像已广泛用于推荐系统中的用户与项目关系建模，并从全局的角度计算节点之间的相似性。

受上述观点启发，首先构建异质图 $G=(V, E, Gr, T)$。其中：V 为顶点集合；E 为边集合。边 $e=(i, j) \in E$ 代表用户属于组 $j \in Gr$ 的关系以及用户对喜爱项目的标记的关系，T 为建立关系的时间集。

另外，两个用户在一个群组内并不代表两个用户之间存在连接，就像文献所描述的，同在一个群组中的用户之间可能只存在很少或几乎不存在的连接。因此，需要首先预测用户间的伙伴关系。

7.3.3.2　兴趣相似簇判定

在预测用户的伙伴关系时，首先确定用户之间链路的存在，它是社交关系存在的前提。对于在线社会网络，由于链路的存在依赖于用户在网络中的活动，因此对于网络的存在性判定可以和很多种特性的判别联系起来。但是任何一种单属性都不足以预测用户伙伴关系的存在。因此，需要综合利用多种特征来预测用户间的伙伴关系，最终决定采用下述特征来描述用户活动，并给出兴趣相似簇（interest-similar cluster）的判定结果。

1）用户组数

用户参与的组数越多，意味着在网络中越活跃，因此也就有更多的可能与其他用户建立连接，并拥有更多的伙伴。用户组数的定义为

$$\text{\# of degrees} = Gr(v_i) \tag{7-19}$$

2）公共组数

用户之间的公共组数越多，用户之间越相似，因此公共组数是预测伙伴关系的一个重要特征。文献[45]比较了 9 种链路预测方法，最终的结果表明最简单的公共邻居算法反而表现出的性能最优。公共组数的定义为

$$\text{Common Groups} = \left| \text{Gr}(v_i) \bigcap \text{Gr}(v_j) \right| = \text{Cg}(v_i, v_j) \quad (7\text{-}20)$$

3）公共组规模

如果两个用户加入公共组规模很小，那么他们成为伙伴的可能性就很高。因为规模很大的公共组很有可能是一个很受欢迎的商品的用户组或者共事的一个大型组织，这些组内的用户之间的关系耦合度很松。公共组规模的定义为

$$\text{Common Groups Size} = \text{Sizeof}(\text{Gr}(v_i) \bigcap \text{Gr}(v_j)) = \text{Cgs}(v_i, v_j) \quad (7\text{-}21)$$

4）公共标签数

在同一个组里的两个用户，如果他们共享许多共同的标签，那么会更加相像。因为越多的共同标签意味着他们的兴趣更加相似。公共标签数的定义为

$$\text{Common Tags} = \text{Ct}(v_i) \bigcap \text{Ct}(v_j) = \text{Ct}(v_i, v_j) \quad (7\text{-}22)$$

5）特征融合

一般来说，伙伴关系链路并不是双向的。这表明如果用户 A 把用户 B 视作伙伴，但用户 B 也许不把 A 当作伙伴。因此，需要单独为每一位用户预测伙伴关系。

对于单个用户 u，将选用的用于伙伴关系预测的特性归纳如下：

$$(\text{Gr}(v_i), \text{Gr}(v_j), \text{Cg}(v_i, v_j), \cdots, \text{Cgs}(v_i, v_j)_k, \text{Ct}(v_i, v_j))$$

最后，使用逻辑回归模型融合上述特征，构建用户的真实兴趣相似簇，形成用户的伙伴群组，虽然他们之前可能根本不认识或者根本不是同一个组里的用户。

$$\text{score}(v_i, v_j) = \lg \text{Gr}(v_i) \times \lg \text{Gr}(v_j) \times \sum_{k=1}^{n} \frac{1}{\text{Cgs}(v_i, v_j)_k} \times \lg \text{Ct}(v_i, v_j)) \quad (7\text{-}23)$$

7.3.4　基于用户兴趣相似簇–用户–信息三元组的军事信息推荐方法

在用户兴趣相似群组建立后，开始为用户进行新项目的推荐。

7.3.4.1　设计目标

设计目标如下：

（1）推荐用户不知道的项目。

（2）推荐那些用户在未来可能最喜欢的项目。

（3）对社交关系和时间动态进行建模。

7.3.4.2 基于静态用户相似簇划分的信息推荐方法

随着在线社会网络的快速发展，人们更倾向于相信伙伴的推荐，然而传统的信息推荐方法仍在项目推荐中占有重要地位。相似的节点更可能分享同一个链路。因此，本小节提出了一种新的方法，它同时兼顾了传统方法和上一小节中提到的兴趣相似簇判定方法的优点。

使用图上随机行走策略进行推荐，与传统方法主要的区别在于随机行走策略是在兴趣相似簇（伙伴关系）、用户和标签（兴趣）三元组中执行，如图 7.10 所示。

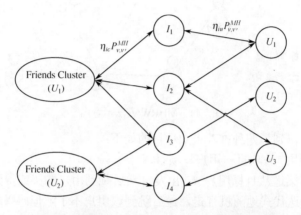

图 7.10　利用群组和用户信息进行信息推荐示意图

由于用户的兴趣随用户伙伴关系的变化而改变，因此兴趣相似簇所选择的 Top-N 项目很可能也被目标用户所选择。

由于项目的选择由用户发起，因此将随机行走的起点选为目标用户 U_i 或者目标用户 U_i 的兴趣相似簇。边的权重为

$$\omega(v,v') = \begin{cases} P_{v,v'}^{\text{MH}} & (v \in U, v' \in I) \\ P_{v,v'}^{\text{MH}} & (v \in C, v' \in I) \\ \eta_{ic} P_{v,v'}^{\text{MH}} & (v \in I, v' \in C) \\ \eta_{iu} P_{v,v'}^{\text{MH}} & (v \in I, v' \in U) \end{cases} \tag{7-24}$$

式中：η_{ui}、η_{ci} 为从项目出发选择用户和用户兴趣相似簇为随机行走下一跳节点的概率，且满足

$$\eta_{iu} = 1 - \eta_{ic} \tag{7-25}$$

P_{v_i,v_j}^{MH} 为随机行走每一跳的跳转概率。另外，由于传统的随机游走策略会偏向于跳转至度数高的节点，进而使随机行走策略存在偏好，造成"富者越富"的现象。因此，在本小节使用 Metropolis-Hastings 随机行走（MHRW）方法（图 7.11）进行信息推荐。选择该方法的原因在于，MHRW 方法可以实现无偏

随机行走。$P_{v_i,v_j}^{\mathrm{MH}}$ 的计算公式为

$$P_{v_i,v_j}^{\mathrm{MH}} = \begin{cases} \dfrac{1}{k_{v_i}}\min\left(1,\dfrac{k_{v_i}}{k_{v_j}}\right) & ,v_j \text{是} v_i \text{的邻居} \\ 1 - \displaystyle\sum_{v_i \neq v_i} P_{v_i,v_j}^{\mathrm{MH}} & ,v_i = v_j \end{cases} \tag{7-26}$$

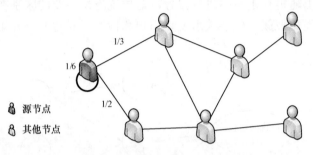

图 7.11　MHRW 方法示意图

这样，可得到了四种推荐未知项目的如下：

路径 1：用户—项目—用户—项目。

这种推荐渠道从目标用户 U_i 出发，然后跳到用户购买或得到过的项目节点，而后进行迭代式地随机行走，最后跳到该用户不了解但感兴趣的项目（通过其他购买或得到过该项目的用户）。

路径 2：用户—项目—兴趣相似簇—项目。

这种推荐渠道从目标用户 U_i 出发，然后跳到用户购买或得到过的项目节点，而后进行迭代式地随机行走，最后跳到该用户不了解但感兴趣的项目（通过包含其他购买或得到过该项目用户的兴趣相似簇）。

路径 3：兴趣相似簇—项目—用户—项目。

这种推荐类型从目标用户 U_i 的兴趣相似簇出发，然后跳到该兴趣相似簇内用户购买或得到过的项目节点，而后进行迭代式地随机行走，最后跳到该用户不了解但感兴趣的项目（通过其他购买或得到过该项目的用户）。

路径 4：兴趣相似簇—项目—兴趣相似簇—项目。

路径 4 与路径 3 相似，但是这种路径是通过兴趣相似簇而不是用户来推荐未知项目。

对于一个未知项目，从一个目标用户或兴趣相似簇出发，通过一条随机行走路径到达该项目的概率为

$$p(v_{ui}) = \prod \omega(v_i,v_j) \tag{7-27}$$

而最终到达该项目的概率为所有可能到达此节点的随机行走路径的概率之和，即

$$P_{\text{F}} = \sum P(v_{ui}) \qquad\qquad (7\text{-}28)$$

最终，对 P_{F} 按照降序排列，从而为每一位目标用户推荐最符合需求的 Top-N 个项目。算法 7.4 描述了基于静态用户相似簇划分的信息推荐算法。

算法 7.4　基于静态用户相似簇划分的信息推荐算法

Algorithm(SCIR)

Input：user-group pairs, user-item pairs

Output：Top-N Items for every user

1.　　　　**for** each user U_i in V, **do**
2.　　　　　 identify the friendship cluster
3.　　　　**end for**;
4.　　　　construct the original graph
5.　　　　set random walk steps n;
6.　　　　**for** each user U_i in V, **do**
7.　　　　　 select the start node as U_i or cluster of U_i;
8.　　　　　**for** (int i=1;i<=n;i++)
9.　　　　　　 calculate the random walk probability using Metropolis-Hastings Random Walk;
10.　　　　　 random walk;
11.　　　　$p(v_{ui}) = \prod \omega(v_i, v_j)$;
12.　　　　　**end for**;
13.　　　　$P_{\text{F}} = \sum P(v_{ui})$;
14.　　　　　rank;
15.　　　　　return the Top-N unknown items
16.　　　　**end for**

7.3.4.3　基于动态用户相似簇划分的信息推荐

上一节讨论了基于用户兴趣相似簇–用户–标签三元组的随机行走方法来进行未知项目的推荐。当把时间维度考虑到信息推荐进程中时，发现用户的时间动态性在用户兴趣识别中非常重要。

通常来说，正如 Ding Yi 和 Li Xue 所描述的：用户–项目的近期数据会比旧数据更能反映用户的实际兴趣。但是有些时候旧的用户–项目数据对同样也会反映用户的长期偏好，如果只是简单一味地减少旧数据的权重，将会导致信息推荐的准确性受到很大影响。因此，为用户–项目对提出一个基于权重的方法并不是在信息推荐中实现时间动态性预测的最好方法。

另外，对于在线社会网络的应用，当用户对某个群组关注的项目有兴趣，很有可能会加入这个新的小组；而当对某个群组所关注的东西丧失了兴趣，也会选择立即退出这个小组。

总的来说，对于用户群组信息建模以及考虑时间动态性的信息推荐，有以下认识：

（1）用户的兴趣随着组信息的变化而改变。

（2）用户的组成员变化，但是组兴趣随着时间变化而保持静态不变。

基于上述认识，追踪了每个用户组的变化数据而不是用户–项目对数据。

首先，用上节讨论的方法建立考虑时间信息的用户兴趣相似簇，并得到图 7.12 所示的信息推荐模型。

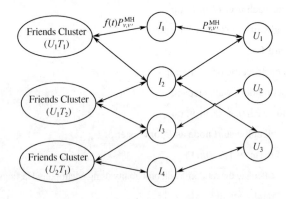

图 7.12　考虑时间因素的推荐

然后对上述推荐方法设计一个时间函数来给出随机路径每步的时间权重，并且需综合考虑到每个用户的长期和短期偏好。

时间函数为

$$f(t) = \mathrm{e}^{-\lambda t} \tag{7-29}$$

式中：t 为距离当前信息推荐时刻的时间延迟。

由于使用指数公式用来计算项目–项目之间的关系并不是最优方法，因此式（7.29）主要用于计算兴趣相似簇–项目之间关于时间的随机行走概率。式（7.24）调整为

$$\omega(v, v') = \begin{cases} P_{v,v'}^{\mathrm{MH}} & (v \in U, v' \in I) \\ f(t) P_{v,v'}^{\mathrm{MH}} & (v \in C, v' \in I) \\ \eta_{ic} P_{v,v'}^{\mathrm{MH}} & (v \in I, v' \in C) \\ \eta_{iu} P_{v,v'}^{\mathrm{MH}} & (v \in I, v' \in U) \end{cases} \tag{7-30}$$

算法 7.5 描述了基于动态用户相似簇划分的信息推荐算法。

算法 7.5　基于动态用户相似簇划分的信息推荐算法

Input：user-group pairs, user-item pairs, time dimension T.

Output：Top-N Items for user U at time t.

1.　　　　　**for** each user U_i in V, **do**

2.　　　　　　identify the friendship cluster with time series

3.　　　　　**end for**;

4.　　　　　construct the time dynamic graph

5.　　　　　set random walk steps n;

6.　　　　　set time parameter;

7.　　　　　**for** each user U_i in V, **do**

8.　　　　　　select the start node as U_i at time t;

9.　　　　　　for (int i=1;i<=n;i++)

10.　　　　　calculate the random walk probability using Metropolis- Hastings Random walk;

11.　　　　random walk;

12.　　　　　$p(v_{ui}) = \prod \omega(v_i, v_j)$;

13.　　　　**end for**;

14.　　　　$P_F = \sum P(v_{ui})$;

15.　　　　rank;

16.　　　　return the Top-N unknown items at time t;

17.　　　　**end for**

7.3.5　实验及性能分析

7.3.5.1　数据描述

使用实际数据集 CiteULike 和 Last.fm 验证算法性能。CiteULike 是对研究者和不同话题出版物进行组织的免费网站。登录这个网站的每个人都可以用一些词语来标记论文，并且将它们分享给彼此的朋友。使用的数据集包含"谁投了什么"的数据和群组数据。

Last.fm 数据集包含注解（如果存在）、朋友和随着组成员关系变化而展示出的邻居关系。在本节实验中只使用群组和标签信息来进行推荐。

表 7.2　原始数据描述

数　据　集	用　户　数	标　　准	群　组　数
CiteULike	1911	39139	2236
Last.fm	99405	281818	66429

为了更好地评估我们的算法和系统性能，首先进行一系列的数据集预处理工作：

（1）只保留起活跃的群组-用户对。只有满足以下要求的群组-用户对才是起作用的：

指挥控制信息精准服务

① 活跃的群组至少包含 10 个独立的用户。

② 活跃的用户必须在数据集中的各个时间段都存在。

（2）只保留活跃的项目。项目必须满足以下要求才起作用：

① 活跃的项目必须在数据集中的各个时间段都存在。

② 活跃的项目在数据集中至少出现 10 次。

（3）移除一些重大节日时发生的群组加入数据。因为用户在重大节日时可能会不按固定偏好加入一个群组。

预处理后的数据集描述见表 7.3 所列。

表 7.3 预处理后的数据描述

数 据 集	用 户 数	标 准	群 组 数
CiteULike	1701	34132	2198
Last.fm	47022	180908	51125

7.3.5.2 评估方法

为了验证算法性能，把数据集分成了两个部分：随机挑选 90% 数据作为训练集；余下的 10% 的数据作为测试集。选择平均 Micro-F_1 值作为评估方法：

$$F_1 = \frac{2 \times p \times r}{p + r} \tag{7-31}$$

式中：p 为信息推荐算法为用户推荐的 Top-N 条信息的准确率；r 为信息推荐的召回率。

7.3.5.3 实验结果

实验中用来对比的方法是基于用户的协同过滤方法（User-based Collaborative Filtering，UserCF）、传统的随机行走方法（Biased Random Walk，BRW）和基于群组–用户–项目三元组的随机行走方法（Group-user-item Random Walk，GUIRW）。

UserCF 方法的基本思想是：通过用户的历史数据计算用户相似性，而后通过与其相似的用户推荐来完成信息选择。

BRW 方法同样是采用随机行走进行推荐，主要的区别在于本章提出的方法采用了无偏的 MHRW 作为随机行走策略，而传统方法则造成"富者越富"的情况出现。

GUIRW 主要是在用户的群组信息–用户–项目之间进行随机行走，从而进行推荐。

小组–成员–项目随机路径主要是使用用户的小组信息来推荐。

1）不考虑时间维度的信息推荐

本节用来测试训练集比例对信息推荐性能的影响，直接反映了用户和我们构建的兴趣相似簇对系统的直接影响。由于不考虑时间因素，因此 DCIR 和 SCIR 之间没有区别，因此只评估 SCIR 的算法性能。

实验结果如图 7.13 和图 7.14 所示。结果表明，信息推荐的 micro-F_1 值与训练集比例有很大的关系，推荐性能会随着训练集的比例增加而逐渐增大，对于 CiteULike 数据集而言，最佳 Micro-F_1 值可以达到 0.6448，这已经是一个非常好的结果，而且 SCIR 算法在训练集的任何比例情况下比其他算法要表现得更好；对于 Last.fm 数据集，SCIR 算法依然是表现最好的，最佳性能可达 0.689。另外，从实验结果还可以看出，η_{iu} 在对于推荐性能的影响是很重要的。只是 η_{iu} 在不同训练集比例的情况下所取的最优值并不相同，需要在训练时进行必要的调试。

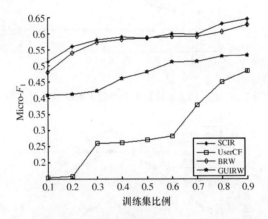

图 7.13　CiteULike 数据集上 Micro-F_1 性能

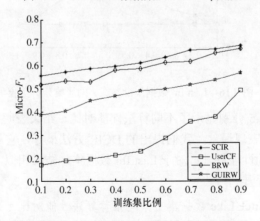

图 7.14　Last.fm 数据集上 Micro-F_1 性能

2）考虑时间维度的信息推荐

本节关注于参数 λ 的影响，主要反映了时间参数对推荐性能的影响。实验对比的方法为 UserCF，考虑了时间因素的 BRW（BRWT）、GUIRW（GUIRWT）

指挥控制信息精准服务

以及 SCIR。时间间隔的设置为 1 个月。实验结果如图 7.15 和图 7.16 所示，根据实验结果发现，参数 λ 信息推荐中非常重要，考虑了时间因素的 DCIR 算法能够获得比 SCIR 算法更为准确的推荐项目，在 CiteULike 数据集中 λ 的最佳设置为 0.5，而在 Last.fm 数据集中为 0.6。

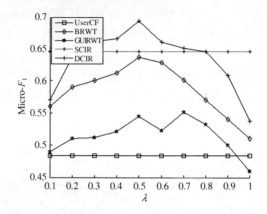

图 7.15　CiteULike 数据集上参数 λ 的影响分析实验

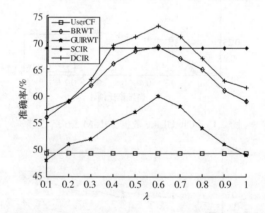

图 7.16　Last.fm 数据集上参数 λ 的影响分析实验

　　表 7.4 和表 7.5 分别显示了不同算法性能对比。结果表明：对于 CiteULike 数据集，UserCF 表现最差，我们提出的 DCIR 方法最好，它与 UserCF 相比取得了大约 43.0% 的性能提升；对于 Last.fm 数据集，结果相似，DCIR 获得了大约 48.1% 的性能提升。

表 7.4　CiteULike 数据集上不同推荐算法性能对比（$\lambda = 0.5$）

方　　法	Micro-F_1 值	性能提升幅度/%
UserCF	0.4843	—
GUIRWT	0.5510	13.8
BRWT	0.6358	31.3

方　　法	Micro-F_1 值	性能提升幅度/%
SCIR	0.6448	33.1
DCIR	0.6924	43.0

表 7.5　Last.fm 数据集上不同推荐算法性能对比（ $\lambda = 0.5$ ）

方　　法	Micro-F_1 值	性能提升幅度/%
UserCF	0.4934	—
GUIRWT	0.6012	21.8
BRWT	0.6923	40.3
SCIR	0.6891	39.7
DCIR	0.7306	48.1%

7.4　小　　结

本章针对指控信息精准服务中的指控信息推荐问题完成了两项主要工作：

第一项工作是针对信息推荐中的"冷启动"问题和信息冗余问题提出了相应的指控信息推荐方法。首先对协同过滤方法进行了分析，并基于历史信息提出了混合推荐方法。而后通过对新用户特点进行分析，提出了新用户的偏好获取方法。由于冗余信息会对最优服务的选择造成巨大影响，因此基于隐马尔可夫模型进一步地提出冗余信息的消解方法。最后，依托 MovieLens 数据集和通过公共 API 获取的服务进行了实验。实验结果表明，上述算法在推荐的准确性和时效性等方面取得了较大的性能提升。

第二项工作是针对指控信息动态性强的特点提出了基于时间动态性建模的信息推荐方法，综合考虑了用户关系、组兴趣以及时间维度的影响。我们提出了基于动态组信息和用户-项目对的推荐方法，并且显示了一个识别实际兴趣-相似用户集群的方法。然后用一个无偏的随机路径策略推荐用户自己未知却喜爱的项目。最后通过在 CiteULike 和 Last.fm 数据集上的实验验证，表明我们提出的考虑时间动态性的信息推荐方法在推荐性能上比 UserKNN、BRWT 和 GUIRW 表现要好。

在以上两项工作的研究过程中，发现用户的组关系彼此之间有很大不同：有些群组的用户彼此之间联系频繁；而有些群组的用户之间几乎没有任何联系；还有一些群组主要用来供群组用户之间分享一些私密信息。因此，在将来的工作中，针对不同数据集设置更加精准的兴趣相似簇间相似度阈值将有利于信息推荐性能的提高，同时，应该综合考虑群组的动态性和信息的动态性，并挖掘这两种类型的信息之间的关系，对用户的时间行为模式进行建模，从而更好地把握用户偏好的动态变化。

参 考 文 献

[1] Yuanhua Lv, Taesup Moon, Pranam Kolari, et al. Learning to model relatedness for news recommendation[C]. WWW 2011, 2011.

[2] Huh E, Welch L R, Shirazi B A, et al. Accommodating QoS prediction in an adaptive resource management framework[C]. IPDPS 2000 Workshop, 2000: 792-799.

[3] Smith Warren, Foster Ian, Taylor Valerie. Predicting application run times using historical information[C]. Proceedings of the Workshop on Job Scheduling Strategies for Parallel Processing, 1998: 122-142.

[4] Blake M Brian, Nowlan Michael F. Predicting service mashup candidates using enhanced syntactical message management[C]. IEEE International Conference on Services Computing (ICWS 08), 2008: 229-236.

[5] Mooney Raymond J, Roy Loriene. Content-based book recommendation using learning for text categorization[C]. SIGIR '99 Workshop on Recommender System: Algorithms and Evaluation, 1999.

[6] Shao Lingshuang, Zhang Jing, Wei Yong, et al. Personalized QoS prediction for web services via collaborative filtering[C]. IEEE International Conference on Web Services (ICWS '07), 2007: 1-8.

[7] Su Xiaoyuan, Khoshgoftaar Taghi M. A survey of collaborative filtering techniques[J]. Advances in Artificial Intelligence Archive, 2009.

[8] Ma H, King I, Lyu M R. Effective missing data prediction for collaborative filtering[C]. SIGIR '07, 2007: 39-46.

[9] Resnick P, Lakovou N, Sushak M, et al. GroupLens: An open architecture for collaborative filtering of netnews[C]. Internation Conference on Computer Supported Cooperative Work, 1994: 175-186.

[10] Das Abhinadan, Datar Mayur, Garg Ashutosh. Google news personalization: scalable online collaborative filtering[C]. WWW 2007, 2007: 271-280.

[11] Sarwar Badrui, Karypis George, Konstan Joseph, et al. Item-based collaborative filtering recommendation algorithms[C]. WWW 2001, 2001.

[12] Balke W, Matthias W. Towards personalized selection of Web services[C]. WWW 2003, 2003.

[13] Li Mu, Huai Jinpeng, Guo Huipeng. An adaptive Web services selection method based on the QoS prediction mechanism[C]. IEEE/WIC/ACM International Conference on Web Intelligence and Intelligent Agent Technology Workshops, 2009: 395-402.

[14] Wei Yuan, Prasad Vibha, Son S. H. , et al. Prediction-based QoS management for real-time data streams[C]. Proceedings of the 27th IEEE International Real-Time Systems Symposium (RTSS '06), 2006.

[15] Zheng Zibin, Ma Hao, Lyu Michael R, et al. WSRec: A collaborative filtering based web service recommender system[C]. Proceedings of International Comference on web services, 2009.

[16] Yang Xiwang, Guo Yang, Liu Yong. Bayesian-inference based recommendation in online social networks[C]. INFOCOM 2011, 2011: 551-555.

[17] Chen Ruichuan, Lua Eng Keong, Cai Zhuhua. Bring order to online social networks[C]. IEEE INFOCOM 2011, 2011.

[18] Rashid Al Mamunur, Albert Istvan, Cosley Dan, et al. Getting to know you: learning new user preference in recommender systems[C]. IUI '02, 2002.

[19] Kohrs A, Merialdo B. Improving collaborative flitering for new users by smart object selection[C]. Proceedings of International Conference on Media Feature (ICMF 2001), 2001.

[20] Tang Shaojie, Yuan Jing, Mao Xufei, et al. Relationship classification in large scale online social networks and its impact on information propogation[C]. WWW 2011, 2011.

[21] Chen Honghui, Ma Jianwei, Huangfu Xianpeng, et al. Process reservation for service oriented application[C]. 6th World Congress on Services, 2010: 162-163.

[22] Dong Xin Luna, Berti-Enqulle Laure, Srivastava Divesh. Truth discovery and copying detection in a dynamic world[C]. ACM VLDB 2009, 2009.

[23] Rabinar Lawrence R. A tutorial on hidden markov models and selected applications in speech recognition[C]. Proceedings of the IEEE, 77(2). February 1989.

[24] Grouplens Research. MovieLens Data Sets[Z]. 2010.

[25] Liu Y T, Ngu Ahh, Zeng L Z. QoS computation and policing in dynamic Web service selection[C]. New York, USA: ACM Press, 2004.

[26] Sadilek Adam, Kautz Henry, Bigham Jeffrey P. Finding your friends and following them to where you are[C]. 5th ACM Proceedings of International Conference on Web Search and Data Mining, WSDM '12, 2012.

[27] Cha Meeyoung, Mislove Alan, Gummadi Krishna P. Measurement-driven analysis of information propagation in the flickr social network[C]. 18th ACM Proceedings of International World Wide Web Conference, WWW '09, 2009.

[28] Schifanella R, Barrat A, Cattuto C, et al. Folks in folksonomies: social link prediction from shared metadata[C]. the 3rd ACM Proceedings of International Conference on Web Search and Data Mining, WSDM '10, 2010.

[29] Daly E M, Geyer W, Millen D R. The network effects of recommending social connections[C]. the Proceedings of ACM Conference on Recommender Systems, 2010.

[30] Liu Nathan N, Yang Qiang. Eigenrank: a ranking-oriented approach to collaborative filtering[C]. the Proceedings of ACM SIGIR '08, 2008: 83-90.

[31] Yang Shuanghong, Long Bo, Smola Alex, et al. Collaborative competitive filtering: learning recommender using context of user choice[C]. the Proceedings of ACM SIGIR '11, 2011.

[32] Backstrom Lars, Kumar Ravi, Marlow Cameron, et al. Preferential behavior in online groups[C]. 1st the ACM Proceedings of International conference on Web Search and Data Mining, WSDM '08, 2008.

[33] Yang Xiwang, Steck Harald, Liu Yong. Circle-based recommendation in online social networks[C]. the ACM Proceedings of International Conference on Knowledge Discovery and Data Mining, KDD '12, 2012.

[34] Lathia Neal, Hailes Stephen, Capra Licia. Temporal collaborative filtering with adaptive neighbourhoods[C]. SIGIR '09, 2009.

[35] Lovasz L. Random walks on graphs. a survey[J]. Combinatorics, 1993, 2: 1-46.

[36] Gjoka Minas, Kurant Maciej, Butts Carter T, et al. Walking in facebook: A case study of unbiased sampling of OSNs[C]. the 29th Proceedings of IEEE International Conference on Computer Communications, INFOCOM '10, 2010.

[37] David Liben-Nowell, Jon Kleinberg. The link prediction problem for social networks[J]. Journal of the American Society for Information Science and Technology, 2007, 58(7): 1019-1031.

[38] Tan Chenhao, Tang Jie, Sun Jimeng, et al. Social action tracking via noise tolerant time-varying factor graphs[C]. the ACM Proceedings of International Conference on Knowledge Discovery and Data Mining, KDD '10, 2010: 1049-1058.

[39] Xiang Liang, Yuan Quan, Zhao Shiwan, et al. Temporal recommendation on graphs via long- and short-term

指
挥
控
制
信
息
精
准
服
务

preference fusion[C]. the ACM Proceedings of International Conference on Knowledge Discovery and Data Mining, KDD '10, 2010: 723-731.

[40] Krishnamurthy B, Gill P, Arlitt M. A few chirps about twitter[C]. Proceedings of the First Workshop on Online Social Network, 2008.

[41] Ding Yi, Li Xue. Time weight collaborative filtering[C]. Proceedings of CIKM '05, 2005: 485-492.

[42] Sarkar Purnamrita, Moore Andrew W. Dynamic social network analysis using latent space models[J]. SIGKDD Explorations, 2005, 7(2): 31-40.

[43] Leroy Vincent, Cambazoglu B Barla, Bonchi Francesco. Cold start link prediction[C]. the ACM Proceedings of International Conference on Knowledge Discovery and Data Mining, KDD '10, 2010: 1-12.

[44] Cho E, Myers S A, Leskovec J. Friendship and mobility: User movement in location-based social networks[C]. the ACM Proceedings of International Conference on Knowledge Discovery and Data Mining, KDD '11, 2011.

[45] Zhou Tao, Lü Linyuan, Zhang Yicheng. Predicting missing links via local information[J]. European Physics Journal, 2009.

[46] Namata Galileo Mark, Kok Stanley, Getoor Lise. Collective graph identification[C]. the ACM Proceedings of International Conference on Knowledge Discovery and Data Mining, KDD '11, 2011.

[47] Albert R, Barabasi A L. Preferential attachment model[J]. Emergence of Scaling in Random Networks, Science, 1999, 286: 509-512.

[48] Koren Yehuda. Collaborative filtering with temporal dynamics[C]. KDD '09, 2009: 447-456.

[49] Zhang Liyan, Xu Jie, Li Chunping. A random-walkbasedrecommendationalgorithmconsidering itemcategories[J]. Neurocomputing, 2013, 120: 391-396.

[50] Wang Changdong, Lai Jianhuang, Yu Philip S. NEIWalk: community discovery in dynamic content-based networks[J]. IEEE Transactions on Knowledge and Data Engineering, 2007, 6(1): 1-14.

第 8 章　指控信息利用方法

前述章节针对指控信息精准服务面临的信息特征捕获、信息按需搜索、信息链路预测技术等关键问题，分别研究并给出了较为有效的解决方法；但上述研究工作都是针对信息内容本身，忽略了指控信息的承载格式，对指控信息的利用方式研究不够。目前，大多数分布式应用已开始基于面向服务的架构（SOA）进行部署，尤其在过去的几年里，大多数指控信息都是以 Web 服务形式发布的，并且这种趋势还在加剧。因此，在 Web 服务成为指控信息主要承载形式的条件下，研究以面向服务的思想进行指控信息利用的方式成为指控信息精准服务必须研究的课题之一。

8.1　研究背景

由于 Web 服务的松耦合、跨平台以及可组合等优势，可以轻松地实现跨系统的信息共享与集成，对于实现军事能力的动态集成大有裨益。因此，面向服务的技术已成为解决军事信息栅格中信息资源统一管理和共享使用问题的一项关键技术。为解决军事信息的高度共享和有效整合问题，美军提出了全球军事信息栅格（Global Information Grid，GIG），旨在拓展军事信息应用的深度和广度，并实现端到端的一系列信息能力，以获取"信息优势"，从而提高联合作战能力。该系统主要基于面向服务的架构构建，以服务形式对信息与系统功能进行封装和描述。

与此同时，面向服务的应用在商业领域已经得到了成熟的应用，涌现出了众多有意义的研究成果，如基于工作流的服务组合方法、基于 AI 规划的服务组合方法以及基于协作的服务组合方法等。军事应用对服务组合的成功率和时效性要求更高，现有的方法绝大多数从服务使用者的角度研究服务组合路径优化和服务组合的容错处理，但由于 Web 服务在同一时刻只能保证部分用户的使用，这与服务用户数量的几何级增长的现实情况存在巨大的矛盾，这种情况下传统的服务组合无法从根本上保证军事信息服务组合的成功率。另外，军事信息服务在实际使用过程中可能发生各种状态迁移，如信息服务源遭到打击被损毁、信息服务不可达或不可用等。因此，在 Web 服务技术得到普遍应用的条件下，军事信息利用方式问题研究需要解决的核心问题将是保证军事信息服务的最优利用以及最大规模用户的需求满足。

为解决上述问题，有学者提出了服务预约的想法，即在遵从 SLA（Service Level Agreement）协议的基础上，用户可以通过付出一些额外的代价或其他方式手段提前预约服务的使用权，从而保证用户使用该服务时不会出现拥塞的现象，确保服务使用的质量。在实际应用中，通常有很多服务具备相同的功能，但服务质量不同，当前的服务预约系统提供查找并预约最优服务的功能，这为服务应用提供了很大的便利，吸引了很多学者研究的注意力。

大部分服务应用不是单个服务的应用，用户在完成一种服务的预约后往往还需要一些后续服务的预约，因此本章将服务预约划分为单个服务预约和流程服务预约两个问题进行研究。流程服务预约由于各种原因尚未得到足够重视，相关系统也未得到广泛的应用。另外，由于一个流程中的服务之间吞吐量有很大区别，且存在很多服务使用瓶颈，流程预约不仅仅是简单地将多个单服务预约进行组合，而是综合利用服务之间的关联关系来为整个流程服务的复杂过程。

本章提出了一种基于流程预约机制的指控信息利用方式，并命名为业务流程服务预约方法以此来解决服务提供者和用户之间的服务使用问题，并综合考虑了服务使用历史和服务关联在服务选择中所起到的重要作用。

本章的主要贡献在于：

（1）提出了一种流程预约机制。该机制不是以单个服务的预约成功为目的，而是将候选服务的应用流程看作一个整体，从而在整体上保证整个应用的成功率。

（2）提出了一种有效进行抽象流程预约和具体流程预约的算法。该算法能够有效地提高组合服务的 QoS 质量，并获得比传统预约方法优越的服务组合结果。

（3）设计了一种基于策略的信息服务预约方法。该方法在优先保证流程预约成功率的前提下能够大幅提升用户预约的灵活度，从而在很大程度上提升了服务使用者的满意度。

8.2 相关工作分析

为获得全局最优服务，目前有越来越多的工作关注于服务区分如优先级和准入控制等方面的研究，这其中存在很多的研究热点与难点。Hebig 等提出了一种分布式的用户权限管理方法，综合利用准入策略、信用评级和策略加强等手段进行权限管理，该方法将用户从复杂的策略理解中解脱出来转而关注于简单明了的 XML 元素。Yu 和 Reiff-Marganiec 讨论了从服务发现到服务选择和服务排序的方法，他们采用改进的逻辑评分偏好方法提出了一种基于非功能属性的服务选择方法，并做了改进以综合考虑服务使用的上下文语境。Tian 等提出了一种流程引擎的动态权限调度算法。

服务预约所牵涉的研究点主要是服务搜索和服务组合。Miyashita 等提出了一种与本章所提出方法类似的服务预约方法，该方法主要包含基于仿真的价格优化方法、灵活的预约引擎和历史数据的比较三个部分。而我们的方法则提出了更为优化的 QoS 匹配方法，且综合考虑了服务之间的关系，有效地削减了计算复杂度，降低了系统响应时间，提高了用户满意度。

Langguth 等提出了一种旨在提高服务 QoS 质量和性能可预测性的资源预约方法，该方法引入了科学工作流的分布式执行引擎，并综合考虑了基于工作流的服务预约，但并没有将整个流程作为一个整体来考虑。

另外，在运筹学领域很多决策优化方面的研究都关注于解决当产品无法满足用户最佳需求时的策略研究，但这些工作都致力于自动地为用户调整策略，而我们的方法则允许用户指定何时为苛刻策略，何时为灵活策略，用户的自主性更高，性能也更加预期。

8.3　流程预约系统结构

8.3.1　流程预约实现框架

流程预约实现框架定义流程预约的操作流程，描述流程预约的主要组件并给出 QoS 控制的规则。图 8.1 为流程预约的实现框架，该框架包含三个主要组成部分：

（1）策略生成器：主要用来界定用户的选择灵活性，并为流程预约组件提供服务选择策略。

（2）流程预约组件：主要根据策略产生器提供的策略完成流程预约，并提供流程预约结果集及相应代价计算结果。

（3）QoS 控制器：用以保证流程预约过程中所选服务的 QoS 质量。

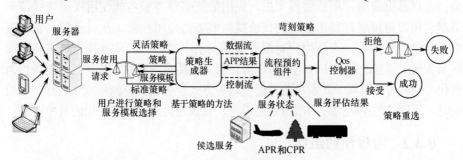

图 8.1　流程预约框架

流程预约的具体步骤如下：

（1）需求获取及策略选择。服务器接收从用户处获取服务使用请求，并向用户提供策略选项，策略选择结果提交给策略生成器。

（2）数据流及控制流的生成。根据策略选择结果和流程预约需求，策略生成器计算用户可允许的灵活性范围，并将数据流（如服务选择代价信息）和控制流（如流程信息）提交给流程预约组件用以动态评估服务使用请求。

（3）抽象流程预约。流程预约组件向用户提供服务组合模板选项，并标识每种服务组合模板的使用权重和代价使用户明确每种流程的具体内容、流程中的各种服务约束以及相应使用代价。

（4）具体流程预约。在完成抽象流程预约后，用户就可以进一步进行具体的流程预约工作。这项工作主要完成满足服务使用需求的具体的服务集或单个服务的选择，并通过加强或减弱部分服务使用约束来增强用户进行流程预约的灵活性，以尽可能地满足尽量多的用户的个性化需求。这一过程的最重要工作是保证整个流程的整体最优而不是单个服务的最优，因此在这一过程中具有最高 QoS 质量的服务或许并不是最终预约的流程中的一员，这也是流程预约与服务预约之间的重要区别之一。此外，为保证流程预约的灵活性，具体流程预约还允许用户更改对现有单个服务的选择，并根据服务使用过程中吞吐量的变化对服务质量进行运行时更新。

（5）QoS 控制及流程预约瓶颈发现。为发现流程预约过程中的瓶颈点，QoS 控制器通过收集 QoS 数据（QoS 监控器采集的原始 QoS 数据以及 QoS 更新器产生的 QoS 更新数据）计算流程预约所选择的具体服务的 SLA。计算的结果将反馈给策略生成器用以调整流程预约策略，从而保证当服务使用频率超过服务最大吞吐量或服务承载阈值时，整个流程仍保持完整和高效运行。

（6）策略变更（对于用户而言，此步骤是可选项）。当最优服务使用超出本身最大承载时，服务的请求将得不到及时的响应，此时策略变更为用户提供一种保障流程预约成功性的方法：变更最初的策略选择。用户可以重新选择策略：选择标准策略，用户将按照先入先出的策略获得服务的使用权；选择苛刻策略，用户可以通过付出额外的代价提高服务的使用权限，从而获得满意的服务；选择灵活策略，有些用户对服务质量要求不严格，因此选择该策略将保证在服务使用紧张的情况下，用户可以降低服务使用需求级别并选择其他服务作为替代，同时可以获取一定程度的补偿。这种方式在保证自身流程成功进行预约的同时，保证其他策略用户的服务使用需求，有效地提高了服务使用的效率。

8.3.2　流程预约组件

如 8.3.1 节所述，流程预约框架主要包含策略生成器、流程预约组件和 QoS 控制器三大组件。本节将逐一详细阐述这三大组件的组成及功能，首先对流程预约的策略生成规则和方法做简要的描述。

策略是指用来调整用户或系统行为的信息。本节主要采用如下两种策略，用以调整流程预约系统的系统配置和用户行为：

（1）先入先服务规则：指流程预约系统根据用户提交请求的顺序进行服务，一旦服务请求提交，顺序就已经确定，不存在侧重或偏好。在实际应用中，为先入先服务规则增加了一些灵活性的判定，为用户划分了不同的状态（如golden用户或silver用户），对处于同种状态的用户按照先入先出的原则进行服务，而处在不同状态的用户则存在优先级，以保证资源利用的效率。

（2）动态调度规则：为保证资源利用的高效而制定的灵活策略，用户可以根据自身的需求迫切程度灵活制定具体的策略，如苛刻策略和灵活策略等，同时允许用户根据资源的实时实际使用情况动态调整自己的服务使用策略。这种规则的最大好处是：保证资源可以为需求最迫切的用户所获得和使用，同时自动为每一种服务属性分配唯一的URI。

接下来逐一描述流程预约系统构成的三大组件。

策略生成器包含三个组成部分（图8.2）：

（1）优先级控制器：根据用户的策略选择为用户分配服务优先级。通常情况下，选择苛刻策略的用户在付出额外的代价后会获得最高优先级，而选择灵活策略的用户获得较低的服务优先级，但获得一定程度上的代价折扣。

（2）效率计算器：根据服务资源的数量和用户的策略动态地计算服务代价。

（3）系统数据库：用于存储服务资源总数、用户的优先级、用户的服务代价以及灵活策略的用户数。

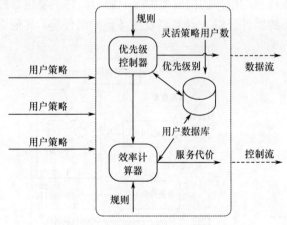

图8.2　策略生成器组成框架

数据流是指策略生成器生成的不同策略所针对的用户服务代价信息，而控制流则是指流程预约中的控制信息，如流程执行的顺序或并行逻辑等。

QoS控制器根据服务之间的关联关系和用户的策略选择对资源的QoS数据进行监视和控制，它主要由三个部分组成（图8.3）：

（1）QoS 监视器：用以采集和监视服务运行时的 QoS 数据，同时感知流程和需求的动态变化。

（2）QoS 更新器：在不需要调用服务的情况下对 QoS 数据进行更新以满足用户的 QoS 感知需求。它通过计算用户之间的相似度预测所监控服务的 QoS 值。例如，虽然用户尚未调用服务，但用户可以根据其他用户调用服务的 QoS 结果预知若调用该服务所获得的 QoS 值。根据服务实际发布的 QoS 值或通过相似度计算获得的 QoS 预测值，QoS 更新器对服务按照 QoS 质量的高低进行排序，并反馈给用户一个符合需求的服务。

（3）服务信息数据库：用以存储预约数据、服务数据和历史交互信息。

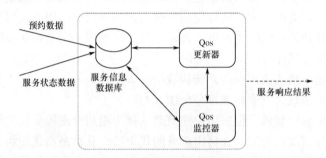

图 8.3　QoS 控制器组成框架

众多周知，服务的状态会随着需求的变化而不断改变。使用 QoS 控制器动态监控服务的状态参数用以不断调整用户的信息服务使用代价，从而提高服务的利用率。流程预约组件的构成如图 8.4 所示，它主要包含抽象流程预约组件、具体流程预约组件、SLA 计算器及服务预约组件等。其他组件功能如下：

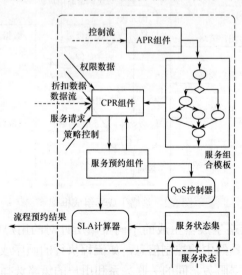

图 8.4　流程预约组件组成框架

（1）服务预约组件：主要完成单个服务的预约，用以辅助具体流程预约中的具体服务选择。

（2）QoS 控制器：在流程预约组件中仍需要对服务的 QoS 进行动态监控和更新，它的具体工作已经在前面进行了论述。

（3）SLA 计算器：主要用来对比服务的实际 QoS 值与用户需求的 QoS 值，从而保证流程预约中的服务能够满足用户需求。

8.4　流程预约方法

在完成上述工作的基础上，本小节将对抽象流程预约和具体流程预约进行详细的分析。抽象流程预约旨在满足用户的一般需求；而具体流程预约则关注于具体服务的预约，旨在在满足一般需求的基础上选择最优服务，提高用户满意度。

8.4.1　抽象流程预约

在我们所提的方法中，一个抽象的流程是指仅仅具备抽象服务集的流程。换句话说，抽象流程中的服务并不是具体的服务，而是指满足用户需求的一类服务，这些服务都提供同一种功能，但 QoS 质量有所不同。因此，抽象流程预约方法能够使用户快速寻找到满足自己需求的服务，从而将用户从繁冗复杂的服务选择问题中脱离出来。

服务时面向服务计算的基本单元，服务本身是一种自描述的资源，能够被用户所发现并集成为组合服务。服务的注册通常需要提供服务信息，包括服务的接口（输入、输出等）、服务配置文件以及其他一些属性描述等信息。目前，有很多关于自动服务组合的研究，采用了多种方法，如 OWL-S、DAML-S 和 WSMO。在本节给出服务的简要定义，主要包括服务的输入、输出，同时由于服务的 QoS 质量受到越来越广泛的关注，因此在定义中还增加了服务的质量信息描述。

信息服务可以定义为一个三元组 $S(I, O, Q)$。其中：I 表示服务的输入数据；O 表示服务的输出数据；Q 表示使用服务的质量约束。

如 8.3 节中所述，抽象流程预约是流程预约关键流程的第一步，它给出服务组合的模板供用户选择并综合考虑用户偏好，因此，本小节从三个方面提出抽象流程预约的具体实施方法：

（1）抽象流程预约组件采用基于功能的标准服务发现方法发现可用服务集，并构建服务组合模板。为构建一个能够满足用户需求的服务模板，用户的需求需要包含多类要素，如用户基本信息和偏好等。

（2）判定满足服务需求的服务种类，并构成预约流程的各个环节。

（3）构建整个预约流程，并对流程中的每一服务进行标识。

根据上面所述的步骤，给出抽象流程预约的定义，具体的抽象流程预约算法如算法 8.1 所示。

算法 8.1　APR Algorithm//抽象流程预约算法

Input：User's request//用户需求

Output：APR result(template and service mark)//抽象流程预约结果

1.　　　　find proper services according to the basic functional requirements, remove else service;

　　　　//根据基本功能需求构建候选服务集

2.　　　　add services with the same functionality into the set ξ_i.

3.　　　　**if** n=1, then

4.　　　　$S_1(I_1, O_1, Q_1)$ is the only and optimal service satisfying the service requirement.

5.　　　　**end if**

6.　　　　**else if** n=1, then

7.　　　　 get all the services in this set to be an abstract service which is part of the service composition template.

8.　　　　**end if**

9.　　　　form service composition template

　　　　//构建服务组合模板

10.　　　set R to be 1 for the services in ξ_i

抽象流程预约定义为一个三元组 APR(ε_i, n, R)。其中：ε_i 代表具有相同功能属性的一类服务集($S_1(I_1,O_1,Q_1),\cdots, S_n(I_n,O_n,Q_n)$)，$i$ 表示预约流程中的第 i 个环节；n 表示服务集 ε_i 所包含的服务数量；R 表示 ε_i 中服务的标识，$R=\{0, 1\}^n$，1 表示该服务已经被标识为预约流程的一部分。

图 8.5 为抽象流程预约完成后的流程示例，流程显示在完成抽象流程预约后用户可以获得满足自身功能需求的一类服务。8.4.2 节将进一步讨论如何获取最适合的服务，并进行具体流程预约。算法 8.1 给出了抽象流程的实现方法。

8.4.2　具体流程预约

具体流程预约是在抽象流程预约的基础上为保证流程所需服务能够得到成功预约并获得最优 QoS 质量而进行的流程预约过程。具体流程预约综合利用了用户的策略选择来提高系统应用的灵活性，适当调整抽象流程预约的结果并预约具体的服务，进而最终完成流程预约。

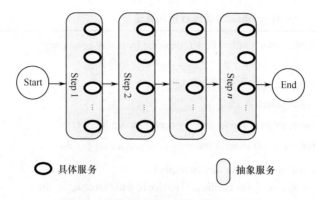

图 8.5　抽象流程预约完成后的流程示例

具体流程预约定义为三元组 CPR(C, ξ_{sr}, R_P)。其中：C 表示组合流程的逻辑关系；ξ_{sr} 表示进行抽象流程预约后的候选服务（每个服务都已经进行了标识）；R_P 表示服务之间的关联关系，$R_P \in$ {Substitution, Contains, adviceTo, Prerequisite, Replace, Exclude}（Substitution 表示服务 S_m 和服务 S_n 之间的关系为"part of"（S_m 和 S_n 分别为抽象流程预约过程中不同服务集 ε_i 的具体服务）；Contains 表示服务 S_m 和服务 S_n 是"is a"的关系；adviceTo 表示调用完服务 S_m 后自动调用服务 S_n 或者说调用 S_n 的可能性最大；Prerequisite 表示只有调用完服务 S_m 后才能调用服务 S_n；Replace 表示服务 S_m 和 S_n 可以互相替换；Exclude 表示调用完 S_m 后就不可以调用服务 S_n。这些关系都可以通过计算服务之间的语义距离进行判定）。

具体流程预约需要考虑资源数量充足的情况和资源数量有限的情况。对于第一种情况，在做具体流程预约的过程中可以寻求最优解；而当资源数量有限时，则根据用户数量和资源数量做动态调度，求得较优解。

8.4.2.1　资源数量充足情况下的流程预约

当资源数量足以满足现有用户规模的信息利用需求时，即假设资源数量是充足的。在这种情况下，流程预约的目标将是为用户寻求整体服务质量最优的流程。由于服务之间存在固有的如"adviceTo"和"Exclude"等关系，因此最优服务流程不一定是 QoS 最优服务之间的简单组合，而可能是彼此之间存在紧密联系服务之间的组合。

为此，我们设计了算法 8.2，提出了资源数量充足情况下的流程预约方法。该算法综合考虑了抽象流程预约与最优服务选择的客观需求，为抽象流程预约中候选服务建立彼此之间的固有关系。在实际使用过程中，该算法通过衡量信息服务之间存在的关系，动态地调整预约流程的服务质量，从而在抽象流程预约的基础上获得了服务质量最优的流程，进而完成具体流程预约。

第 8 章　指控信息利用方法

253

算法 8.2　CPR Algorithm//具体流程预约算法

Input：　APR results, Control flow C depicted by policy generator

　　　　　//抽象流程预约结果、策略生成器构建的控制流

Output：　CPR result//具体流程预约结果

1.　　　create search space ξ_{sr}

2.　　　create relationship R_p in ξ_{sr} by context and rules of C

3.　　　**for** i=1 **to** r (r denotes the number of service set ξ_i), **do**

4.　　　　sustain the current service attributes

5.　　　　**if** service S_m has attribute of adviceTo and Prerequisite, **then**

6.　　　　　put S_n into Next$_{SRL}$ (Next$_{SRL}$ denotes the service set in which the service has more possibility to be chosen as the post service in process); //the degree of relationship is set to be 1.

7.　　　　**end if**

8.　　　　**else if** service S_m has attribute of Exclude, **then**

9.　　　　　set service S_n to disabled; //the degree of relationship to be 0.

10.　　　　**end if**

11.　　　　**else if** service S_m has attribute of else relationship, **then**

12.　　　　　the degree of relationship is set a value in (0, 1).

13.　　　　**end if**

14.　　　**end for**

15.　　　obtain the best post service with best composite QoS value

16.　　　optimize the whole process by greed algorithm

17.　　　form the concrete process

8.4.2.2　资源数量有限条件下的流程预约

上面讨论了资源数量充足条件下的具体流程预约方法，但大多数情况下用户的数量是未知的，因此无法判定资源数量是否充足，这种情况下就需要假设资源数量有限。因此，在做具体流程预约时不能刻意追求最优 QoS，而应该在保证流程预约成功的前提下尽可能提高具体预约服务的质量。

本小节利用基于策略的方法为用户描述流程预约需求。我们提出以下三种用户策略：

（1）标准策略：就是正常的服务预约策略，按照先入先出原则进行服务，明确服务代价，明确期待获得的结果，但该策略的问题是当资源数量不足时预约可能失败。

（2）灵活策略：该种策略允许用户在流程的某一环节灵活选择服务，当该

环节资源数量不足时，系统将自动为用户挑选替代服务以保证整个流程的预约成功。该策略当服务数量有限时预约不会失败，但得到的服务不一定是全局最优的，不过选择策略的用户当服务变更时可获得一定程度的代价折扣。

（3）苛刻策略：选择该策略的用户将在最优服务的选择上获得最高的优先级，即服务资源数量有限时优先保证选择该策略的用户使用，但需要付出额外的服务代价。

图 8.6 为具体流程预约完成后的流程示例，该流程显示的是完成具体流程预约后已经得到具体的服务，并完成了最终的流程。

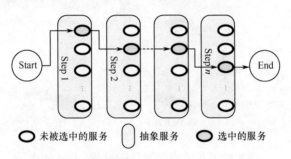

图 8.6　具体流程预约完成后的流程示例

8.5　军事信息利用方式在防空信息利用中的应用研究

区域防空网络化作战是网络中心战条件下的一种典型作战样式，这种作战样式需要充分整合和利用信息资源的功能和优势，才能提高区域防空系统的整体作战效能。本节将以承担区域防空反导作战任务系统的应用功能需求为背景，运用服务的思想，打破原有资源之间的紧密耦合关系，对系统的各构件进行动态配置，以提升系统的灵活性与有效性，并对基于流程预约的军事信息利用方式在军事中的应用情况进行说明。

8.5.1　背景介绍

区域防空网络化作战系统是通过将作战区域内的具有中高空防空能力的导弹系统、具有低空防空能力的导弹系统以及具有超低空防空能力的高炮系统等作战单元进行有效连接，从而完成要地周边区域内的防空反导任务。该系统可以根据来袭目标的种类、方向，以及防空导弹和高炮等作战单元的分布情况，灵活选用相适应的军事系统资源来完成作战任务。图 8.7 为了军级区域防空网络化作战高级概念图。

区域防空网络化作战系统一般包含战术指挥单元、中高空反导作战单元、低空反导作战单元和超低空高炮作战单元等，如图 8.8 所示。

指挥控制信息精准服务

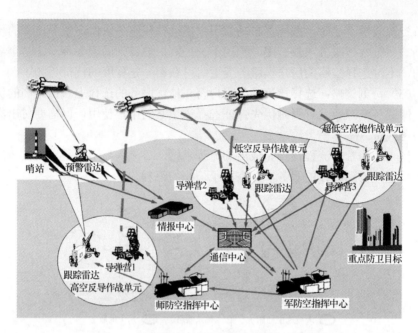

图 8.7　军级区域防空网络化作战高级概念图

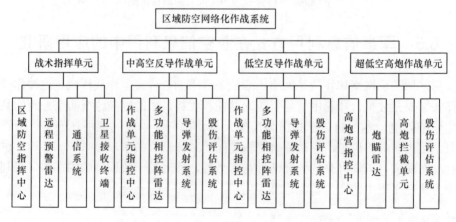

图 8.8　区域防空网络化作战系统的组成

（1）战术指挥单元由区域防空指挥中心、远程预警雷达、通信系统和卫星接收终端等组成。其中：区域防空指挥中心负责作战区域内的防空指挥、资源配置以及部队间的沟通；远程预警雷达负责远程空域目标搜索，并提供预警；通信系统负责指挥单元与上级及各作战单元的通信；卫星接收终端负责接收卫星传递的各种预警和探测信息。

（2）中高空反导作战单元和低空反导作战单元为防空导弹系统，由作战单元指控中心、多功能相控阵雷达、导弹发射系统和毁伤评估系统等组成。其中：作战单元指控中心负责指挥作战单元，控制多相控阵雷达和导弹发射单元完成防空任务；多功能相控阵雷达负责对目标的跟踪和制导；导弹发射系统负责防空导弹的发射和目标的打击；毁伤评估系统负责对目标的毁伤情况和作战效果进行评估。

（3）超低空高炮作战单元为高炮防空系统，由高炮营指控中心、炮瞄雷达、高炮拦截单元和毁伤评估系统等组成。

防空网络化作战系统的组成单元在平时有固定的隶属关系；在实际应用过程中，由于受作战环境变化、系统资源失效等因素的影响，需要对其进行动态重组，以提高系统整体的灵活应战能力。

为支持区域防空网络化作战系统内各作战资源的动态集成，打破作战单元内部多功能雷达、指控中心和导弹发射系统等军事系统资源之间的紧密耦合的固定关系，可以将区域防空网络化作战系统各功能模块进行服务化的封装，通过服务的注册、发现、组合、调用等方式，使各级指挥决策人员灵活地使用这些功能模块，动态构建出所需的军事信息精准服务系统，从而提升作战系统的灵活性与适应性。

8.5.2　系统应用

8.5.2.1　系统实验设定

假设该区域防空网络化作战系统内包含有 10 个高空反导作战单元(H_1, H_2, H_3,…, H_{10})、10 个低空反导作战单元(L_1, L_2, L_3,…, L_{10})、10 个超低空高炮作战单元(S_1, S_2, S_3,…, S_{10})和 1 个战术指挥单元。

在区域防空网络化作战系统中各系统资源所提供的功能模块都可开发为一个独立的军事信息服务。比如，作战单元内部的指控中心、多功能相控阵雷达和导弹发射系统可以分别开发为作战单元指控服务、多功能相控阵雷达服务、导弹拦截服务及毁伤评估服务等。由此，依据区域防空网络化作战系统组成单元的功能构成，其涉及的成员服务如图 8.9 所示。

Web 服务的返回结果一般采用 XML 格式表示，这虽然有利于实现异构系统间的服务调用，但由于缺乏直观性，在应用中一般需要对 XML 数据进行解释，并在此基础上进行二次开发才能实现服务数据的可视化显示，显然影响军事信息服务的应用效果。为克服上述问题，在本应用案例中，对某些需要进行图形化显示的服务提供了可以调用的客户端软件。当服务用户选择所需服务时，可同时下载服务调用的客户端软件。用户只需在客户端软件中输入服务调用的地址信息，客户端软件会自动解析服务的执行结果，并以可视化的方式进行显示，这极大增强了服务显示效果的直观性。对于中高空多功能相控阵雷达服务来说，也相应提供了客户端软件。服务用户只需将显示雷达探测信息的客户端软件下载在本地，通过在其中输入服务的调用信息可以实时显示雷达目标信息服务的数据更新情况，其实现界面如图 8.10 所示。

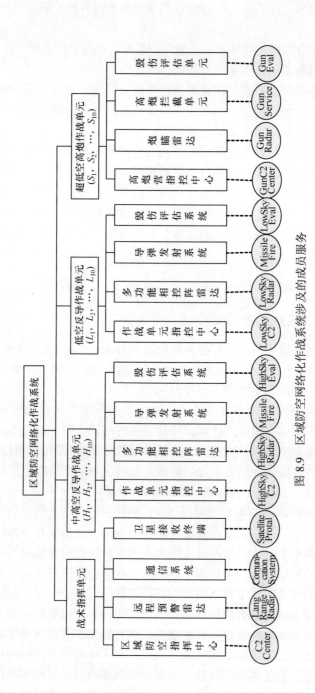

图 8.9 区域防空网络化作战系统涉及的成员服务

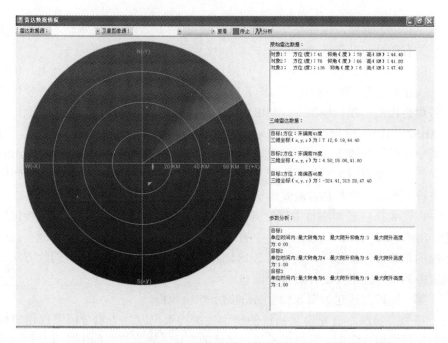

图 8.10　中高空多功能相控阵雷达服务的客户端显示

　　另外，在本案例中还开发了远程预警雷达服务、低空多功能相控阵雷达服务、炮瞄雷达服务、目标预处理服务、目标类型区分服务、中高空作战单元指控服务、低空作战单元指控服务、通信指挥服务、中高空导弹拦截服务、低空导弹拦截服务、高炮拦截服务以及毁伤评估服务等一系列相关军事信息服务。由于在实际案例中有 10 个中高空反导作战单元，相应地需要开发 10 个中高空多功能相控阵雷达服务。其描述与发布过程类似，并且这 10 个服务的功能类似只是性能指标上有所区别（如各服务探测区域的指标）。因此，这 10 个服务可以认为是属于同一个军事信息服务组，即中高空多功能相控阵雷达服务组。依据同样的方法，在本案例中所涉及的军事信息服务组，还包括低空多功能相控阵雷达服务组、炮瞄雷达服务组、中高空作战单元指控服务组、低空作战单元指控服务组、中高空作战单元指控服务组、低空作战单元指控服务、中高空导弹拦截服务组、低空导弹拦截服务组以及高炮拦截服务组等。

　　为了将上述独立的军事信息服务集成起来，构建出符合防空反导应用功能需求的军事信息精准服务系统，需要对上述信息服务进行服务组合。而服务组合的过程可以分为两个阶段：第一个阶段依据系统的业务流程，构建出相适应的军事信息服务组合模板，明确服务组合模型中各服务节点所对应的候选服务以及服务间的逻辑关系；第二阶段依据系统的运行实际，在总体性能指标等条件的约束下，为服务组合模型中各功能操作指定相应的服务实例。并且在调用军事信息服务时，依据实际情况，对服务组合模型的执行流程以及所选择服务实例进行动态调整，保证整个流程的正常执行，以及构建在此基础之上的应用系统的有效性和可靠性。

8.4 节中已经给出了相应的军事信息服务的组合方法。在此基础上，依据系统的执行流程，可以构建出如图 8.11 所示的区域防空网络化作战系统整体的服务组合模型。在该模型中，MIS1 代表了制定拦截方案前的服务组合流程，而 MIS2、MIS3 和 MIS4 分别表示了进行中高空导弹拦截的服务组合流程、进行低空导弹拦截的服务组合流程以及进行高炮拦截的服务流程，在执行完 MIS1 后，便要选择调用 MIS2、MIS3 和 MIS4 中的一个进行拦截，最后再依据毁伤效果评估的结果判断是否需要再次进行拦截。

在图 8.11 中还对进行中高空导弹拦截的服务组合流程 MIS4 进行了细化描述，由图 8.11 可知，该服务流程中的每个基本转移都对应于中高空作战单元中相应的军事信息服务组。本节以 MIS4 服务为例，使用基于流程预约的方法完成服务的实际应用并进行实验验证。

第一阶段，构建如图 8.12 所示的服务组合模板。

在第二阶段，首先要从系统的整体性能约束出发，为组合模型选用整体性能最佳的服务实例。同时由于战场环境的变化、军事资源的失效以及作战活动调整等因素的影响，还应对所选用的服务实例以及系统的执行流程进行动态调整。比如，对于上述实例，经过系统的整体优化选择策略后，MIS4 子服务流程中的中高空目标跟踪服务指定使用的是高空反导作战单元 H_1 的高空多功能相控阵雷达服务，而决策制定方案服务指定选用的是高空反导作战单元 H_2 的作战单元服务（图 8.12 中的服务组内部的虚线所示）。但在 MISCS 执行时，由于高空反导作战单元 H_1 的高空多功能相控阵雷达可能由于受到敌方的攻击而导致负荷加大，无法满足用户需求，高空反导作战单元 H_2 的指控中心也可能由于受到敌方的攻击而失效了，这时系统重新选择使用的服务实例。为了有效避免因单一军事信息服务失效而导致整个系统无法使用的情况，设计了如下一组实验，通过实验评估流程预约方法在系统应用中的作用。

在实验过程中，将本章提出的流程预约方法与不考虑流程预约的方法进行了对比，对比的指标包括预约代价、预约响应时间、资源利用率和预约成功率。实验结果表明，BPSR 能够有效提高预约成功率，并同时改善服务提供者和服务消费者的满意度。

（1）如案例所示，流程分为中高空多功能相控阵雷达服务、中高空作战单元指控服务、中高空导弹拦截服务和毁伤评估服务。其中，中高空多功能相控阵雷达服务有 10 种，中高空作战单元指控服务有 10 种，中高空导弹拦截服务有 10 种，毁伤评估服务有 4 种。假设每种服务实例的服务代价见表 8.2 所列。

（2）服务考虑 3 种 QoS 属性：代价、响应时间和服务吞吐量。

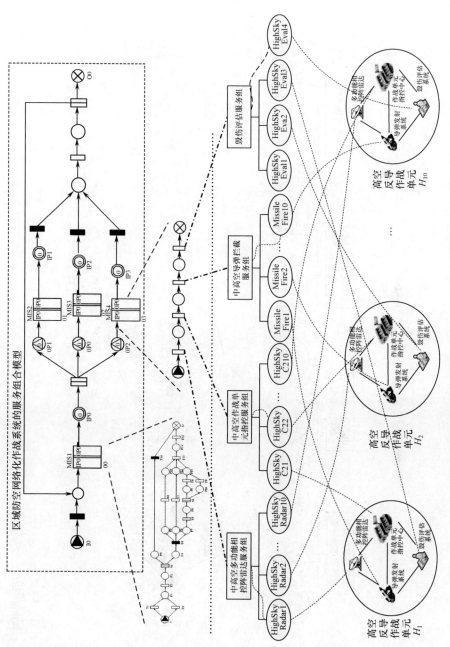

图 8.11　区域防空导弹网络化作战系统整体的服务组合模型

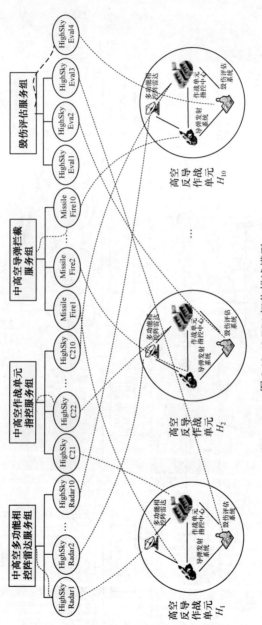

图 8.12　MIS4 细化描述模型

表 8.1　流程预约中的预约服务属性

预 约 服 务	服 务 数 量	服 务 代 价
中高空多功能相控阵雷达服务	10	600～800
中高空作战单元指控服务	10	300～400
中高空导弹拦截服务	10	600～800
毁伤评估服务	4	300～400

（3）当流程预约中选定的具体服务之间彼此存在"substitution"关系时，流程的 QoS 质量可以提高 20%；当服务之间存在"adviceTo"关系时，用户可以减少 30%的服务代价；而当服务之间的关系为"Exclude"时，则认为该使用流程的代价无限大。

（4）到达的服务请求数量通过使用随机分布变量确定，但附加的约束是使平均的请求数量与服务的总吞吐量大致一致。

（5）选择苛刻策略用户所需要付出的额外代价为 10%，而选择灵活策略的用户则会减少 5%的服务代价。

（6）每一位用户都是理性的，即能够有效选择具有最佳 QoS 质量的流程。

据此，获得 4 类按照功能划分的候选服务集：中高空多功能相控阵雷达服务服务集 $HighSkyRadar = \{HighSkyRadar_1, HighSkyRadar_2 \cdots, HighSkyRadar_{10}\}$；中高空作战单元指控服务集 $HighSkyC2 = \{HighSkyC2_1, HighSkyC2_2 \cdots, HighSkyC2_{10}\}$；中高空导弹拦截服务集 $MissileFire = \{MissileFire_1, MissileFire_2 \cdots, MissileFire_{10}\}$；中高空毁伤评估服务集 $HighSkyEval = \{HighSkyEval_1, HighSkyEval_2, HighSkyEval_3, HighSkyEval_4\}$。

8.5.2.2　实验对比分析及结果

展开以下四个方面的实验，旨在验证服务资源数量变化和选择灵活策略用户数量变化对流程预约系统性能的影响。

1）预约代价对比实验

图 8.13 为预约代价对比实验结果。通过实验结果可以发现：由于当服务之间存在"adviceTo"或"Substitution"关系时组合服务的 QoS 质量会较单个服务的累加而有所增加，因此流程预约的代价随着用户选择具有关联关系的服务数量的增加而递减。而没有使用流程预约的预约方法的平均预约代价为[1800，2400]（单个服务预约代价累加的上、下界），且没有表现出任何趋势。

2）预约响应时间对比实验

图 8.14 为预约响应时间对比实验结果。通过实验结果可以发现：没有使用流程预约的方法预约响应时间随服务数量的增加而呈指数级上升，用户无法忍受；而流程预约方法由于综合考虑了如"Exclude"和"Prerequisite"一类的服

务关系，对候选服务集进行了一定的过滤，削减了计算复杂度，其预约相应时间虽然也会随着服务数量的增加而增加，但增加的趋势较为缓慢，对于用户体验的影响很小。

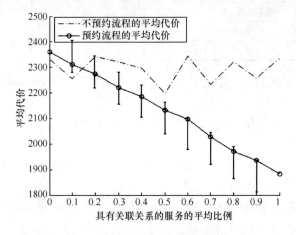

图 8.13　预约代价对比实验结果

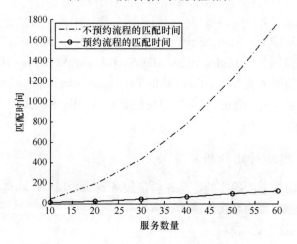

图 8.14　预约响应时间对比实验结果

3）服务资源利用率对比分析实验

对于有限资源下的服务预约而言，服务资源不足以满足所有提出服务使用请求的需求，这种情况下全局最优 QoS 是无法达到的，通过采用基于策略的方法为选择苛刻策略的用户提供高优先级而为选择灵活策略的用户提供一定的折扣能够有效缓解优势资源利用紧张的问题。服务资源利用率实验结果如图 8.15 所示。

4）流程预约成功率对比实验

当用户数量不断增加时，热门服务的吞吐量就成为整个预约流程的瓶颈，传统的预约机制将无法保障预约了该热门服务的用户能够成功预约。而我们提出的流程预约方法则通过允许苛刻策略用户付出额外代价的方式获得该服务的使用权，为灵活策略用户提供代价补偿，从而提高预约的成功率。流程预约成功率对比实验结果如图 8.16 所示。

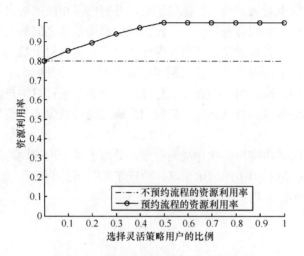

图 8.15　服务资源利用率对比实验结果

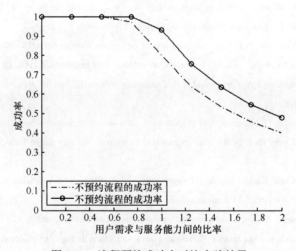

图 8.16　流程预约成功率对比实验结果

8.6　小　　结

本章主要针对服务形式承载的军事信息利用问题展开研究，提出了一种创新的流程服务预约方法，该方法以流程预约框架为基本实现架构，同时兼顾了服务区别化、服务预约、流程预约和服务质量控制等四个方面的研究。

　　本章的最终目的在于实现整个流程的成功预约。流程预约与传统服务预约方法的区别在于：流程预约将所有的候选军事信息服务都看成流程的一个部分，实现的是整体的服务调度，因此可以获得比传统的单个服务预约方法更高的预约成功率，并获得综合指标最高的军事信息服务。另外，本章还分析了信息服务资源数量的约束对流程预约性能的影响，并提出了相应的解决方案。对于服务资源充足条件下的服务利用而言，流程预约利用服务之间的关系对流程各环节的服务质量进行总体优化，从而在保证用户需求的前提下最大程度地提高整体流程的服务质量；而对于服务资源有限条件下的服务利用而言，流程预约则采用基于策略的方法对用户的需求进行排序和分类，通过对用户需求的精准把握从而进行服务资源的合理调度，确保用户满意的同时保证了整体流程的预约成功率。

　　最后，以区域防空网络化作战为背景，分析了基于流程预约的军事信息利用方式在防空信息利用中的应用情况，验证了本章所提的流程预约方法在军事信息利用中的实际应用价值。

参 考 文 献

[1] Heffner R. Adoption of SOA: Still Stromg, Even in Hard Times[M]. Forrester Research, 2010.

[2] Chadrasekaran S, Miller J A. Composition, performance analysis and simulation of Web services[J]. The International Journal of Electronic Commerce and Business Media, 2003.

[3] Benatallah B, Dumas M. Definition and execution of composite Web services: The SELF-SERV project[J]. Bulletin of the IEEE Computer Society Technical Committee on Data Engineering, 2002, 25(4): 47-52.

[4] Medjahed B, Bouguettaya A, Elmagarmid A K. Composing Web services on the semantic Web[J]. The VLDB Journal, 2003, 12(4).

[5] Berardi D, Calvanese D, Giaeomo D, et al. Automatic composition of transition-based semantic Web services with messaging[C]. In Proc. of the 31st International Conference on Very Large Data Bases(VLDB), 2005: 613-624.

[6] Brogi Antonio, Canal Carlos, Pimentel Ernesto and Vallecillo Antonio. Formalizing web services Choreographies[J]. Electronic Notes in Computer Science, 2004, 105: 73-94.

[7] Meredith L G, Bjorg S. Contracts and types[J]. Communication of ACM, 2003, 46(10): 41-47.

[8] Miyashita K, Masuda K, Higashitani F. Coordinated service allocation through flexible reservation[J]. IEEE Trans on Service Computing, 2008, 1(2): 117-128.

[9] Yu H Q, Reiff-Marganiec S. A backwards composition context based service selection approach for service composition[C]. IEEE International Conference on Services Computing, 2009: 419-426.

[10] Yu H Q, Reiff-Marganiec S. A method for automated web service selection[C]. IEEE Congress on Services, 2008: 513-520.

[11] Tian Q M, Li L, Jin L, et al. A novel dynamic priority scheduling algorithm of process engine in SOA[C]. International Conference on Web Services, 2009: 711-718.

[12] Langguth C, Ranaldi P, Schuldt H. Towards quality of service in scientific workflows by using advance resource reservation[C]. IEEE Congress on Services, 2009: 251-258.

[13] Gerding Enrico H, Mcburney Peter, Yao Xin. Special title: Market-based control of computational systems[J]. Journal Autonomous Agents and Multi-Agent Systems, 2010, 21(2): 109-291.

[14] Lupu E C, Sloman M. Conflicts in policy-based distributed systems management[J]. IEEE Trans. on Software Engineering, 1999, 25(6): 852-869.

[15] Simmonds J, Gan Y, Chechik M, et al. Conversations, runtime monitoring of Web[J]. IEEE Transactions on Services Computing, 2009, 2(3): 223-244.

[16] Ma H, King I, Lyu M R. Effective missing data prediction for collaborative filtering[C]. SIGIR '07, 2007: 39-46.

[17] Elmroth E, Tordsson J. A grid resource brokering algorithms enabling advance reservations and resource selection based on performance predictions[J]. The International Journal of Grid Computing: Theory, Methods and Applications, 2008, 24(6).

[18] Martin David, Burstein Mark, Mcdermott Drew, et al. Bringing semantics to web services with OWL-S[C]. IEEE International Conference on World Wide Web, 2008: 243-277.

[19] Wu Dan, Parsia Bijan, Sirin Evren, et al. Automating DAML-S Web services composition using SHOP2[C]. International Semantic Web Conference, 2003: 195-210.

[20] Dimitrov Marin, Simov Alex, Momtchev Vassil, et al. WSMO studio- a semantic Web services modeling environment for WSMO[C]. European Semantic Web Conference, 2007: 749-758.

[21] Bousquet C, Jaulent M C, Chatellier G, et al. Using semantic distance for the efficient coding of medical concepts[J]. Journal of the American Medical Informatics Association, 2000: 96-100.

第9章 指控信息精准服务质量评估方法

随着战场信息来源、获取手段越来越多，信息共享方式多样化，军事信息精准服务将成为提高指挥控制系统中信息共享、信息利用效率，乃至提高作战能力的重要手段。构建指控信息精准服务系统已经成为实现指控信息共享的发展趋势。指控信息精准服务系统最核心的能力就是针对不同用户，区分不同任务自动地为用户实时、准确提供所需要的信息。本章主要讨论信息精准服务质量的评估方法，通过建立评估指标、评估模型，为指控信息精准服务提供科学的评估方法。

9.1　信息推荐与服务质量评估相关研究

按照信息精准服务的过程，影响信息服务质量的因素有很多，主要包括信息来源、信息的组织与存储、信息标记方法、信息检索质量、信息推荐方法与技术等。其中信息检索和信息推荐是影响信息精准服务质量最关键的因素。目前，针对信息检索和信息推荐的性能评估已经开展了大量的研究。

9.1.1　信息检索质量评估

9.1.1.1　评估指标

随着互联网技术和应用的发展，针对信息搜索和利用质量的评估也越来越受到人们的关注。在搜索引擎发展初期，衡量其功能强弱主要沿用传统信息检索系统的评估指标，其中，最著名的是 Frederick Wilfrid Lancaster 和 Emily GallupFayen 于 1973 年提出的传统书目联机检索的评估指标。Lancaster 指出：用户总是根据费用、时间和质量标准评价情报服务。这些标准可组合为三级评价指标，即效果评价、费用、效率评价等。效果评价中包括费用、时间和质量三个方面指标。其中：费用包括用户花费的时间和努力，其中蕴涵着可得性和易用性等影响研究人员对情报源选择的重要因素。质量因素包括收录范围、查全率、查准率、新颖度、数据完备度与精确度等。其中，查全率与查准率是常用于判定系统检索性能的两个标准。当时无法考虑互联网复杂的检索环境，但已经从应用技术和用户需求等方面奠定了搜索引擎评估指标体系的基本框架，其中查准率、查全率、响应时间和用户负担成为当前搜索引擎性能评估的基础评价指标。

随着搜索引擎技术的不断发展，一些技术上成熟的搜索引擎得到了行业和用户的肯定，成为搜索引擎性能评估的典型对象。1996 年，Heting Chu 与 MarilynRosenthal 对 Lycos、AltaVista 和 Excite 三个当时主流搜索引擎进行了比较研究，提出了新的搜索引擎评估标准，即采用标引、检索能力、检索效果、输出和用户负担等指标。

1999 年，H.Vernon Leighton 与 JaideepSrivastava 在对 AltaVista、Excite、Hotbot、Infoseek 和 Lycos 5 个搜索引擎各自前 20 个搜索结果的内容精准度程度研究后，提出了常规查准率的替代方法，即"前 X 命中记录查准率"方法和"相关性范畴"的概念。2001 年，北京大学的韩圣龙在前人研究的基础上，提出了以查准率优化为核心的搜索引擎性能评估模式。他以"前 X 命中记录查准率"作为评估重点，结合数据库收录范围、数据更新频率、格式灵活性、链接可靠性和用户界面友好度等指标，建立了一种搜索引擎性能评估指标体系。朱震远从信息源、信息组织管理（包括信息索引方式、信息更新周期、信息组织方式）、信息检索功能（包括信息检索方法和信息检索途径）和信息检索结果（包括用户满意程度、响应时间、整序功能和内容显示形式）等进行评价，比较 Internet 专业导航系统和传统信息检索系统评价标准。陈红蕾等针对专业搜索引擎，从专利搜索引擎的角度出发，分别介绍了 SooPAT、百度专利搜索引擎和 Google 专利搜索引擎的特点，从检索界面、检索功能和检索结果三方面对三个专利搜索引擎进行了比较及分析。

查准率与查全率是传统文本信息检索最常用的两个评价标准，查全率是指搜索引擎根据用户需求检索出的相关信息数量和数据库中所有相关信息总量的比率。查准率是指搜索引擎根据用户需求检索出的相关信息数量中实际符合用户需求的信息所占的比率。由于受到信息相关检索技术的制约，一般搜索引擎的查全率和查准率表现为相关关系，而且对于用户需求符合程度的判断也是非绝对量化的指标。相对使用搜索引擎的目的，查准率始终是核心的性能评估指标。

查询响应时间也是常用的信息检索评估指标。响应时间是指从搜索引擎用户提交搜索要求到得到返回结果过程中的等待时间。

针对检索系统的性能度量，有学者提出主要包括结果排序的有效性和检索系统的效率两个评价方面。检索结果排序有效性的主要指标有查全率与查准率、平均准确率（Mean Average Precision，MAP）和 P@k。MAP 是指已检出相关结果的准确率均值，是最常用的一个评价标准。单个查询的平均准确率（AP）是逐个考察排名中每个新的相关结果，然后对其准确率值求平均。MAP 是每个查询的准确率的平均值。MAP 是反映系统在全部查询上性能的单值指标。系统检索出来的相关结果位置越靠前（排名越小），MAP 就越高。如果系统没有返回相关结果，则准确率默认为 0。由于用户主要关注返回结果的前面 N 项信息，因此，在分析准确率时，采用 P@k 来评估。P@k 是系统返回的前 k 个结果的准确率。

由于查全率和查准率在计算中具有一定的难度。为解决查全率和查准率的计算问题，有学者提出相对查全率和相对查准率的概念。相对查全率是指在搜索引擎提供的前 N 条检索结果和用户意图相符的检索结果数量与全部检索结果中和用户意图相符的结果数量的比值。相对查准率是指索引擎提供的前 N 条检索结果和用户意图相符的数量与 N 的比值。

浦强等针对检索系统的评估问题提出检索性能的主要评测指标，主要包括准确率、召回率、平均准确率、相关准确率、截至位置 10 的准确率、点平均准确率等。其中准确率是指检索系统检索出的相关文档数与检索实际返回的文档总数的比值，反映了检索系统查准相关文档的能力。召回率是指检索系统检索出的相关文档数与检索数据中实际存在的相关文档总数的比值，该指标反映了检索系统查全相关文档的能力。平均准确率是一个平均值。单个查询主题的 MAP 是每个相关文档检索准确率的平均值。查询主题集合的 MAP 是每个查询主题的 MAP 值的平均值。相关准确率表示检索结果与主题的相关程度。单个查询主题的 R-Precision 是检索出 R 个文档时的准确率。其中 R 是检索测试集中与查询主题相关的文档数量。查询主题集合的 R-Precision 是每个查询主题的 R-Precision 的平均值。截至位置 10 的准确率（P@10）针对查询主题检索返回的前 10 个结果的准确率。P@10 比较有效地反映了检索系统在真实应用环境下表现出的性能。点平均准确率反映召回率大小，分别在不同文档排序点上计算准确率，并取它们的均值。

邓志鸿等针对现有查全率和查准率计算方法仅反映检索的平均性能，而没有对检索稳定性进行分析的问题，借鉴概率学中的期望和方差的思想，用数学语言严格定义了查全期望、查准期望、K 次查全方差和 K 次查准方差等概念。在这些概念的基础上，给出了信息检索质量评估准则。

有学者将搜索引擎的评估指标分为综合层和独立层。搜索引擎综合评价指标是指对搜索引擎各个方面进行考量时依据的参考标准，如 Carpineto 等提出了 3 个一级综合指标，分别为检索界面、检索性能和检索输入。其中：检索界面包括搜索引擎存在、主页检索框、结果页面检索框以及高级检索界面；检索性能包括大小写敏感度、词干检索、禁用词、部分匹配、短语检索、布尔逻辑检索、全站检索；检索输出包括基于相关度的排序、标记检索式、结果建议、无死链。独立评估指标包括相关性、结果排序和用户检索行为。

Oppenhe 等也提出了评估指标体系，包括检准率、相对检全率、反应速度、稳定性、死链比例、重复比例、基于用户评价的结果总体质量、界面友好性、帮助系统、结果输出、广告、覆盖范围、预期检索长度、文摘长度及可读性、检索效率等。

搜索结果有效性也是一种搜索评估指标。通俗地说，搜索结果有效性是搜索引擎返回给用户的搜索结果链接是否能被用户顺利点击打开。

在各种搜索引擎性能的评估指标体系中，查全率、查准率、响应时间和用户负担都作为核心指标出现，这几项评估作为搜索引擎基本功能的描述，代表了搜索引擎评估的基础要求。随着搜索引擎功能发展到一定阶段，技术上的创新已经不足以使一个搜索引擎系统持续长期的受到互联网用户的青睐，标志着搜索引擎能否让用户获得良好的使用体验过程，即对用户体验的评估，已经成为目前搜索引擎服务提供商注重的一个重要评价指标。

用户行为特征分析（用户检索行为）也是一种搜索引擎性能评估指标。用户检索行为包括用户对搜索引擎选择、检索策略选择、检索式构建、检索所用时间、检索结果浏览、基于检索结果的检索式修正、检索结果选取、检索结果处理等方面。

针对常用的、流行的搜索引擎和信息推荐系统，有很多学者开展对比分析和研究，比较它们各自的性能优势和不足。雷蕾等对亚马逊网上书店提供的个性化信息推荐系统、北卡罗来纳州立大学图书馆的 MyLibrary 系统、康纳尔大学图书馆的 MyLibrary 系统等进行比较研究。文章所使用到的主要推荐策略包括信息检索、分类浏览、新书/畅销书推荐、基于定制的用户兴趣推荐和基于系统学习的兴趣推荐、相关书籍之间的推荐和相似用户之间的推荐。对于上述推荐策略，文章分别从个性化程度、服务的主动性、自动化程度以及在国内外图书馆界和相关领域的使用情况四个方面，比较分析各推荐策略的优缺点。

9.1.1.2　指标计算方法

从各种搜索引擎性能评估指标可以看出，其中准确率（查准率）和查全率是最核心的指标。围绕信息检索的内容，准确率和查全率也出现了多种计算方法。

准确率：检索系统检索出的相关文档数与检索实际返回的文档总数的比值，反映了检索系统查准相关文档的能力

查全率：检索系统检索出的相关文档数与文档集中实际存在的相关文档总数的比值，反映了检索系统查全相关文档的能力。

单个查询主题的 MAP 是每个相关文档检索出后的准确率的平均值。查询主题集合的 MAP 是每个查询主题的 MAP 位的平均值。MAP 是反映系统在全部相关文档上性能的单位指标。

单个查询主题的 *R*-Precision 是检索出 *R* 个文档时的准确率。其中 *R* 是检索

测试集中与查询主题相关的文档数量。查询主题集合的 *R*-Precision 是每个查询主题的 *R*-Precision 的平均值。

针对查询主题检索返回的前 10 个结果的准确率。P@10 比较有效地反映了检索系统在真实应用环境下表现出的性能。

点平均准确率指标反映召回率大小，在召回率从 0% 到 100% 按 10% 的步长分为 11 个文档排序的点，分别在这此点上计算准确率，并取它们的均值。

9.1.2　信息推荐服务性能评估

目前，绝大多数的个性化推荐系统利用准确度评价推荐系统的好坏。针对不同的系统，准确度指标主要由预测准确度、分类准确度、排序准确度、预测打分关联、距离标准化指标和半衰期效用指标。

预测准确度指推荐算法的预测打分与用户实际打分的相似程度。在预测分值显示给用户的系统中，预测准确度十分重要。预测打分不准也可能导致系统不可信。预测准确度的经典评估方法主要包括计算系统的预测打分与用户的实际打分的平均绝对误差。

分类准确度定义是推荐算法对一个商品用户是否喜欢判定正确的比例。当用户只有二元选择时，用分类准确度评价较为合适。应用于实际的离线数据时，分类准确度可能会受到打分稀疏性的影响。当评价一个推荐列表的质量时，用户常常没有对列表中的某些商品打分，这会给最终的评价结果带来偏差。准确率和召回率是两个使用更广泛的分类准确度指标。准确率表示用户对一个被推荐商品感兴趣的程度。召回率定义为推荐列表中用户喜欢的产品与系统中喜欢的所有商品的比率。

排序准确度用于度量推荐算法产生的列表符合用户对商品排序的程度。对于排列顺序要求严格的系统，排序准确度十分重要。不同于分类准确度，排序准确度指标更适合于评价需要给用户提供一个排序列表的推荐系统。

预测打分关联度量系统的打分排序与用户实际的打分排序之间的关联关系，常用于刻画推荐系统的准确度。与预测准确度不同，预测打分关联不考虑打分与用户打分各单项的偏差，而是两者之间整体的相关程度。在推荐系统中，主要采用 Pearson 关联、Spearman 关联和 Kendall Tau 关联三个常用的相关性指标。

在推荐系统中，距离标准化指标（NDPM）的核心思想：对比系统预测打分排名与用户实际排名的偏好关系，并对偏好关系的度量进行标准化。

推荐系统为用户呈现一个排序的商品列表，但多数用户不愿意浏览整个列表。在 Internet 网页推荐系统中，设计者声称绝大多数的 Internet 用户不会深入浏览搜索引擎返回的结果，有实验表明，用户愿意浏览推荐列表的函数呈指数衰减。实际应用发现，准确率高的推荐系统并不能保证用户对推荐系统呈现的结果满意。推荐系统不仅需要高的准确率，还需要得到用户的认可。例如，系统推荐了非常流行的商品给用户，并且准确度非常高，但是此信息用户可能从其他渠道得到，因此用户不会认为这样的系统是有价值的。一般而言，系统推荐非流行的商品会使得系统的准确度降低，但这时用户反而容易发现一些新奇的、自己找不到的产品。

9.1.3 评估测试集

为科学、合理、公平地评估信息检索和搜索引擎的性能，目前出现多个标准的测试集，常用测试集如下：

（1）Cranfield 测试集。Cranfield 测试集诞生于 20 世纪 60 年代，被认为是现代信息检索系统评价的开端。Cranfield 研究分为 Cranfield I 和 Cranfield II。其中，Cranfield II 包括文档集、一套查询词和一套相关性判断。此测试集作为信息检索系统评价的标准方法，查全率和查准率是其中两个核心指标，直接体现了索引详略的水平和索引特征的水平。

（2）TREC 测试集。文本检索会议（Text REtrieval Conference，TREC），是由美国国家标准技术研究院（National Institute of Standards and Technology，NIST）和美国国防部共同赞助的。该会议作为 TIPSTER Text Program 的一部分，其目的是在信息检索领域为大规模文本检索方法评价提供必要的基础设施。TREC 测试集包括一套文档集、查询主题以及相关性判断三部分。TREC 在评判文档相关性时，早期应用二元刻度，即相关和不相关，后来应用三分刻度的相关性分法，即相关、部分相关和不相关。对检索性能的比较一般采用 P@30 和 P@100 等，并比较不同均值方法之间的区别。

国外信息检索系统测试集除 Cranfield 和 TREC 外，还有一些著名的测评体系，如 NTCIR、AMARYLLIS、CLEF 等，这些信息检索测试集都是在 TREC 的启发和影响下建立起来的。

（3）中文 Web 信息检索评测。中文 Web 信息检索论坛（Chinese Web Information Retrieval Forum，CWIRF）是由北京大学网络实验室和北京大学计算语言学研究所于 2004 年 6 月起建立并维护的、以大规模中文 Web 信息为测试集的信息检索研究论坛，目标是推动中文信息检索技术的发展。

该测试集包括文档集、查询集和相关结果集。文档集是根据天网搜索引擎截至 2004 年 2 月 1 日发现的中国范围内提供 Web 服务的 1000614 个主机，从中采样 17683 个站点，在 2004 自 6 月搜集获得 5712710 个网页，包括网页内容和 Web 服务器返回的信息，容量为 90GB。其中每个网页对应的服务器返回信息中的 MIME 类型都是"text/html"或者"text/plain"。查询集包括主题提取和导航搜索。相关结果集包括主题提取答案和导航搜索答案。主题提取答案是针对主题提取检索式而言的。导航类答案的检索结果则很少，一般是一个结果站点或网页，少数有两个结果页面。相关结果集采用 pooling 方法构造完成。

9.2 信息精准服务质量评估指标体系研究

9.2.1 信息精准服务质量的影响因素

信息精准服务质量的影响因素如下：

（1）信息源。信息精准服务的内容直接影响精准服务的效果。对于指挥控制系统的用户来说，用户对指挥控制信息的需求种类多，包括文本、图形、视频、数据等类型，支持指挥控制控制信息的来源尽可能广泛，主要包括各种分布在陆海空天的、隶属不同部门的侦察、预警和监视系统的情报，还包括各级指挥控制系统之间的共享信息。指挥控制信息随着战场态势的变化动态产生和获取，汇聚信息源的数量和种类随着战场态势的变化而发生变化。但是从信息精准服务的质量来说，信息源的质量越高，用户利用信息的可能性和价值就越大，用户对信息也就越有需求，信息精准服务的质量就越好。因此，参与汇聚信息源的种类丰富、质量高为指控信息精准服务的质量提供基本保证。

此外，信息本身的质量也影响用户对信息精准服务质量的判定，如信息覆盖范围的全面性和广泛性，信息内容与对特定用户群需求的相关性、适用性、完整性和实效性等。

（2）信息组织与管理。对来自不同信息源的海量信息必须科学、有效地组织与管理，才能有利于信息服务。信息组织与管理中，信息的标记、信息索引的建立方法、信息的分布、信息的更新策略等对信息精准服务都会产生影响。

信息的标记和索引建立方式主要是影响信息被检索的程度。信息的标记和索引建立的方式越合理，信息越容易被检索。

信息组织方式包括分类主题、目录方式和词语索引方式等内容。分类的广度和深度、索引的比重和深度等决定了信息组织方式，也影响了信息检索的性能和效率。信息的组织和存储方式决定各信息存放的具体位置，直接影响信息发现后被分发的效率，以及信息更新的效率等。

信息更新周期和策略决定了信息内容的新颖新和时效性，同时影响信息最终连接的成功率。

（3）信息搜索引擎。信息搜索是信息精准服务过程中最关键的功能和环节。信息搜索引擎性能的好坏直接关系到精准服务的质量。目前，搜索引擎性能的评估也是研究的热点。

信息搜索引擎的性能主要体现在检索方法（逻辑组配检索、截词检索、范围限定检索等）、检索方式（提问检索、脱机检索和联机检索等）。

（4）信息推荐方法。信息推荐一般分为定期推送、订制推送、热点信息推送和及时推送等方式。在信息推荐中，用户模型和偏好模型、信息相关度计算、信息排序方式等这些模型的科学性和高效性，决定了推荐信息与用户需求的相关度。

上述因素是影响信息精准服务的重要因素。参与汇聚信息源数量和种类与具体背景密切相关，信息的质量与战场对抗环境、信息源的质量等密切相关。从信息精准服务的过程看，如果不考虑信息服务过程中的信息处理，那么信息源和信息质量一般不会发生改变。因此，这里主要考虑精准服务过程中的信息处理，忽略信息源和信息质量的影响。

9.2.2　信息精准服务的评估内容

信息精准服务质量体现在精准服务结果的质量和服务过程的质量两个方面。服务结果的质量主要指经过精准系统服务后，提供给用户的信息质量，更多体现在已有数据或信息资源的基础上，给用户分发或推荐其中用户最需要、质量最高、最完整的信息。精准服务过程的质量主要反映服务过程中，影响精准服务实现相关因素的质量，如时效性、自动化程度、服务过程的复杂性等。虽然服务过程时效性是精准服务过程质量的一个重要因素，由于其是服务质量评估的重点关注因素，这里对时效性单独进行分析。

9.2.2.1　服务过程质量

精准服务过程质量主要反映利用精准服务系统进行信息服务时，服务过程中关键性能的好坏。主要从以下四个方面考虑。

1）自主服务的程度

对于军事信息系统来说，自动精准服务是实现信息及时、精确推荐的最有效途径。

自动精准服务要求系统能够根据任务、用户的特征，自动、自适应地将相关信息汇聚给需要的用户，其过程突出和强调自动、自适应的服务过程。因此，精准服务过程的自动化程度是反映该过程的重要指标。

服务过程的自动化程度可利用自动服务指标来评估自主服务的程度。自服务度反映系统在服务过程中自动完成的程度，用户参与越少，自服务度就越高。

2）信息的可达性

精准服务系统发现相关信息后，主动推荐给用户，信息服务的最终结果是将用户所需的信息提供给用户。服务信息是否可达反映用户最终能否获得所需的信息。精准服务处理后的信息可达能力，决定了信息最终能否提交给用户端。

可利用可达度评价精准服务的可达性。影响信息可达的因素包括网络连接是否可达、用户能否正确地获得检索后的有用信息。网络连接是否可达主要由系统通信结构决定。用户能否正确地获得检索后的有用信息由系统对信息的组织、更新以及分发机制决定，这里主要考虑后一种情况。在军事信息系统中，在分布式对抗环境中，各信息源的状态会随时发生变化，因此，对于非实时信息的精准服务结果常受到各信息源的状态影响，仅对输出结果条目分析难以反映精准服务结果的最终状态。

针对这种情况，可达性可分解为错误链接率和死链接率。错误连接率主要反映最终提供给用户的信息与检索发现的信息不是同一内容，产生错误链接。死链接率则是系统根据推荐信息无法连接到相关内容，出现死链接情况。

3）信息的可信度

系统通过精准服务方式提供给用户的信息必须是可信的。精准服务信息是否可信取决于服务过程是否可信。

影响服务过程可信性的主要因素包括系统对抗外界入侵和干扰的能力，服务过程中安全保密的措施、精准服务系统本身的可靠性等。因此，服务过程的可信程度与系统的抗入侵性、安全保密性以及系统的可靠性密切相关。

定义可信度来评估信息的可信性。精准服务信息的可信度分解为抗入侵性、保密性和可靠性等指标。

4）信息服务对象的精确性

服务对象质量主要指信息精准服务过程中，信息服务时间以及服务信息提交对象选择的质量。信息服务对象质量反映系统根据任务特征和要求，分析在什么时间需要给哪些用户提供精准信息的能力。信息服务对象的精确性主要考虑信息精准服务中，服务时刻、为哪些对象提供精准信息、信息分发对象是否正确等方面。

信息服务对象的精确性从服务时刻准确性、用户选择准确性和分发对象精确性描述。

服务时刻精确性主要反映根据任务的执行过程和要求，系统能够自动区分不同时刻用户不同的需求。

用户选择对象准确性主要反映任务执行的要求以及任务完成人员的情况，系统自动确定需要进行信息汇聚用户的类型是否正确。

分发对象精确性主要反映针对任务需求和用户职责，系统将汇聚后信息分发给的用户是否正确。

9.2.2.2 精准服务内容质量

信息精准服务内容质量主要指精准服务信息的内容是否满足用户需求，这是信息精准服务中影响服务质量最关键的因素。

影响精准服务信息内容质量的因素主要包括信息是否全面、服务信息是否准确、是否满足不同用户的需求。

信息精准服务内容质量评估指标分为信息完整性、信息准确性和用户偏好满足度。不同精准服务模式评估指标有所差别。

1）人机交互服务模式

人机交互服务模式中，信息服务的内容主要由搜索引擎的性能决定。这里的信息完整性主要指信息搜索的查全率，信息准确性主要指信息搜索的查准率。

2）信息订阅服务模式

在信息订阅服务模式中，完备性指信息搜索的查全率，准确性指信息搜索的查准率。

3）信息自主推荐服务模式

在信息自主推荐服务模式中，完整性指推荐信息的全面程度，准确性指推荐信息的准确程度，体现自主推荐中精准服务的能力。

按照信息精准服务的过程，信息完整性和准确性主要受两个环节的影响：一是系统能够自动感知用户的需求；二是系统能够根据用户需求发现用户需要的信息。对于第一个环节，主要需要系统能实时感知任务、用户动态变化的状态，并能够根据感知信息自动生成和提取用户的需求。对于第二个环节，主要是针对形成的用户信息需求，系统能够在所属的信息资源集中发现满足用户需求的信息集。

9.2.2.3　时效性质量

信息精准服务的时效性决定精准服务输出的信息可用程度，直接影响用户对信息的利用程度以及对用户执行任务的支持。因此，时效性是影响信息精准服务质量的一个重要因素。信息精准服务过程所需的时间越短，信息精准服务的质量就越高。

信息精准服务可采用人机交互、信息订阅以及自主推荐服务三种服务模式，不同服务模式过程不同，因此，时效性指标也存在差别。

对于自主推荐服务模式来说，影响时效性的活动主要包括用户需求的确定、信息搜索、信息过滤和信息分发等。自主服务时效性分为用户需求确定时间、自主推荐中搜索时效性、信息过滤时效性以及自主推荐中分发时效性。

用户需求确定时间反映系统根据任务特点和要求，以及用户的相关信息，自动确定用户对任务信息需求的能力。用户需求确定时效性反映用户执行固定任务的需求确定时效性和用户任务变化后其需求确定的时效性。任务固定用户需求确定时间指在任务和用户职责已知情况下，系统确定用户需求的时间。任务变化用户需求确定时间是指任务和用户职责发生变化情况下，系统确定用户需求的时间。

自主推荐中搜索时效性与一般的搜索时效性相同，其性能主要取决于根据信息需求搜索到相关信息的时间。它与搜索引擎、搜索范围、信息的分类组织方式等密切相关。在推荐搜索中，信息搜索可采用全自动搜索和半自动搜索两种方式完成。全自动搜索是系统根据信息需求自动搜索到用户满意的信息，该过程不需要人工参与。半自动信息搜索是系统在搜索过程中，不仅根据系统产生的用户需求搜索，搜索过程还需要用户进行人工参与，才能得到用户满意的结果。

信息过滤时效性主要反映根据搜索得到的信息，针对用户的特点和偏好，进一步提取与用户密切相关的信息，实现精准服务的能力。信息过滤时效性主要取决于信息关联的时间和信息过滤的时间。

信息分发时效性主要反映实现信息自主推荐中，信息分发给用户的所需时间。信息分发时效取决于在信息自主推荐中，信息分发的策略和实现方式，并与完成信息分发的基础设施性能有关。

在信息精准服务中，对于时效性要求很高的信息，系统应该提供自动连续推荐能力，系统应该具备信息推荐对象继承的能力，即系统能够根据已经推荐给用户的信息，进一步将相关的信息自动推荐给用户，而不需要进行其他过程或操作。在军事信息系统中，对于连续变化的实时信息，如目标跟踪信息、战场态势信息等，在确定推荐用户的基础上，系统能够给用户持续推荐相关信息。当系统感知最新信息进入后，无须进行其他操作，系统自动将该类信息推荐给指定的用户。该过程反映系统连续推荐信息的能力，可采用系统连续推荐时效性来描述。系统连续推荐时效性也是影响汇聚时效性的重要因素。影响连续信息推荐时效性的因素主要是信息分发的机制，即实现对继承用户分发所需信息的策略和方法。

此外，信息精准服务结果的输出方式也是反映服务质量的关键因素。

9.2.3　信息精准服务的指标体系

9.2.3.1　指标体系的构建原则

选择合适的评估指标体系并使其量化，是做好信息精准服务质量评估的关键。参考一般评估指标的建立原则，在选择和构建信息精准服务质量评估指标体系时，也应该把握以下原则：

（1）针对性。评估指标要面向信息精准服务过程和用户对精准服务的需求，针对精准服务过程中不同问题选择不同的评估指标。

（2）一致性。一致性指建立的评估指标必须与评估的目标和分析的目的相一致。

（3）敏感性。选用的信息精准服务评估指标应具有区分不同的精准服务系统和精准服务模式的能力。当不同的系统或方案中服务策略、机制和方法等发生改变时，评估指标应对这些变化敏感，指标能够对这些变化产生不同的变化。

（4）可测性。所选的评估指标能够定量表示，定量值能够通过数学计算、平台测试、经验统计等方法得到。

（5）完备性。各指标不能重复出现，且任何一个影响精准服务质量的指标都应出现在指标属性集中，选择的指标应能覆盖分析目标所涉及的范围。

（6）客观性。所选的指标能客观地反映精准服务过程中内部各环节的变化，正确反映精准服务过程的本质和各方法的能力，不应因人而异。

（7）简明性。选择的指标应是易于用户理解和接受的，这样便于形成共同语言。

（8）独立性。精准服务质量评估指标应尽可能地相互独立。

影响精准服务质量的因素很多，在选择评估指标时要注意，评估指标并不是越多越好，关键在于指标在评估中所起作用的大小。如果评估时指标太多，不仅增加了评估过程的复杂性，甚至会影响评估结果的客观性。所以根据评估的对象、目的要求，在对评估问题分析的基础上，筛选除去对评估目标不产生直接影响的指标。所确定的指标项应是面向用户，汇聚过程中的细节不应该详细考虑。此外，指标之间尽量减少交叉，各项指标应相互独立，不应互相包容，指标应便于准确理解和实际度量。

指标的确定需要在动态过程中反复综合平衡，有些指标可能分解，有些需综合或删除。

信息精准服务质量评估指标体系构建完成后不是一成不变的，会随着评估对象、任务、要求的改变而发生变化。

指挥信息系统效能指标获取方法主要有专家评定法、试验统计法、解析法、作战模拟法。各类方法都有一定的应用范围和优缺点。在指标构建中，可以根据实际情况选择相应的方法。

9.2.3.2　评估指标体系

根据前面的分析得到的信息精准服务质量评估内容以及影响因素的基础上，进一步分析、综合、去重、去相关，建立信息精准服务质量评估指标体系如图9.1所示。

信息精准服务质量指标体系分解为过程高效性、服务准确性和结果可用性。该指标体系基本上涵盖了信息精准服务的全过程。其中：过程高效性主要是针对精准服务系统实现效率的评估；其他两类指标主要是从用户的角度来评判精准服务过程质量。

1）过程高效性

过程高效性指信息精准服务过程中，系统自主服务过程的效率。对于信息精准服务来说，除了精准服务输出结果的质量外，精准服务过程的效率是反映系统方案质量的重要指标。这个指标主要反映精准服务系统实现方案的好坏。

指挥控制信息精准服务

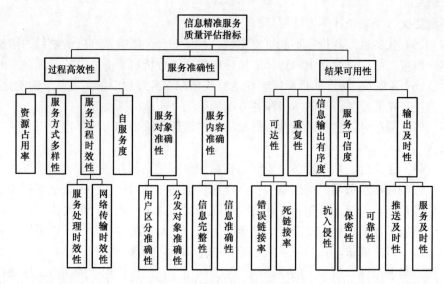

图 9.1　信息汇聚质量指标体系

根据精准服务过程的特点，过程高效性分解为资源占用率、服务方式多样性、服务过程时效性、自服务度四个子指标。

（1）资源占用率是指在信息精准服务过程中，各环节对系统各类资源的占用程度。对于信息精准服务系统来说，完成相同的服务内容和任务，占用的资源越少越好。这里重点关注精准服务过程中对网络资源、内存资源以及 CPU 资源等的占用程度。

（2）服务方式多样性主要是指在信息精准服务系统提供信息服务方式的多少。系统提供的服务方式越多，信息精准服务的效率越高。

（3）自服务度是指信息精准服务服务过程自主或自动化程度。自服务度可以通过精准服务过程中人工干预程度（次数）来度量。

（4）过程时效性是指在精准服务过程中，系统完成某一任务所需各类信息（通过实时推送或非实时汇聚）并提交给用户所消耗的时间。根据信息的特点可以分为实时信息自动连续推荐时效性和非实时信息汇聚时效性。

根据信息精准服务过程中信息处理的特点，将服务过程时效性分为网络传输时效性和服务处理时效性。网络传输时效性是指在信息汇聚过程中，相关信息在网络上传输的时效性。服务处理时效性主要是指针对精准服务过程中的各环节，各环节处理汇集相关信息所需的时间。

在实际评估中，为了分析具体各环节的时效性，可根据精准服务过程对服务处理时效性进行分解，如可分为需求解析时效性、检索时效性、过滤时效性和分发时效性四个指标。

需求解析时效性是指系统根据任务要求和用户特点，确定用户对任务信息需求的过程所消耗的时间。需求解析时效性可采用用户需求确定时间计算。在信息精准服务系统中，用户需求确定时间与需求解析模型相关。

检索时效性是指系统根据用户需求搜索到相关信息所需时间。检索时效性可采用搜索时间来计算。搜索时间主要与搜索引擎性能、信息组织分布、索引构建策略等相关。不同的精准服务模式时效性指标的关联因素存在差别。

过滤时效性是指在信息检索结果基础上，进行信息过滤的时间。过滤时效性与用户行为分析、用户特征提取等过程相关。过滤时效性可采用过滤时间来计算。

分发时效性是指将过滤后的信息结果分发给指定用户的时间。分发时效性与信息分发的机制和策略密切相关，分发时效性可采用分发时间来计算。

2）服务准确性

服务准确性指在信息精准服务中，信息精准服务输出结果能够准确反映用户对信息需求的程度。服务准确性一方面向准确的用户推荐信息，二是向用户推荐的信息满足用户需求。因此汇聚准确度包括服务对象准确度和服务内容准确度。

（1）服务对象准确性指在信息精准服务过程中，系统自动选择和区分不同用户的能力。服务对象准确度可分解为用户区分精确度和分发对象准确度两个指标。

① 用户区分准确性指系统针对任务需求、任务执行对象，正确区分不同用户的能力。用户区分准确度可以用系统实际服务对象类型（且必须存在于任务实际需要类型中）与实际任务需要对象类型之间的比值来计算。

② 分发对象准确性指系统将汇聚结果准确分发给正确用户的能力。分发对象准确度可以用系统实际准确推荐信息的用户数（且必须存在于任务实际需要用户中）与实际任务需要用户数之间的比值来计算。

服务对象准确性与系统自动感知用户及其状态能力密切相关。

（2）服务内容准确性指精准服务输出结果满足用户对信息的需求程度。服务内容准确度包括信息完整性和信息准确性。

① 信息完整性与搜索引擎评估指标——查全率类似，指系统中与用户需求相关的信息是否完整的提供给用户。该指标反映系统提供给用户的相关信息占系统中所有相关信息的比率。信息完整性可用提供给用户的相关信息的数量与系统中所有相关信息的数量的比率来计算。

② 信息准确性指提供给用户的信息满足用户需求的程度，与通常所的查准率类似。信息准确性可用提供给用户的信息中，满足用户需求的数量占提供给用户信息总数量的比率来计算。

3）结果可用性

结果可用性是指精准服务系统提交给用户的结果对用户执行任务的支持能力，主要是针对用户对输出结果的使用效率和便捷性来评估。结果可用性分解为可达性、重复性、信息输出有序度、可信性、服务及时性。

（1）可达性是指精准服务输出信息能够正确达到用户端的程度。可达性进一步分解为错误链接率和死链接率两个子指标。

① 错误链接率是指用户能够正确获取系统搜索到的相关信息的程度。错误链接率可以通过错误链接次数来评估。

② 死链接率是指用户不能获取统搜索到的相关信息的程度。死链接率可以通过不能成功链接的次数来评估。

（2）重复性指精准服务输出结果输出中，结果项出现内容重复的程度。

（3）信息输出有序度是指精准服务输出结果的排列顺序与输出结果与用户需求实际相关程度的匹配程度。

（4）可信度是指精准服务系统输出信息可以被信赖的程度。可信度可分解为系统抗入侵性、保密性及可靠性三个子指标。其中：抗入侵性是指汇聚系统抵抗和防御外部入侵的程度；保密性是指精准服务系统安全保密的程度；可靠性是指精准服务系统正常运行的能力。

（5）输出及时性是指信息精准服务结果输出给用户的时效性。与信息精准服务过程不同，结果及时性主要从应用的角度来评估系统能否在用户对信息需求时间及时提供精确信息，关注的是用户产生需求时，系统能够立刻为用户提供其所需要信息的能力。而信息精准服务过程时效性主要是分析精准服务系统完成精准服务过程所需要的时间。

根据输出及时性的含义，将输出及时性分解为推送及时性和服务及时性。

① 推送及时性是指主要针对以推送和订阅方式推送实时性非常高的信息的过程。推送及时性评估接收到实时信息与用户得到实时信息的时间延时。

② 服务及时性是指精准服务结果输出的时间满足用户对信息需求时间的程度。对于用户触发服务模式，输出结果的及时性主要是指系统返回结果的及时性。对于系统主动推荐服务模式，结果及时性主要是指精准服务结果输出时间满足用户对信息需求时间的程度。

输出及时性指标体现汇聚对多任务、多用户同时提供精准服务时的时效性能力。

上述指标体系在使用中，需要针对不同的问题和服务模式从上述指标体系中裁剪。如对于用户触发服务模式来说，信息完整性、用户对象精确度指标可以裁剪。

9.3 信息精准服务质量评估方法与模型

9.3.1 信息精准服务质量评估过程

由于信息精准服务质量与具体的任务和用户对信息的需求密切相关，因此，对信息精准服务质量的评估一定要结合任务需求分析。因此，评估数据的产生需要具体任务执行系统和用户的支持。

针对搜索引擎、信息检索等评估问题，国际上已经形成公认的标准测试集，这样为测试与评估提供基本的测试样本。目前，针对信息汇聚或信息精准服务还没有形成国际上公认的标准测试集，因此，对信息自汇聚质量的评估可采用基于非标准测试集评估方法和基于标准集的评估方法。

基于标准集的信息汇聚评估方法，首要问题是建立相对客观、科学的标准测试集。由于自汇聚质量与任务和用户需求是密切相关的，短时间内难以形成通用的标准测试数据，因此在构建标准测试集时，可针对所研究问题的特定领域，在领域专家和典型用户的支持下，针对特定任务和过程，建立标准数据集、标准测试题以及标准答案，形成针对特定领域的标准集。

信息精准服务质量评估过程如图 9.2 所示。其中：图 9.2（a）是基于非标准测试集的评估过程；图 9.2（b）是基于标准集的评估过程，基于标准集的评估过程与其他基于标准集的评估类似。

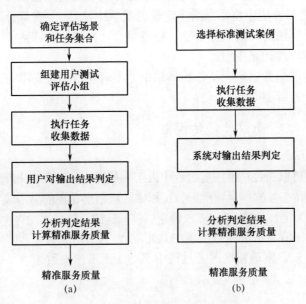

图 9.2　信息精准服务质量评估过程

非标准评估过程主要包括以下步骤：

（1）确定评估场景和任务集。在任务执行系统的支持下，分析评估的要求，确定典型的测试场景；同时根据典型测试场景，分析典型场景下完成的任务集合，设计测试任务集。

（2）组建用户测试评估小组。在明确测试场景和任务集的基础上，根据任务执行的用户，确定参加测试评估的用户，组建测试评估小组。由于用户要参与对汇聚结果的评判，因此，必须选择典型、经验丰富并且参与任务的用户，也可选择相关领域专家参与评判。

（3）执行任务，收集数据。依托任务执行系统，在任务执行的过程中，同时收集任务执行中信息精准服务结果并保存。

（4）用户对输出结果判定。评估系统针对收集的精准服务输出结果，由用户组根据实际需求进行相关的判定。同时保存用户判定的结果。

（5）分析判定结果，计算精准服务质量。根据用户的判定数据，以及输出结果，利用评估模型计算精准服务质量评估各指标值。

基于标准集的评估过程与基于非标准集的评估过程类似。基于标准集的评估过程主要是由系统根据标准测试集的测试结果，自动判定。

9.3.2 信息精准服务质量评估指标计算

按照一般指标评估的思路，针对前面定义的信息精准服务质量评估指标体系，将信息服务质量指标评估分为底层指标评估和上层综合指标（对应综合评估）。在底层指标评估中将尽量给出定量的数学计算方法。在综合评估中可根据具体要求，选择现有的层次分析法、模糊综合评判等综合评估方法。本节主要讨论各底层指标的计算模型。

在信息精准服务质量评估指标体系中，不同的指标含义不同，因此具体的计算方法也会有所不同。

9.3.2.1 过程高效性评估模型

1）自服务度

自服务度可以通过精准服务过程中人工干预程度（次数）来度量。服务过程人工干预次数指在一次信息精准服务过程中（从用户存在信息需求到用户获取满意的汇聚信息为止），用户参与需求确定、信息反馈、信息过滤等过程的次数。

设在第 i 次信息精准服务需求中共完成 N_i 次信息服务，其中用户参与（干预）的次数为 n_i，则该精准服务过程中平均人工干预次数为

$$n^{(i)} = \frac{n_i}{N_i}$$

在评估过程中，该指标主要是针对非用户触发的信息模式，重点评估服务模式下的自主服务程度。

对于任务 j 来说，所有用户在完成任务中，用户精准服务需求次数为 N_j，设第 i 次信息精准服务需求平均用户干预次数为 $n^{(i)}$，则

$$n_{\text{auto}}^{(j)} = \frac{\sum_{i=1}^{N_j} n^{(i)}}{N_j}$$

在实际评估中，由于要完成一次有效的信息精准服务过程常包括用户提交需求、系统主动推送、用户订阅等多种方式，难以区分用户干预的次数。因此，可采用以下指标来评估自服务度：

（1）自动感知用户行为类型的数量；

（2）是否自动生成用户的需求；

（3）自动区分用户类型的数量；

（4）自动区分任务类型的数量。

2）资源占用率

资源占用率指精准服务过程中系统消耗各类资源的程度。资源占用率可用网络资源带宽占用率、CPU 占用率和内存占用率三个指标来度量。

设在执行信息精准服务过程$[T_1, T_2]$时间段内，采样时间点为 N 个，每个时间采样点得到的各类资源的占用率分别为 R_i，其中 i=1, 2, 3，i 分别表示是网络资源带宽占用率、CPU 占用率和内存占用率。则在$[T_1, T_2]$区间内，三类资源的占用率分别为

$$\overline{R_i} = \frac{\sum R_i}{N}$$

在具体评估计算中，网络资源带宽占用率、CPU 占用率和内存占用率依靠对精准服务系统中各种资源监测得到。

3）服务方式多样性

服务方式的多样性可用精准服务过程中，所提供汇聚方式或手段的数量来度量。

4）服务过程时效性

服务过程所需要的时间包括信息在网络上传输的时间，以及汇聚各环节处理时间。因此服务过程时效性主要由网络传输时效性和服务处理时效性决定。

网络传输时效性反映汇聚过程中，信息在网络上传输所消耗的时间。该指标可由汇聚过程相关信息在网络中传输所需的时间来计算。网络传输时间受网络信息流量的影响较大。精准服务处理时效性重点关注精准服务各环节处理所需要的时间，可以根据需求解析、搜索、过滤及分发等过程分为用户需求解析时效性、检索时效性、过滤时效性和分发时效性四个指标。

在具体评估计算中，如果不关注各环境的性能指标，精准服务过程的时效性由信息精准服务总时间计算，即通过用户提交信息需求或系统根据任务解析形成信息需求的时刻与用户获得满意信息时刻的差计算。

设在第 i 次精准服务过程中，用户提交信息需求的时间或系统解析需求并提交需求的时间为 $t_0^{(i)}$，用户端接收到精准服务输出结果的时间为 $t_1^{(i)}$，则第 i 次精准服务过程的时效性为

$$T^{(i)} = T_1^{(i)} - T_0^{(i)}$$

在 N 次精准服务过程中，信息精准服务过程平均时效性为

$$T = \frac{\sum_{i=1}^{N} T^{(i)}}{N}$$

由于网络传输时间不易测量，网络传输时间利用信息精准服务总时间与服务处理时间计算，即网络传输时间等于精准服务过程总时间与服务处理时间差。

9.3.2.2 服务准确性指标评估模型

1）用户选择准确性

用户选择准确性主要是指在信息实时推送环节，系统根据任务需要，确定向哪些用户推送信息的准确程度。该指标主要是针对主动推送汇聚方式的评估。

按照用户选择准确性的定义，用户选择准确性可以利用正确区分用户类型的程度来描述。

对于任务 i 来说，完成该任务的不同信息需求的用户 $C_0^{(i)} = [p_1, p_2, \cdots, p_n]$，其中，$p_j$ 为完成该任务所必需的第 j 类用户，即任务下达后用系统提出信息获取申请的用户类型。系统自动分发给的用户 $C_1^{(i)} = [p_1', p_2', \cdots, p_m']$，其中，$p_j'$ 为经过系统判断认为应该向其推送信息的第 j 类用户。

对于任务 i 来说，用户选择准确性 C 计算过程如下：

根据二分法判断同时存在于 $C_0^{(i)}$ 和 $C_1^{(i)}$ 中的用户，并计入 $C_{\text{cor}}^{(i)}$。则

$$C^{(i)} = \frac{\left| C_{\text{cor}}^{(i)} \right|}{\left| C_0^{(i)} \right|}$$

式中：$\left| C_{\text{cor}}^{(i)} \right|$、$\left| C_0^{(i)} \right|$ 分别为 $C_{\text{cor}}^{(i)}$、$C_0^{(i)}$ 中用户的个数。

在实际评估过程中，当实时信息推荐系统和用户确定了推送某类信息关系，当有该类信息出现时，其用户选择准确度为 1。当事先推送关系没有确定，而需要推送系统根据任务需要，自行分析推送用户时（如主动推荐模式），其用户选择准确度可按照上述方法计算。

2）分发对象准确性

分发对象准确性主要是指系统根据任务需要，将实时或汇聚信息分发给正确用户的程度。该指标主要是针对信息订阅服务模式和主动推送模式的评估。

分发对象准确性是指系统将精准服务或实时信息分发给正确用户的程度。按照分发对象准确度的定义，分发对象准确性的可以利用将精准服务信息正确分发给对象用户的程度来描述。

对于某信息 i 来说，对它有信息需求的用户 $U_0^{(i)} = [p_1, p_2, \cdots, p_n]$，其中，$p_j$

为有该信息需求的第 j 类用户。系统自动分发给的用户 $U_1^{(i)}=[p_1',p_2',\cdots,p_m']$，其中， p_j' 为经过系统主动向其推送信息的第 j 类用户。

对于信息 i 来说，分发对象精确性 U 计算过程如下：

根据二分法判断同时存在于 $U_0^{(i)}$ 和 $U_1^{(i)}$ 中的用户，并计入 $U_{\text{cor}}^{(i)}$ 。则

$$U^{(i)}=\frac{\left|U_{\text{cor}}^{(i)}\right|}{\left|U_0^{(i)}\right|}$$

式中： $\left|U_{\text{cor}}^{(i)}\right|$ 、 $\left|U_0^{(i)}\right|$ 分别为 $U_{\text{cor}}^{(i)}$ 、 $U_0^{(i)}$ 中用户的个数。

在实际评估过程中，对于用户触发服务模式和订阅推送服务模式来说，信息需求对象是明确的，因此分发对象是确定的。在这两种模式的信息服务模式中，分发对象准确度为 1。在其他服务模式中，分发对象准确度可按照上述算法计算。

3）信息完整性

信息完整性是指系统提供给用户的相关信息数占系统中所有相关信息数的程度。信息完整性又称信息查全率，可用提供给用户的相关信息的数量与系统中所有相关信息数量的比率来计算。

根据完整性的计算方法不同，将信息完整性分为绝对完整性和相对完整性。

（1）绝对完整性。设第 i 次信息精准服务过程中在所有数据集，满足这次精准服务要求的信息集合 $A=\{x_1,x_2,\cdots,x_{\text{NA}_0^{(i)}}\}$ ，其中， $\text{NA}_0^{(i)}$ 为该集合 A 元素的数量。系统精准服务输出的信息集合 $B=\{y_1,y_2,\cdots,y_{\text{NA}_1^{(i)}}\}$ ，其中， $\text{NA}_1^{(i)}$ 为集合 B 中元素的个数。设集合 A 与集合 B 中交集元素的个数为 $\text{NA}_2^{(i)}$ ，则第 i 次信息精准服务过程中，信息绝对完整性为

$$R^{(i)}=\frac{\text{NA}_2^{(i)}}{\text{NA}_0^{(i)}}$$

在 N 次精准服务过程中，平均信息完整性为

$$R=\frac{\sum_{i=1}^{N}R^{(i)}}{N}$$

按照上述计算方法，绝对完整性评估需要测试集或标准集。针对标准数据集，根据典型的测试案例建立满足典型案例标准信息集 A 。

（2）相对完整性。一般来说，构建标准数据集并形成针对测试案例的标准集难度和工作量都较大。特别是对于指控信息的精准服务，更是难以构建标准测试数据集。在没有标准测试数据的情况下，结合精准服务系统能够主动根据任务和需求向用户提供信息的特点，采用相对完整度的概念来计算信息完整性。

相对完整性主要是指针对精准服务过程，比较系统得到任务后自动汇聚给用户的信息与用户针对该次任务进行多次主动检索所得到的信息之间的比较，即把用户多次主动检索得到的、自认为是满意的信息集合作为相对标准数据集 B，用集合 B 代表所有与用户相关的信息数。而通过自汇聚得到的信息推荐集合 A 中有多少出现在集合 B 中，即表示精准服务结果中有多少是与用户需求相关的，通过这两个集合的比较，可计算相对信息完整性。

相对完整性的计算方法如下：

针对下达给某用户的某一任务 i，系统通过分析任务及需求，系统主动为用户提供精准服务，系统提供给用户输出的信息集合为 A。用户根据下达的任务通过主动要求获得信息集合为 B。假设同时存在于 A 和 B 中的信息个数为 $R_{\text{rel}}^{(i)}$，集合 B 信息个数为 $R_{\text{all}}^{(i)}$，则针对第 i 次任务的信息相对完整性为

$$R^{(i)} = \frac{R_{\text{rel}}^{(i)}}{R_{\text{all}}^{(i)}}$$

自动化判断集合 A 和 B 的交集的元素个数的基本思想如下：

检索结果的信息分为结构化数据和非结构化数据，假设信息 I 来自集合 A，信息 J 来自集合 B，判断该两个信息是否相同，当信息 I 和信息 J 均为结构化数据时，比较它们的 KEY 值即可。当信息 I 和信息 J 均为非结构化数据时，需要比较它们的统一资源标识符（Uniform Resource Identifier，URI）值是否相同即可。

在 Web 上可用的每种资源，均有一个 URI 定位，统一资源定位符（Uniform Resource Location，URL）和统一资源名称（Uniform Resuource Name，URN）均是 URI 的一个子集。部署在栅格网上的资源的定位标识采用的是 URI。结构化数据的 KEY 和非结构化数据的 URI 能够唯一标识该信息。故可用其作为比较数据。

本例利用二分法设计比较两个集合相同信息数，见算法 9.1。

算法 9.1 二分法判断不同集合相同元素个数算法

Input：信息集合 A，信息集合 B；集合 A 元素个数 m，集合 B 元素个数 n；

Output：返回集合 $C = A \cap B$ 的信息个数；

step1：**Order(A)，Order(B)**

   //Order(x)为排序算法，按照 KEY 和 URI 由小到大（首数字或字母，若首字母或首数字相同，则判断第二个字母或数字，依次类推）顺序分别排列排序，其中结构化数据在前，非结构化数据在后，返回集合 A，B 的结构化信息个数分别为 m_1, n_1 //

step2：$a = 1, b = n_1, k = 0$；

step3：**for** $(i = 1, i \leqslant m_1, i++)$ //比较结构化数据相同个数

  { while$(a \leqslant b \,\&\,\& A[i]\,! = B[\lfloor (a+b)/2 \rfloor])$ //$\lfloor (a+b)/2 \rfloor$ 表示取整

   { if$(A[i] < B[\lfloor (a+b)/2 \rfloor])$

$$b = \lfloor (a+b)/2 \rfloor$$

$$\text{else}(A[i] > B[\lfloor (a+b)/2 \rfloor])$$

$$a = \lfloor (a+b)/2 \rfloor$$

}

$$\text{if}(A[i] = B[\lfloor (a+b)/2 \rfloor])$$

k=k+1

}

}

step4: $a = n_1, b = n, l = 0$;

step5: **for** $(i = m_1, i \leqslant m, i + +)$ //比较非结构化数据相同元素个数

{ while$(a \leqslant b \&\& A[i] != B[\lfloor (a+b)/2 \rfloor])$ //$\lfloor (a+b)/2 \rfloor$ 表示取整

{ if$(A[i] < B[\lfloor (a+b)/2 \rfloor])$

$$b = \lfloor (a+b)/2 \rfloor$$

$$\text{else}(A[i] > B[\lfloor (a+b)/2 \rfloor])$$

$$a = \lfloor (a+b)/2 \rfloor$$

}

$$\text{if}(A[i] = B[\lfloor (a+b)/2 \rfloor])$$

l=l+1

}

step6: return   k=k+1

对于不同用户和不同任务得到的相对完整度统计平均，即可得到平均相对完整度。

4）信息准确性

信息准确性是指提供给用户的信息满足用户需求的程度，又称查准率。

信息准确性可用提供给用户的信息中，满足用户需求的数量占提供给用户信息总数量的比率来计算。

根据信息准确性评价方法不同，分为绝对准确性和相对准确性。

（1）绝对准确性。设第 i 次信息汇聚过程中，在所有数据集已知满足这次精准服务需求的信息集合 $A = \{x_1, x_2, \cdots, x_{\mathrm{NA}_0^{(i)}}\}$，其中，$\mathrm{NA}_0^{(i)}$ 为该集合 A 元素的数量。系统精准服务输出的信息集合 $B = \{y_1, y_2, \cdots, y_{\mathrm{NA}_1^{(i)}}\}$，其中，$\mathrm{NA}_1^{(i)}$ 为集合 B 中元素的个数。设集合 A 与集合 B 中交集元素的个数为 $\mathrm{NA}_2^{(i)}$，则第 i 次信息精准服务过程中，信息绝对准确性为

$$P^{(i)} = \frac{\mathrm{NA}_2^{(i)}}{\mathrm{NA}_1^{(i)}}$$

在 N 次精准服务过程中，平均信息完整性为

$$R = \frac{\sum_{i=1}^{N} P^{(i)}}{N}$$

按照上述计算方法，绝对准确性评估需要测试集或标准集。同时需要针对标准数据集，根据典型的测试案例，分别建立满足典型案例标准信息集，建立的标准集为集合 A。

在实际评估中，由于缺少标准数据集，无法按照上述方法计算绝对准确性。因此在实际评估中，选用相对准确性来计算。

（2）相对准确性。

① 基于统计学方法的信息准确性评估算法。

在抽样统计中，统计值大致分为类样本平均数和比率。类样本平均数主要是指平均数、中位数、众数等数据。而比率则是在总体中含有某种特征的元素所占比例。

对于总体比率 p 推断，满足如下的样本比率抽样分布规律：

规律一：对于任意一个总体比例 π 的二项分布总体随机抽样，当样本容量足够大时，样本比率逼近于以 μ_p 为期望值，σ_p^2 为方差的正态分布。

规律二：在给定置信系数 $1-\alpha$ 和抽样误差 e 的条件下，需要的抽样样本数 $n = \frac{z^2}{4e^2}$，此时可以保证总体估计值 π 落在 $\left[p - z\sqrt{\frac{p(1-p)}{n}}, p + z\sqrt{\frac{p(1-p)}{n}} \right]$ 的概率不小于 $1-\alpha$。

其中：z 为与所希望的置信系数 $1-\alpha$ 相对应的标准正态差；可以通过查表求得；p 为样本统计值。

该规律表明在给定置信系数 $1-\alpha$ 和抽样误差 e 时，抽样的样本数与总体数无关，只由 z 和 e 决定。

证明如下：

在估计总体比率 π 时，在所希望的置信系数 $1-\alpha$ 和所允许的抽样误差 e 的条件下，样本估计值 p 与实际总体的比率 π 的误差应在允许的最大抽样误差范围内，即

$$| p - \pi | \leqslant e$$

$$e = z \cdot \sigma_p = z \cdot \sqrt{\frac{p(1-p)}{n}}$$

由上式可解出 n 为

$$n = \frac{z^2 p(1-p)}{e^2}$$

式中：e 为允许的抽样误差；z 为与所希望的置信系数 $1-\alpha$ 相对应的标准正态

差，均可通过查表求得。n 为抽样统计的样本数。但 p 是未知的。为解决这个问题，可以采取保守一些的做法。即为了满足所期望的置信系数和允许的抽样误差，可以适当地放大样本容量的取值。

函数 $f(p) = p(1-p) = p - p^2$（p 为自变量）是一个开口向下的抛物线，它在 $p = \dfrac{1}{2}$ 处达到最大值，最大值为 0.25。所以把 $n = \dfrac{z^2 p(1-p)}{e^2}$ 的分子放大到最大值，即得到下面计算样本的公式

$$n = \frac{z^2}{4e^2}$$

这个公式计算出的 n 可以满足所要求的可靠程度和精确度。

信息准确度是指信息精准服务结果中与用户需求相关的信息数和总输出的信息数之间的比值。因此信息准确度为一个比率值，整个数据集中的数据与查询条件只有相关和不相关两种情况。根据规律二可以确定抽样统计的样本数，用抽样样本值来估计真实值。

根据统计学方法估计信息准确性的具体步骤如下：

第一步：给定置信系数（如 90%）和抽样误差（如 0.05），根据前面公式可以推断出完成对总信息准确度评估的样本容量。

第二步：根据样本容量 n，在精准服务输出结果中，使用随机抽样的方法进行抽取 n 个样本，完成样本采集。

第三步：通过用户根据任务执行的需要，判定 n 个样本的满意度，可获得 n 个样本中与用户满意的信息数量 m。

第四步：计算样本统计值，即

$$p = \frac{m}{n}$$

第五步：根据样本统计值计算总体实际值置信区间，即

$$\left[p - z\sqrt{\frac{p(1-p)}{n}}, p + z\sqrt{\frac{p(1-p)}{n}} \right]$$

最后即可以认定给定置信系数（如 90%）情况下，这次信息精准服务结果的信息准确度落在区间 $\left[p - z\sqrt{\dfrac{p(1-p)}{n}}, p + z\sqrt{\dfrac{p(1-p)}{n}} \right]$，并且误差不超过给定的抽样误差（如 0.05）。

第六步：信息准确性的定义。用户可以根据 $\left[p - z\sqrt{\dfrac{p(1-p)}{n}}, p + z\sqrt{\dfrac{p(1-p)}{n}} \right]$ 的值，给出信息准确性。用户可选择 $p + z\sqrt{\dfrac{p(1-p)}{n}}$ 作为信息准确性评估值，

也可选择 $p-z\sqrt{\dfrac{p(1-p)}{n}}$ 作为信息准确性评估值，或者是取区间的中间值。

② 前 N 项准确性评估方法。

在信息精准服务结果中，特别是精准服务输出结果数量很多的情况下，用户不可能对全部输出结果逐一进行浏览，而只是对输出结果的前 N 个结果感兴趣，因此只需要对前 N 个结果的准确性进行评估即可。因此，选用"前 N 项准确性"来表示信息准确性。

"前 N 项准确性"，即精准服务输出结果中前 N 个结果中满足用户需求的程度。可用前 N 个信息中符合用户信息需求的信息数量与前 N 个信息结果总数的比值计算。某个信息项是否满足用户对信息的需求，必须由用户根据需求来判定。

假设第 i 次精准服务，系统输出结果的信息数为 M，用户只对前 N 条信息感兴趣，前 N 条中与用户需求相关的信息数为 $P_N^{(i)}$，前 N 个信息结果的信息准确性为

$$P^{(i)} = \frac{\sum_{i=1}^{N} P_N^{(i)}}{N}$$

针对不同需求、不同用户进行信息精准服务，得到多次前 N 个结果的信息准确性 $P^{(i)}$，对 $P^{(i)}$ 求统计平均，得到前 N 个结果的平均信息准确性。

9.3.2.3　结果可用性

1）可达性

可达性分解为错误链接率和死链接率两个子指标。

（1）错误链接率是指用户按照精准服务输出结果获得的信息内容与输出结果项不符的程度。按照错误链接率的定义，可利用错误链接次数评估该指标。

在实际应用中，由于用户一般关注精准服务输出结果的前 N 个，因此，错误链接率采用相对的概念，主要以前 N 个结果的错误链接率代替。

设在第 i 次精准服务过程前 N 个输出结果中用户获得错误链接信息的数量为 $N_{\text{err}}^{(i)}$，则第 i 次精准服务中，前 N 个结果的错误链接率为

$$E_{\text{link}}^{(i)} = \frac{N_{\text{err}}^{(i)}}{N}$$

设一次评估中完成信息精准服务总的次数为 Num，第 i 次精准服务的错误链接率为 $E_{\text{link}}^{(i)}$，则平均错误链接率为

$$E_{\text{link}} = \frac{\sum_{i=1}^{\text{Num}} E_{\text{link}}^{(i)}}{\text{Num}}$$

（2）死链接率是指用户不能正常链接并获取相关信息的程度。根据死链接

率的定义，可利用输出结果中不能成功链接的信息项来计算。

在实际应用中，由于用户一般使用精准服务输出结果的前 N 个，因此，错误连接率主要以前 N 个结果的错误链接率代替。

设在第 i 次精准服务过程中系统精准服务到相关信息的总数量为 $N_0^{(i)}$，在前 N 个输出结果中用户获得死链接信息的数量为 $N_{\mathrm{d}}^{(i)}$，则第 i 次精准服务中前 N 个结果的死链接率为

$$D_{\mathrm{link}}^{(i)} = \frac{N_{\mathrm{d}}^{(i)}}{N}$$

设信息精准服务的次数为 Num，第 i 次精准服务的死链接率为 $D_{\mathrm{link}}^{(i)}$，则平均死链率为

$$D_{\mathrm{link}} = \frac{\sum\limits_{i=1}^{\mathrm{Num}} D_{\mathrm{link}}^{(i)}}{\mathrm{Num}}$$

2）重复度

重复度是指精准服务输出结果中重复结果所占的比率。

设第 i 次精准服务输出 $N^{(i)}$ 个结果中，判定为重复的结果数量为 $M^{(i)}$，则第 i 次输出结果的重复度为

$$R^{(i)} = \frac{M^{(i)}}{N^{(i)}}$$

K 次信息精准服务过程输出结果的平均重复度为

$$R = \frac{\sum\limits_{i=1}^{K} R^{(i)}}{K}$$

3）信息输出有序度

信息输出有序度是指精准服务输出结果的排列顺序与用户需求实际相关程度的匹配程度。相关度越强的信息项应该排在相关度弱的信息项前面。

设第 i 次精准服务输出 $N^{(i)}$ 个结果，其中用户对排序号为 j 的结果的相关性评价为 $r^{(j)}$，则第 i 次精准服务数据有序度为

$$\mathrm{Rel}^{(i)} = \sum_{j=1}^{N^{(i)}} \frac{2r^{(j)} - 1}{\log_2(j+1)}$$

K 次信息精准服务过程输出结果的平均信息输出有序度为

$$\mathrm{Rel} = \frac{\sum\limits_{i=1}^{K} \mathrm{Rel}^{(i)}}{K}$$

4）服务可信度

服务可信度的三个指标为抗入侵性、保密性以及可靠性，这三个指标由专

家根据信息精准服务系统的组成和结构采用打分方式定性评估。

5）输出及时性

输出及时性反映系统能否及时进行信息精准服务并将结果信息提交给用户，分为推送及时性和服务及时性。

（1）推送及时性。针对推送服务模式，推送及时性通过系统推送给用户信息的时刻与用户需要相关信息时刻的差来计算。

在实时精准服务中，推送及时性用自动连续推荐信息时效性来描述。自动连续推荐信息时效性指系统根据确定的信息推荐对象，连续推荐信息的及时性，主要反映根据推送策略，点对点连续信息推荐的及时性。

设对于拥有确定推荐关系（订阅模式）的第 j 个节点来说，某任务信息 i 到达或产生的时刻为 t_{i0}，用户获得该信息时刻为 t_{i1}，则该次自动连续推荐信息及时性为

$$T_j^{(i)} = t_{i1} - t_{i0}$$

则第 j 对节点连续 N 次进行自动信息推荐的时效性为

$$T_j = \frac{\sum_{i=1}^{N} T_j}{N}$$

设共有 M 对拥有推荐关系的节点，则平均自动连续推荐信息时效性为

$$T = \frac{\sum_{i=1}^{M} T_j}{M}$$

（2）服务及时性。信息精准服务结果及时性反映系统能否及时进行信息精准并将输出信息提交给用户。

信息开始搜索、信息推送或者分发的时刻是可以从系统日志中得到，而用户需求该信息的时刻是一个主观意识的判断，这里拟用任务下达给用户的时刻代替，用户获得任务时刻即对获取信息产生了需求。

假设对于任务 i，任务分解后下达给用户 j 的时刻为 $t_0^{(i,j)}$，而信息推送给用户信息（用户获得汇聚信息的时刻）为 $t_1^{(i,j)}$，则汇聚结果及时性为

$$t_D^{(i,j)} = t_1^{(i,j)} - t_0^{(i,j)}$$

当 $t_D^{(i,j)} \geq 0$ 时，信息精准服务结果是及时的。

为方便计算，可对 t_D 进行归一化处理。t_D 属于成本型指标，可以参照成本型指标的预处理方法对该指标进行归一化。

参 考 文 献

[1] Manning C D, Schutzc H. Foundations of Statistical Natural Language Processing. Cambridge[M]. MA MIT Press 1999.

[2] Lancaster F W, Fayen E G. Information Retrieval: On-Line[M]. Melville Pub press, 1973.

[3] Chu HT, Rosenthal M. Search engines for the World Wide Web: A comparative study and evaluation methodology[J]. Proc. AS1S'96 Conf. 1996, 33: 127-135.

[4] Leighton H V, Srivastava J. First 20 precision among World Wide Web search services (search engines)(J). Journal of the American Society for Information Science, 1999, 50(10):70-81.

[5] Han S L. Evaluation measures for network information retrieval tools[J]. Journal of TheChina Society For Scientific and Technical Information. 2001, 20(04): 471-477.

[6] Wang J J. Comparative study on the evaluation index systems for search engine. Library And Information Scrvicc, 2008, 52(10): 136-138, 116.

[7] 陈海龙. 搜索引擎的评价标准及其方法[J]. 情报杂志, 2001(9):50-51.

[8] 赵华. 一种搜索引擎性能的简便评价方法和案例[J]. 图书管理论与实践, 2005(6):114, 115.

[9] 费巍. 搜索引擎检索功能的性能评价[D]. 武汉：武汉大学, 2010.

[10] 苏芳荔. 张帆. 基于层次分析法的网络信息过滤系统评价研究[J]. 实践研究, 2008, 31(6):900-903.

[11] 吴家培, 石玉强. 网络信息过滤的方法与技术[J]. 软件导刊, 2009, 18(3):128, 129.

[12] 张秀伟, 何克清, 王健, 等. Web 服务个性化推荐研究[J]. 计算机工程与科学, 2013, 35(9):132-139.

[13] 刘建国, 周涛, 郭强, 等. 个性化推荐系统评价方法综述[J]. 复杂系统与复杂性科学, 2009, 6(3):1-10.

[14] 项亮. 推荐系统实践[M]. 北京：人民邮电出版社, 2012.

[15] 雷蕾. 个性化信息推荐系统比较研究[J]. 情报探索, 2011, (4):87-89.

[16] 苏君华. 搜索引擎评价研究综述[J]. 情报杂志, 2011, 30(4):28-33.

第9章 指控信息精准服务质量评估方法